이시환 문학평론가의 유형별 시 해설

명시감상과 시작법상 근본 문제

이시환 지음

신세림출판사

이시환 문학평론가의 유형별 시 해설
명시감상과 시작법상 근본 문제

2010년 10월 05일 초판인쇄
2010년 10월 10일 초판발행

지은이 : 이 시 환
펴낸이 : 이 혜 숙
펴낸곳 : 도서출판 신세림
        100-015 서울특별시 중구 충무로5가 19-9 부성B/D 702호
편집 : 엄은미, 교정 : 김희경
등록일 : 1991. 12. 24
등록번호 : 제2-1298호
전화 : 02-2264-1972
팩스 : 02-2264-1973
E-mail : shinselim72@hanmail.net

정가 15,000원

ISBN 89-5800-102-X, 03810

이시환 문학평론가의 유형별 시 해설
명시감상과 시작법상 근본 문제

이시환 지음

머리말

 시 해설이란 그리 쉽지가 않다. 비유적 표현이 많아 다중多重의 의미를 내포하기도 하고, 또한 모호한 표현이 적지 않아서 늘 논란의 여지가 있는 것이 시의 기본적인 생리이기 때문이다.

 나의 『명시감상』은, 2000년 2월에 처음 펴냈었는데, 10년의 세월이 흐른 지금에 와서야 어느 대학에서 교재로 쓴다기에 서둘러 그 내용을 수정 보완하여 개정판을 펴낸다.

 원래, 분석대상으로 작품을 선정할 때에 시의 다양한 유형별 표본이 될 만한 것으로 제한함으로써 시문학의 본질을 효과적으로 이해하도록 노력했었다. 그래서 고전적인 한시漢詩와 시조時調와 옛 시와 현대시, 그리고 외국의 시 등이 두루 포함될 수밖에 없었다.

 개정판은 여기에 몇 편의 현대시 분석을 추가하였으며, 시평詩評의 허실虛實과 문장부호 사용문제, 모방과 표절문제 등 몇 가지 시작법과 관련된 현안을 다룬 글들을 추가함으로써 시작詩作을 공부하는 후학後學들에게 도움이 되도록 다소 보완하였다.

작품을 분석하는 방법 면에서 크게 달라진 것은 없으나 시 문장의 정확한 의미 판단을 기본으로 하되, 중요한 표현기법이 어떻게 부려져서 어떤 효과를 내는지, 그리고 그것의 짜임새 곧 작품 구조構造 등에 치중하였다.

필자 나름대로 최선을 다하여 시를 해독解讀했다지만 혹 잘못된 판단으로 원작原作의 의미를 훼손하였다면 지적하여 깨우치고 바로잡을 수 있는 기회를 주기 바란다.

끝으로, 미력하나마 다양한 시의 유형 분석을 통해서 시문학의 본질을 이해하고, 나아가 창작에 실질적인 도움이 되기를 기대하면서, 시를 지은 시인 여러분께 삼가 경의를 표하는 바이다.

2010년 08월
저 자 씀

이시환 문학평론가의 유형별 시 해설
명시감상과 시작법상 근본 문제

- 머리말 … 4

1 정약용의「哀絶陽」… 11
　-200년 전 우리 민중시民衆詩의 한 표본
2 박노해의「졸음」과 이필녀의「채집일지·11」… 19
　-노동시勞動詩의 서로 다른 두 빛깔 -외침과 속삭임의 차이
3 김시습의「入挿石塓贈人」… 33
　-풍류風流와 호연지기浩然之氣가 녹아든 비유법
4 黃眞伊의「奉別蘇判書世讓」… 39
　-상투성과 모순을 뛰어넘는 감각적 인식능력
5 李白의「楊叛兒」… 44
　-중의법적 해석으로 깊어지는 시의 맛
6 백석의「定州城」… 49
　-서정抒情과 서사敍事를 함께 융해시킨 비유체계
7 황동규의「삼남三南에 내리는 눈」… 53
　-역사의식의 형상화와 편견
8 김지하의「타는 목마름으로」… 62
　-현실적 상황이 전제되어야 힘을 발휘하는 언어
9 천상병의「小陵調」-절박함 속에서 튀어나온 기지機智 … 68
10 신석정의「임께서 부르시면」… 74
　-단순구조와 반복법 속의 비유어가 지닌 힘

이시환 문학평론가의 유형별 시 해설
명시감상과 시작법상 근본 문제

11 이병기의 「비2」 -변하지 않는 인간 본연의 감정 … 80
12 안도섭의 「서정가」 -존재론적 세계 인식과 이중구조 … 85
13 이창년의 「바다에 눈 내리면」 -간접화법의 호소력 … 88
14 김종의 「진정 그대만을 사랑했노라」 … 93
   - '풀어진' 시와 감정노출의 방식
15 송수권의 「山門에 기대어」 … 100
   - 비유석 언어 체계와 구소석인 힘
16 이근배의 「내가 산이 되기 위하여」 … 108
   - 시어詩語 바꿔치기 수법의 효과
17 권달웅의 「초록세상」 … 114
   - 있는 그대로의 자연이 가지는 생명력
18 박두진의 「하늘」 -진정한 자연과의 합일솜- … 119
19 박재삼의 「바람 앞에서」 … 123
   - 생사生死를 주관하는 '바람'이라는 그 무엇
20 박용래의 「저녁눈」 -내리는 눈에 실린 소박한 꿈 … 128
21 조지훈의 「낙화落花」 -지는 꽃에 내 마음 실어 … 133
22 이우종의 「山妻日記」 … 138
   - 옛 가락에 실린 옛 이야기와 가벼운 비유
23 서정주의 「新婦」 -허구의 미학, 꿈 … 145
24 문충성의 서사시 「자청비」 -허구虛構 속의 리얼리티 … 149
25 김종삼의 「북치는 소년」 -적절한 생략도 효과가 있는 강조 … 158
26 김춘수의 「눈물」 -미적 요소와 모호한 상상의 결합 … 162

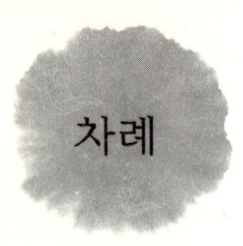

차례

이시환 문학 평론가의 유형별 시 해설
명시감상과 시작법상 근본 문제

27 차한수의「天刑」-상상력을 요구하는, 간결한 심상의 나열 … 166
28 서승석의「비밀」-드러내기와 숨기기 … 170
29 정숙자의「기적」… 174
   -대상의 본질을 인식하는 한 방법으로서의 이미지 포착
30 오규원의「들찔레와 향기」-특정 정황 포착과 재구성력 … 179
31 이필녀의「안개」- 혜안慧眼과 심미안審美眼 … 184
32 임명자의「봄볕에 앉아」- 주관적 정서의 객관화 … 190
33 강계순의「山·3」-의인이란 기교의 힘 …195
34 이근식의「山行」- 청탁淸濁에도 깊이가 있어야 한다 … 201
35 박종해의「別賦」- 영혼의 빛깔과 환생 … 208
36 혼다히사시本多寿의「火の棺」… 214
   - 생명의 근원으로서의 불과 그 사다리
37 박곤걸의「을숙도」… 219
   - 정황묘사를 위한 작위적 표현의 부자연스러움
38 이선숙의「풍욕하는 여자」… 225
   - 주관적 정서의 범람과 포스트 모더니티
39 이계설의「그녀를 소각한다」… 235
   - 상황 묘사만으로 독자들에게 던져지는 작품
40 송상욱의「승천하는 죄」… 240
   - 인간에 대한 절망, 절대적 무無로 초극
41 이추림의「나비의 일생」- 해독되어지기를 꿈꾸는 날 언어 … 248

이시환 문학 평론가의 유형별 시 해설
명시감상과 시작법상 근본 문제

42 로베르 데스노스의 「무제」 … 257
  - 무의식의 세계를 의식의 눈으로 읽어야 하는 또 다른 현실
43 김일엽 · 한용운의 「오도송悟道頌」 … 265
  - 오도송의 비유적 표현의 한계
44 조기천의 장편서사시 「백두산」 … 271
  - 정치적 목적 달성을 위한 수단이었지만 성공작
45 서지월의 「진달래 산천」 & 김승해의 「소백산엔 사과가 많다」 … 277
  - 표절剽竊인가 창작創作인가
46 황두승의 「장마와 戀詩」 - 시평詩評의 허虛와 실實 … 290
47 김기택의 「어떻게 기억해냈을까?」 … 298
  - 제4회 '미당 문학상' 수상작 바로 읽기
48 김소영의 「태양의 노랫소리」 … 311
  - 시에서 문장부호 사용 문제
49 황성이의 「염원」 외 … 315
  - 표현의 상투성과 모방에서 오는 식상함
50 김태규의 「운동장」 외 - 주관적 정서의 객관화 … 319
51 유경환의 「변방」 외 … 327
  - 작위적作僞的 표현의 껄끄러움
52 산문시의 본질 … 335
53 시어詩語와 심성心性과의 관계 - 눈썹에서 부메랑까지 … 337

• 후기 / 좋은 시 詩를 쓰기 위한 최소한의 방책 … 341

01

정약용의 「哀絶陽」
200년 전 우리 민중시民衆詩의 한 표본

蘆田少婦哭聲長 노전소부곡성장 　哭向縣門號穹蒼 곡향현문호궁창
夫征不復尙可有 부정불복상가유 　自古未聞男絶陽 자고미문남절양
舅喪已縞兒未澡 구상이호아미조 　三代名簽在軍保 삼대명첨재군보
薄言往愬虎守閽 박언왕소호수혼 　里正咆哮牛去皁 이정포효우거조
磨刀入房血滿席 마도입방혈만석 　自恨生兒遭窘厄 자한생아조군액
蠶室淫刑豈有辜 잠실음형개유고 　閩囝去勢良亦慽 민건거세양역척
生生之理天所予 생생지리천소여 　乾道成男坤道女 건도성남곤도여
騸馬豶豕猶云悲 선마분시유운비 　況乃生民思繼序 황내생민사계서
豪家終歲奏管弦 호가종세주관현 　粒米寸帛無所損 립미촌백무소손
均吾赤子何厚薄 균오적자하후박 　客窓重誦鳲鳩篇 객창중송시구편

　조선조 실학實學의 집대성자 다산 정약용(1762~1836)의 그 유명한 「哀絶陽」이란 시 작품 전문이다. 이를 이해하기 쉽게 우리말로 직역直譯하면 이렇다.

양경陽莖 자르는 슬픔

관문 향해 통곡하고 하늘 향해 울부짖는
갈밭에 사는 젊은 아낙네 울음소리 서글프구나.
출정나간 지아비야 돌아오지 못할 수 있다지만
예부터 사내가 제 양기 잘랐단 소린 듣지 못했네.
시아버지 삼년상은 이미 지났고, 갓난아인 배냇물도 채 마르지 않았는데
삼대三代의 이름이 모두 군적軍籍에 올랐으니,
달려가 하소연하려 해도 관가의 문지기는 호랑이만 같고,
이정 놈은 으르렁대며 외양간의 소마저 끌고 가버리네.
남편은 "이 모든 게 아이 낳은 죄로구나!" 자탄하며,
칼을 갈아들고 방에 들어가더니 피가 낭자하네.
허물이 있다고 어찌 잠실궁형이란 벌을 주며
근심이 된다고 어찌 자식의 불알을 다 까는가.
사람이 자식을 낳고 살아가는 일은 천지신명의 소관이거늘,
남자는 하늘이요, 여자는 땅일진대
거세당한 말과 돼지조차도 슬픈 일이다만
하물며, 대代를 잇고 살아가는 사람들이야 오죽하겠는가.
권세가 있는 사람들은 평생 풍악이나 울리고
쌀 한 톨 베 한 치 내는 일이 없네그려.
다 같은 사람인데 어찌 이다지도 불공평한가.
쓸쓸히 창가에 앉아 시구 편이나 읊조리고 또 읊조리네.

약간의 문장을 도치倒置시키고, 극히 일부 문장의 의미를 자연

스럽게 바꾸어 번역했어도 왠지 마음에 차질 않는다. 이를 보다 현대적인 어법으로 완전히 바꾸어 다시 번역해 보자.

제 좆 잘라버리는 비통함

가난한 젊은 아낙네의 통곡이
관청과 무심한 하늘을 향해 메아리치네.
군대 간 남편이야 돌아오지 못할 수 있다지만
사내가 스스로 제 좆을 잘라버렸다는 얘기는
일찍이 들어보지 못했네.

이미 죽은 시아버지와 갓 태어난 어린 목숨까지
삼대三代가 같이 군적軍籍에 올랐으니
홧김에 달려가 아뢰고 애원하건만
호랑이 같은 문지기라.

관리는 되레 호통치고
외양간에 소마저 끌고 가버리니
자식 낳은 죄를 자탄하며
칼을 갈아들고 방안으로 뛰어드니
선혈이 낭자하구나.
이 무슨 날벼락인가.

허물이 있다고 어찌 잠실궁형이란 벌을 주며

근심이 된다고 어찌 자식의 불알을 다 까는가.

하늘과 땅이 빗대어 음과 양이 조화를 이루듯
아들 딸 낳고 사는 것은 천지신명의 소관이거늘
거세당한 말 돼지도 슬프거니와
대代를 이어 살아가는 사람이야 오죽하겠는가.

권력을 쥔 자들은 평생토록 즐기면서
쌀 한 톨 베 한 치 내놓지 않는 세상이구려.
그도 나도 똑 같은 백성인데
어찌 이런 차별이 있단 말인가.

나 홀로 창가에 앉아 시경詩經 속
뻐꾸기와 비둘기 편이나 읊조리고 읊조릴 뿐이네.

이렇게 의역意譯해 놓고 보니 시의 맛이 조금 더 사는 것 같다.

어쨌든, 이 작품은, 목민심서牧民心書에 따르면, 정약용이 42세 되던 해(1803) 가을에 전남 강진에 머물면서 지은 것으로, 매우 특수한 사건을 소재로 취하여 썼다. 갈밭에 사는 가난하고 젊은 아낙네가 아이를 낳은 지 사흘 만에 군보軍保에 편입되고, 이정里正이 소를 토색(討索 : 금품을 억지로 내놓으라 하여 찾아서 빼앗아가는 일)질해 가니 그의 남편이 칼을 뽑아 들고 '내가 이것 때문에 이러한 곤액(困厄 : 어려운 사정과 재앙이 겹친 불운)을 받는다.'면서 자신의 생식기를 베어내 버렸다. 그 아내는 피가 뚝뚝 떨어지는,

잘린 남편의 양경(陽莖 : 남자의 생식기)을 들고 관청에 나아가서 울며불며 하소연하지만 문지기가 막아버렸다는, 기막힌 사연을 전해 듣고 정약용이 이 시를 지었다는 것이다.

작품의 주제나 짜임새를 분석하기 전에 특별한 사연만으로도 우리의 심금을 울리기에 충분하다. 그래서 자연스럽게 작품이 좋은 것으로 치부(置簿 : 마음속으로 여겨짐)되고 만다. 바로 작품과 독자 사이에 이런 현상이 있기 때문에 많은 시인들은(소설가는 더 그러하지만) 아주 특별한 소재를 찾으려고 노력들을 한다. 이처럼 특별한 소재를 가지고 특별한 이야기를 함으로써 자신의 시 창작 능력을 드러내고, 그 의미를 부여하고자 하는 노력이나 경향을 두고 나는 '소재주의素材主義'라고 부른다. 물론, 그것도 최소한의 관심과 애착 없이는 안 되는 일이기 때문에 일정 부문 의미가 있는 것은 사실이다.

돌이켜 보면, 우리의 7, 8, 90년대 소위 농민문학 민족문학 민중문학 노동자문학이다 하여 깃발을 높이 들고, 문학이 현실사회에 적극적으로 참여해야 한다는 대전제 아래서 그 전성기를 누렸던 기억이 생생하다. 그 때에, 우리의 정치 경제적 상황에서 나온 민초民草들의 분신焚身 · 음독飮毒 · 고문拷問 · 투쟁鬪爭 · 비판(批判: ①인간 존재의 모순이나 부조리 ②인간의 정신적 물질적 피해를 낳는 사회의 비합리적인 갖가지 제도 ③인간의 물질 과학문명의 병리현상 등) 등으로 얼룩진 삶의 특별한 사연이나 사건들이 시에서도 즐겨 다루어졌는데, 돌아다보면 다 '바람' 같은 것이 되고 말았다. 왜냐하면, 특별한 사건이나 사연은 어디까지나 작품의 소재에 지나지 않으며, 그것을 과장하여 드러내는 쪽에 급급하다보면 만인萬人의 감동원이 되는 작가의 주관적인 정서가 공감共感되지 못한 채 나약하고 부끄러운 현실만 앙상하게 남기 때문이다. 이 것은 현실적 상황 변화로 인해서 결국은 무관심속으로 사라질 가능성이 높다. 문학이 무엇을 다루든지 간에, 무엇을 소재로 하든지 간에 항구적이기를 원한다면 어떠한 상황, 어떠한 현실이든 그 안에서 나오는, 혹은 나올 수밖에 없는 인간의 원천적이고도 보편적인 사고와 행동양식을 통해서 다름 아닌 인간 본질을 그려내야 한다. 그것도 가능하면 긍정적인 의미로서 말이다.

정약용의 이 작품은, 200여 년 전 우리의 민중시民衆詩 가운데 하나라고 여겨지는데, 물론, 우리말이 아닌 한자漢字로 씌었지만, 있는 그대로의 사실에 약간의 주관적인 정서情緖와 지성知性이 반영되어 있다. 여기서 주관적인 정서라 함은, 전해들은 객관적 사실을 통해서 발로發露되는 감정표현과 행동표출이다. 곧, ①예부터 사내가 제 양기 잘랐단 소린 듣지 못했네(自古未聞男絶陽) 라든가, ②다 같은 사람인데 어찌 이다지도 불공평한가(均吾赤子何厚薄) ③쓸쓸히 창가에 앉아 시구 편이나 읊조리고 또 읊조리네(客窓重誦鳲鳩篇) 등이 그것이다. 그리고 지성이라 함은, ① 허물이 있다고 어찌 잠실궁형이란 벌을 주며 / 근심이 된다고 어찌 자식의 불알을 다 까는가. / 사람이 자식을 낳고 살아가는 일은 천지신명의 소관이고, / 남자는 하늘, 여자는 땅일진대 / 거세한 말과 돼지조차도 슬픈 일이다만 / 하물며, 대代를 잇고 살아갈 사람들이야 오죽하겠는가(蠶室淫刑豈有辜 / 閩囝去勢良亦慽 / 生生之理天所子 / 乾道成男坤道女 / 騸馬豶豕猶云悲 / 況乃生民思繼序)

에서처럼 비인간적인 형벌제도나 관습을 비판하고, 남녀가 자식을 낳고 대를 이어 살아가는 것 자체가 음과 양의 조화 곧 천지신명이라는 철학적 견해를 반영시킨 점 등이다. 뿐만 아니라, ① 권세가 있는 사람들은 평생 풍악이나 울리고 / 쌀 한 톨 베 한 치 내는 일이 없네그려(豪家終世奏管弦/粒米寸帛無所損) 에서처럼 현실을 비판 폭로하는 용기도 스며있다.

이처럼 한 편의 시란, 있는 그대로의 사실 기술記述만으로 되는 것이 아니고, 그보다 표현자의 정서적 반응인 해석[意識]·감정·의지·행동 등이 자연스럽게 문장 속으로 녹아들어야 한다. 그러나 감정의 범람, 지나친 의지 표명, 필요 이상의 해석 등이 시를 망쳐 놓기도 한다. 시는 어디까지나 개인의 정서적 반응물로서 함축적이고, 비유적이고, 정서적이고, 음악적인 언어로 표현되어야 제 맛이 나는 미학적 진실일 뿐이기 때문이다.

다시 작품 속으로 들어가서 한 가지 더 얘기해 보자. 정약용은 왜 희대미문稀代未聞의 슬픈 소식을 전해 듣고, 고작 시경詩經¹⁾의 시구鳲鳩 편²⁾을 읽는 것으로써 만족할 수밖에 없었는가. 아니, 자신의 심기를 다스렸겠는가? 아마도, 유배流配된 신분이었고, 시경의 시구 편이 지닌 함의含意 때문이 아니었나 싶다. 곧, 새들은 새끼를 기르는데 있어서 어미와 자식 간에 일정한 질서가 있음을 빗대어 나라의 통치자와 국민 사이에도 법도가 있어야 한다는 속뜻이 있기 때문이다. 이것이 시를 쓰는 지성인의 한계이기도 함을 어찌하랴.

1) 『시경詩經』
중국의 서주(西周 : BC 11세기)로부터 춘추시대(春秋時代) 중기(BC 6세기)에 이르기까지 약 500년 동안의 운문(韻文)을 모은 것으로 서경(書經) 역경(易經) 등과 함께 삼경으로 불리는, 세계에서 가장 오래된 시 모음집이다. 가사(歌辭)가 없는 6편을 제외하면 305편으로, 삼언(三言)에서 구언(九言)까지 다양하나 대부분이 사언(四言)으로 이루어져 있다. 이 시경은 사시(四始 : 風·小雅·大雅·頌) 육의(六義 : 風·雅·頌·興·賦·比)로 나누기도 한다. 앞의 風 雅 頌은 시의 내용과 성질을 말하고, 뒤의 興 賦 比는 시의 체제와 서술방식을 말한다. 시경 안의 모든 시는 음악으로 연주할 수 있는 것이었으나 후대에 악보를 분실하고, 원시예술의 분화과정에서 가사(歌辭)만 남게 되었으며, 오늘날 전해지고 있는 시경은 공자(孔子 : BC 551~479)가 편집한 것으로 전해지고 있다.

2) 뻐꾸기와 비둘기 편[鳲鳩篇]
詩經 - 卷七 - 曹 - 鳲鳩를 뜻함.
본문은 鳲鳩四章 章六句로 아래와 같다.
鳲鳩在桑, 其子七兮. 淑人君子, 其儀一兮. 其儀一兮, 心如結兮.
鳲鳩在桑, 其子在梅. 淑人君子, 其帶伊絲. 其帶伊絲, 其弁伊騏.
鳲鳩在桑, 其子在棘. 淑人君子, 其儀不忒. 其儀不忒, 正是四國.
鳲鳩在桑, 其子在榛. 淑人君子, 正是國人. 正是國人, 胡不萬年.

참고문헌
①詩經集傳, 成百曉 譯註, 傳統文化硏究會, 1993 초판 2쇄
②茶山詩 硏究, 宋載卲, 1986, 創作社

02
박노해의「졸음」과
이필녀의「채집일지·11」
노동시勞動詩의 서로 다른 두 빛깔
-외침과 속삭임의 차이

1. 노동문학에 대한 단상

1980년대 우리 문학계의 두드러진 현상 가운데 하나는 민족문학론民族文學論과 관련, 농민·노동자 등을 포함한다고 하는, 이른바 '민중民衆문학'에 대한 활발한 창작과 논의가 있었다는 사실이다. 특히, 1980년대 후반에 들어서는 '민족의 주체가 민중이듯 민족문학의 주체 또한 민중이어야 한다'는 단정에서 한 걸음 더 나아가 '그 주체가 민중 가운데에서도 노동자계급이어야 한다'는 매우 불안한 한정론까지 나왔다. 그리하여 우리 사회에서는 그들의 작품과 이론을 펼칠 수 있는 갖가지 부정기 간행물까지 쏟아져 나오는 상황에 이르렀다. 그만큼 우리 사회는 민중 내지 노동자문학이 존재해야 할 배경이라 할까 이유라 할까, 그 '당위성當爲性'을 안고 있었던 것이다. 그 당위성이란 것이, 우리 사회의 불합리한, 구조構造와 제도制度와 불평등한 관계關係가 낳은 삶의 열악한 조건들에 뿌리를 두고 있는 것이고 보면 누구나 어느 정도는 공감할 수 있었다.

그러나 실제 창작되는 그들의 문학작품과 주의 주장에는 전적으로 동감 동의할 수 없는 부분이 적지 않았다는 사실과, 그들의 작품에 대한 문학인들이 갖는 필요 이상의 반응에는 문제가 없지 않았다. 물론, 노동자라 해서 작품을 지을 수 없고, 그들의 창작품을 노동자가 아닌 다른 사람들이 읽어서는 안 된다는 것은 아니다. 그럴만한 창작능력과 작품의 의미나 가치가 있으면 그만이기 때문이다. 다시 말해, 창작능력이 있으면 누구나 작품을 남길 수 있는 것이고, 또 그것에 의미나 가치가 있으면 있는 만큼 널리 읽힐 것이고, 그 결과에 따라서는 전문적인 지식과 안목을 가진 이들에 의한 자연스런 평가 또한 있을 것이기 때문이다.

그런데 당시 우리 문단 상황은 어떠했는가? 그런 자연스런 현상이라고 보기에는 대단히 밉살스러웠던 게 사실이다. 노동자 농민이라고 자처하는 이들이 쓰는 일련의 글 예컨대, 시·소설·수필·르포·수기 등을 적지 않은 지식인들(?)이 읽고 왈가왈부하는 촌극을 연출했기 때문이다. 같은 부류가 아닌 지식인이 노동자의 글을 읽어서 촌극이 아니라 그럴만한 가치도 의미도 없는 것들을 특정 목적의식 아래 읽고 그릇된 논리를 펴기 일쑤였기 때문이다.

이런 우리 문단의 과거 현실성은 사회의 전반적인 분위기 내지는 여러 여건과 뗄 수 없는 관계 속에서 나타난, 어느 정도의 당위성을 지녔지만, 그것은 분명 일시적인 현상이고, 또 그래야만 했다. 바로 그 같은 현상을 낳는 우리 사회의 여건 자체가 결코 바람직한 것이 아니고, 반드시 개선되어야 하는 정치적 사회적 문제였기 때문이다.

따라서 우리는 문제해결을 위한 실질적인 노력을 기울여야 했지만 문학인으로서의 한계가 있기 때문에 문장으로써 대응할 수밖에는 없었다. 그렇다고, 문학이 그 문제해결의 직접적인 수단이 될 수도 없다. 문학으로서의 본질을 외면할 수 없을 뿐만 아니라 정치 사회 개혁이라는 과제를 수행하기에는 분명한 한계가 있기 때문이다. 그럼에도 불구하고, 일부의 문학평론가들은 문학의 정치적 참여를 권유하듯 그 길안내까지도 자임했었다. 사실이지, 그들은 작품에 대한 객관적 분석을 토대로 한 평가보다도 어떤 시류時流나 자신의 개인적 가치관과 결부시켜 주관적인 논리를 펼치는 경향이 짙었다.

본고에서 필자가 다루고자 하는, 박노해 작품의 경우도 그 범주에서 벗어나지 않는다고 판단되는데, 그가 시집 『노동의 새벽』을 세상에 내놓자 그의 작품세계가 일간지를 비롯하여 각종 잡지나 평론가들의 글을 통해서 얼마나 많이 거론되었던가? 예컨대, '노동현장에서 노동자가 직접 쓴 최초의 노동시' 운운하며, '민중 해방의 정서를 훌륭히 노래한 시'라는 식으로 말이다.

우리 문단의 그러한 현실성을 전제하고, 필자는 노동자가 자신의 삶을 제재題材로 취하고 있는 많은 노동시 가운데에서 그래도 낫다고 판단되는 두 편의 시 곧, 박노해의 「졸음」과 이필녀의 「채집일지·11」을 동일선상에 놓고, 그 겉과 속을 견주어 보고자 한다. 그럼으로써 이들 작품에 대한 객관적인 평가를 기대할 수 있음은 물론, 단편적이지만 우리 노동문학의 실상을 확인하고, 그것이 나아가야 할 방향을 모색할 수도 있기 때문이다.

2. 드러냄과 숨김의 차이

(가)
선적날짜가 다가오면
백리길 천리길도 쉬임없이 몰아치는
강행군이 시작된다
어차피 하지 말라 해도
올라간 방세를 메꾸려면
아파서 밀린 곗돈을 때우려면
주 78시간이건, 84시간은 먹어치워야 한다

전생에 일 못하고 잠 못잔 귀신이 씌웠나
꼬집어도 찔러도 혀를 깨물어도
고된 피로의 바다 졸음의 물결에
꼴까닥 꼴까닥
눈앞에는 프레스의 허연 칼날이 쓰을컹 툭탁
미싱 때려밟는 순정이는
눈감고도 죽죽 누비는 자동기계가 되어
망치질하는 어린 시다
깨어진 손을 감싸 울면서도
눈이 감긴다

작업장 스피커에선
마이클 잭슨의 괴성,
조용필의 흐느낌이 지침없이 흘러나오고

주임 과장이 악을 써대도
졸음은 밑도 끝도 없이 휘감아들어
차라리 차라리 우린
자동기계가 되었으면,
잠 안자는 짐승이 되기를 원하며
피 흐르는 손가락을 묶는다

아침에도 대낮에도 밤중에도
단 한 순간 맑은 날이 없이
미치게 미치게 졸려,
꿈결 속에 노동하며 아직 성하게
용케도 붙어있는 내 두 손이 고맙구나
시커먼 무우짠지처럼
피로와 졸음에 절여진 스물일곱의 청춘,
그래도 아침이면 코피 쏟으며 일어나
졸음보다 더 굵다란
저임금의 포승줄에 끌려
햇살도 찬란한 번영의 새 아침을
졸며 절며
지옥 같은 전쟁터
저주스러운 기계 앞에
꿇어앉는다

(나)
직물공장 편직실. 정순이는 씨줄 날줄로 함께 짜인다. 「메이드인 코리어」라벨을 달고 화물선에 실려, 현해탄을 건너고 태평양을 건너고 저 남지나해도 건너가던 실크·감량·원단들. 메이커며 건너가 묻힐, 꿈꾸는 나라 없는 너의 어깨는 산동네 자취방의 한 뼘 천정을 맴돌고. 잠 속에서조차 목 조이는 직업란 「회사원」그려 넣고 뒤척이는 밤 아름다워라. 단꿈 꾸는, 슬픈 대한민국의 산업전사여 힘이여. 흔들릴수록 깊이 박히는 삶의 뿌리는 용서와 화해와 기다림일까. 아니다, 아니다, 입술 깨물고 다짐하는 열아홉 우리 김정순. 건강한 잠꼬대 속 나는 모음 몇 자로 흔들린다.

　위의 시 (가)는 박노해의 「졸음」이라는 작품 전문이고, 아래 시 (나)는 이필녀의 「채집일지·11」이라는 작품 전문이다. (가)는 4연 41행으로 짜여진 자유시自由詩이고, (나)는 행과 연 구분 없이 8개의 문장으로 짜여진 산문시散文詩이다.
　이 두 편의 시는 육체적인 노동력을 주로 제공하는 이른바 '노동자'의 삶이 작품의 제재가 되고 있다는 점에서 같다. 곧, (가)에서는 '우리'로 지칭되는 여러 노동자 곧, ①망치질 하는 어린 시다 ② 재봉틀 일을 하는 '순정' ③ 스물일곱의 청춘인 '내' ④ 밝혀지지 않았지만 선적船積 일을 하는 사람 등이, (나)에서는 직물공장 편직실에 근무하는 열아홉 살의 '김정순'과 '나'가 작품 속의 주인공으로 설정되어 노동자로서 자신들의 삶을 직간접으로 얘기하고 있다. 그럼에도 불구하고, 이 두 작품이 가지는 빛깔과 향기는 너무도 다르다. 어쩌면, 이 작품들을 차례로 읽어본 사람이라면, '무언가 꼬집어 말 할 수는 없지만 상당히 다르다'라는 느낌만은 떨칠 수 없을 것이다. 그 구체적인 이유가 무엇인지 한 마디로 말하기는 쉽지 않지만, 그 사실만큼은 부인할 수 없을 것이다. 따라서 그 구체적인 이유를 낱낱이 가려보는 일이야말로, 이들 작품에 대한 객관적인 평가를 어느 정도는 보장해 주리라 믿는다.

이 두 편의 시는, 똑같이 노동자를 에워싸고 있는 현실에 대한 인식認識으로부터 출발하고 있다. 곧, 노동자들의 일상이 펼쳐지는 현실적 여건이 직접적으로 반영되어 있다는 뜻이다. 작게는 작업환경으로부터 크게는 우리나라 경제구조의 일단에 대한 인식까지 그대로 드러내 놓고 있다. 시인[話者]의 대상[노동자 현실]에 대한 인식능력의 차이는 얼마든지 있을 수 있지만, 그것은 시의 내용과 그에 얽히는 감정과 밀접한 관계가 있기 때문에 시의 깊이를 결정하는 한 요소가 된다. 문제는 인식된 세계도 중요하지만 그것을 가지고 무엇을 어떻게 빚어 놓았느냐가 더 중요하다고 본다.

(가)는 인식된 현실성을 있는 그대로 혹은 적절히 살을 붙이고 재구성하여 '드러냄'에 치중했다. 그렇기 때문에 여러 노동자들이 등장하고, 그들이 처한 여건들이 구체적으로 나열되며, 그러한 노동현실을 바라보는 화자의 감정도 겉으로 다 드러내 놓고 있다. 마치, 확성기에 대고 외쳐서 폭로하는 것처럼 말이다. 물론, 이것도 목적 달성을 위한 엄밀한 계산에서 나온 것일 수 있지만 어쨌든, 이 작품에서는 ① 주 78~85시간의 노동 ② 물가오름에 따른 상대적 저임금 ③ 작업장의 열악한 조건 ④ 주택문제를 포함한 복지문제 등 현실 속의 구체적인 사실들이 작품의 주된 얘기로 다루어지고 있다. 그럼으로써 자연히 일상적인 언어가 많이 동원되었고, 또 그런 만큼 시가 길어져버린 결과를 낳

았다. 이런 현상은 리얼리즘 시문학이 극복해야 할 문제이기도 하지만 어느 정도의 불가피성은 있어 보인다. 그러나 자칫, 작품이 있는 그대로의 현실세계를 드러내 놓는, 혹은 고발해 놓는 차원에 머무르는 약점이 될 수 있음을 간과해서는 안 될 것이다. 만약, 그렇게 되면, 작품 속으로 끌어들여진 사실들이 환기시켜 주는 최소한의 생동감[리얼리티]과 심리적 충격이 독자를 어느 정도 긴장시킬 수는 있겠지만, 그 현실적 상황만 바뀌면 감동의 파장이 크게 떨어질 수밖에 없기 때문이다. 특히, 작품 속의 상황과 거리감이 있는, 전혀 다른 환경 속에서 살아가는 사람들에겐 오히려 시의 구체적인 내용이 구차한, 혹은 무관심한 것이 되어 역효과를 낼 수도 있다. 게다가, 그런 시는 한두 편 정도로 족한 것이지 유사한 작품들이 계속적으로 양산된다면 그나마 있는 상대적 신선감과 심리적 충격이라는 감동마저도 크게 상쇄돼 버리고 말 것이다. 마치, 오늘날 이런 시작품들이 창작, 발표된다면 예전처럼 관심을 갖고 읽어주지도 않는 이치와 같다.

　그리고 (가)에서는, '몰아치는', '먹어치워야', '때려밟는', '악을 써대도', '휘감아들어', '미치게', '절여진', '지옥 같은', '저주스런' 등 일련의 시어에서 보는 것처럼, 감정이 그대로 묻어 드러난 언어들이 많이 사용되고 있다. 게다가, 반복·반어·과장·점층 등의 기교와 함께 현재시제 동사를 사용함으로써 뜻[意味]과 느낌[感情]을 드러내어 전달하는 데에는 충분히 기대효과를 달성하고 있다. 그렇지만, 뜻의 새김[의미에 대한 반추]과 느낌의 삭임[감정제어]이 약해 많은 말로써 많은 얘기를 하고 있지만 그 의미가 스스로 한정되어버렸다. 바꿔 말해, '시'라고 하는 그릇 속에 담긴 내용을 확대 해석할 수 있는 여지가 없는 것이다.

바로 그 때문에 이 시는 두 번 세 번 되풀이하여 읽게 하는 힘이 약해져버렸다.

　반면, (나)에서는, 시인이 인식하고 있는 현실성이 몇 줄 안 되는 시행 속으로 다 숨어 버렸다. 그만큼 함축적인 시어와 일상어의 적절한 배합을 통해서 적절히 은폐시켜 놓았기 때문에 상당 부분이 겉으로 드러나 있지 않다. 예컨대, '정순이는 씨줄 날줄로 함께 짜인다' 라든가, '잠 속에서조차 목 조이는' 식의 몇몇 표현을 통해서 독자마다 노동자가 처한 열악한 환경과 상황을 나름대로 느끼고 생각해 볼 수 있도록 그 여지가 제공되고 있을 뿐이다. 또한, 화자의 감정도 적절히 통제되고 있기 때문에, (가)에 비해서는 귀에 대고 속삭이는 듯하기 때문에 독자를 긴장과 이완의 변주 속에 묶어둘 수 있는 힘이 깃들어있다. 그렇지만, (가)에 비해서 속도감은 크게 떨어진다. 이는 소리 내어 읽었을 때에 느끼는 감정의 진폭이 담겨지는 리듬의 단조로움 탓이 아닌가 싶다. 그 대신 독자를 시세계 안으로 깊숙이 빨아들이는 흡인력吸引力이랄까, 가라앉히는 일종의 침잠력沈潛力이 있다. 그래서 곰곰이 새길수록 맛이 나는 시가 되었다. 게다가, '김정순'의 삶을 얘기하고 있는 것처럼 보이지만 사실은 '나'의 삶을 얘기하는 장치 곧 작중인물과 '나' 와의 동일화가 이루어지고 있다. (가)가 남의 이야기를 대신하는 것처럼 느껴진다면 (나)는 자신의 이야기를 직접 하는 것 같아 더욱 진지하게 들리는 것도 다 그 때문이다.

3. 긍정과 부정의 다른 시각

 노동자가 처한 현실을 바라보는 두 시인[話者]의 시각은 매우 비슷하다. 그러나 그 비슷한 시각은 차원을 달리한다. 곧, (가)에서는 시인 자신을 포함한 노동자들이 처한 노동환경 내지 노동조건은 물론 나라[國家]와 개인적인 삶 자체까지도 부정적 시각으로 일관되어 있다. 그래서 열악한 조건에서의 노동자 삶을 폭로하고, 같이 생각하는 불만세력을 결집시키는 효과를 거두고 있다. 그러나 (나)에서는 노동환경과 노동조건, 나라 등에 대해서는 (가)에서와 같이 부정적 시각으로 바라보지만, 그러한 환경 속에서 살아가는 노동자의 삶에 대해서만큼은 긍정적인 시각으로 바꾸어 놓고 있다. 바로 이점이 (가)와 (나)의 본질적 차이로서 대단히 중요한 의미를 지닌다. 부정이 부정으로 끝이 나 그 바닥을 보여주는 경우와 부정이 긍정으로의 자리바꿈을 하는 것은, 설령 그것이 위선이라 할지라도, 그 의미와 깊이 면에서 상당히 다르다.
 (가)에서는 작업장을 '지옥 같은 전쟁터'로, 생산수단으로서의 기계를 '저주스런' 것으로 보고 있다. 그리고 노동의 대가로 주어지는 임금이 적은 데에 대한 불만도 불만이지만 어쩔 수 없이 무기력하게 살아가는 자신들의 절망적인 삶을 있는 그대로 다 드러내 놓고 있다. 그것은 '꿇어 앉는다', '저임금의 포승줄에 끌려' 등의 표현에서 확인할 수 있지만, 그 부정적 시각은 여기에 머무르는 것이 아니다. '햇살도 찬란한 번영의 새아침을 좇며 절며'라고 진술함으로써 시인은 자신이 살고 있는 나라와 그 경제정책 등에 대한 조롱기 섞인 반어법까지 쓰고 있으며, '차라리

차라리 우린 자동기계가 되었으면, 잠 안자는 짐승이 되기를 원하며'에서처럼 절망적인 자학심리와 불만의 반영인 반심리를 그대로 노출시키고 있다. 이처럼 (가)에서의 부정적 시각은, 노동자의 현실성을 폭로하는 데에는 크게 기여하고 있지만 자신의 삶에 대해서조차 부정적 시각에서 벗어나지 못함으로써 독자들의 희망조차 박탈한 셈이 되고, 그것은 작품 속에 오래오래 머무르게 하는 힘을 약화시켜 버렸다. 물론, 작품 속의 상황과 같은 처지에 있는 사람들에겐 자신들의 현실성을 재확인시켜 주고, 감정의 공유를 통해서 현실극복의 새로운 깨우침[現實自覺]과 에너지의 집중[그들 간의 團結]을 가져다 줄 수는 있을 것이다. 어쩌면, 적지 아니한 사람들은 바로 이점에 큰 의미를 부여할 것이다.

반면, (나)에서는 '정순이는 씨줄 날줄로 함께 짜인다', '잠 속에서조차 목 조이는 직업란' 등의 표현에서 확인할 수 있듯이 노동조건과 환경에 대해서는 역시 부정적 시각이 반영되고 있다. 그리고 '꿈꾸는 나라 없는', '슬픈 대한민국의 산업전사여 힘이여' 등의 표현에서처럼 화자는 자신이 살고 있는 나라에 대해서도 부정적 시각을 감추지는 않는다. 다시 말해, 노동환경과 노동조건, 나라 등에 대해서는 표현방법이 다를 뿐이지 사실상 (가)와 동일한 부정적 시각을 갖고 있다.
그런데 '뒤척이는 밤 아름다워라 단꿈 꾸는', '건강한 잠꼬대 속' 등의 표현에서 읽어낼 수 있듯이 노동자의 삶 자체에 대해서만큼은 긍정적 의미를 부여하고 있다. 따라서 (나)에서의 부정적 시각은 노동자의 현실성을 폭로하는 데에는 (가)의 것처럼 크게 기여하지 못하지만 노동자의 삶에 부여한 긍정적인 의미가 더욱 돋보이게 하며, 그것은 독자를 묶어둘 수 있는 힘으로 작용하여, 이 작품을 두 번 세 번 되풀이하여 읽게 하고, 그 의미를 새겨 볼 만한 것으로 이끌어 주고 있다. 필자는 이런 차이를 두고 '외침' 과 '속삭임'의 차이라고 빗대어 말하고 싶다. 외침은 다분히 선동적이지만 쉬이 사라지고, 속삭임은 공감의 속도는 느리지만 오래가는 효과가 있다.

4. 노동시가 나아갈 방향

노동자들의 삶과 직간접으로 관련된 일체의 것을 작품의 소재 素材나 제재題材로 취하여 노동자가 직접 쓴 작품을 좁은 의미에서의 '노동문학'이라 한다면, 필자가 분석대상으로 삼고 있는 이 두 편의 시는 그들 가운데에서 비교적 우수하다고 판단되는 것들이다. 이 두 작품은, 지금까지의 분석을 통해서도 확인할 수 있듯이, 같은 노동시지만 서로 다른 빛깔을 가지고, 서로 다른 세계와 깊이를 드러내 주고 있다.

박노해의 「졸음」에서는, 시인이 인식하고 있는 노동자의 현실이 매우 암담하고 절망적인 것이다. 특히, 그러한 환경과 상황 속에서 살아가는 자신의 삶에서조차 일말의 희망이 없어 보인다. 그저 살아있기 때문에 살아야 한다는, 그야말로 어쩔 수 없이, 무기력하게 살아가는 노동자의 삶이 묘사되고 있다. 그래서 그들만이 가지는 감정 곧 억울함·불만·분노가 있게 마련인데, 그 감정들을 여러 가지 현실성과 함께 드러내는 데에는, 다시 말해, 폭로하는 데에는 성공하고 있다. 그에 맞는 적절한 시 짓기의 방법론이 동원되고 있기 때문이다. 곧, 구체적인 현실과 사건을 재구성하되 동음반복의 효과를 기대하거나 적절한 의성어 사용 등은 물론, 행의 길고 짧음의 변화를 통해서 형성되는 자연스런 리듬에 감정을 한껏 싣고 있다. 그래서 같이 느끼고 같이 생각할 수 있는 힘 곧, 노동자들의 현실성에 대한 환기력이 크지만 진지하게 두 번 세 번 되풀이하여 읽고 새길 것은 없다. 더욱이 이 시는 자신의 삶에 의미를 스스로 부여하지 못함으로써 독자들에게, 특히, 같은 처지에 있는 노동자들에게 현실극복의 적극적인 힘을 불어넣지 못하고 있다.

이필녀의 「채집일지 · 11」에서도 시인이 인식하고 있는 현실은 매우 암담하고 절망적인 것임에는 틀림없다. 그렇지만 비교적 함축적이고 간접적인 표현을 통해서 자신의 감정을 적절히 통제함으로써 긴장과 이완의 변주 속에 독자를 묶어두고 있다. 비록, 속도감은 없지만 노동자로서 자신의 삶에 대해서만큼은 긍정적인 의미를 부여함으로써 현실을 극복하려는 － 그렇다고 해서 문제가 해결되는 것은 아니지만 － 새로운 계기를 마련해 놓고 있다. 더욱 중요한 것은, 이 시가 적은 말로 많은 얘기를 담아 놓을 수 있는, 그리하여 독자마다 다른 세계를 저마다 가질 수 있도록 하는 장치를 마련하고 있다는 사실이다. 바꿔 말해, 이 시인은 시어의 함축적 기능과 감정의 적절한 통제를 통해서 되새겨볼만한 시로서 승화시키고 있다.

어쨌든, 서로 다른 두 빛깔의 시가 환기시켜주는 몇 가지 사실들을 되짚어 봄으로써 우리는 노동시가 나아가야 할 바른 방향을 가늠해 볼 수 있다.

첫째, 노동시에서는 노동자들만이 가지는 직간접의 경험적 요소들이 작품의 소재 및 제재로 선택되기 마련인데, 바로 그것들이 단순히 끌어들여지는 차원에 머물러서는 안 된다는 점이다. 그것들은 가능한 한 포괄적이고 보편적인 의미를 부여받을 수 있도록 충분히 걸러질 필요가 있다. 여기서 걸러진다는 것은, 의미의 충분한 새김과 감정의 삭임과정이 필요하다는 뜻이며, 그 정도와 방법론은 시인마다 달리 가지는 창조적 능력과 노력에 달려 있다고 본다.

둘째, 의미는 충분히 삭이되 감정은 드러냄과 숨김을 적절히 하여 독자를 긴장과 이완의 변주 속에 묶어둘 수 있어야 한다. 흔히, 능력 없는 시인과 독자들은 감정을 많이 드러낸 시가 우수한 것으로 생각하는 경향을 갖는데, 이는 분명 그릇된 판단이다. 물론, 감정을 제대로 표현하는 일은 대단히 중요하다. 감정의 지나친 드러냄은 독자를 쉽게 식상하게 하고, 지나친 숨김은 같이 느끼고 같이 생각할 수 있는 힘[共感]을 약화시킨다. 따라서 독자를 마음대로 묶어둘 수 있도록 시인은 모름지기 드러냄과 숨김의 이율배반적인 탄력을 조절, 유지할 수 있어야 한다.

셋째, 대상을 바라보는 시인의 눈과 그 위치는 대단히 중요하다. 작품 속에 담기는 내용[意味]을 낳는 통로로서 그것의 설득력을 좌우하기 때문이다. 따라서 가능하면 시축(視軸)에 변화를 주어 대상의 전체적인 겉모습과 세부적인 속을 아울러 볼 수 있도록 노력해야 할 것이다. 그래야만이 대상을 꿰뚫어 봄으로써 시의 깊이가 부여되기 때문이다.

> 이글은 1993년 12월에 '명문당'에서 발행된 필자의 문학평론집 『毒舌의 香氣』에 수록된 것을 다소 보완한 것이다.

03

김시습의 「入揷石嶼贈人」
풍류風流와 호연지기浩然之氣가 녹아든 비유법

君不見平壤城西滄海	군불견평양성서창해심
浦口揷石如削簪	포구삽석여삭잠
巨仲鳴瀧入海濤	거중명롱입해도
恰似環佩笙鏞音	흡사환패생용음
又不見海堰沃野菰蒲鄕	우불견해연옥야고포향
春苗芃芃秋稻香	춘묘봉봉추도향
八月九月稻熟時	팔월구월도숙시
淅玉炊雲翻匙甞	석옥취운번시상
家家社甕玉甛甛	가가사옹옥첨첨
小槽珠落聲琳琅	소조주락성림랑
醉來持竿喚不起	취래지간환불기
烟波釣徒眞玄子	연파조도진현자
浩歌一聲刺船去	호가일성자선거
兩岸茫茫天侵水	양안망망천침수
水寒夜冷魚不餌	수한야냉어불이
載月滿艇回岸蟻	재월만정회안의

喜君卜居遠紛尨　　희군복거원분방
世間寵祿徒爾爾　　세간총록도이이

위 작품은 청한淸寒 김시습[1](1435~1493)의 『遊關西錄』에 실려 있는 「入揷石堧贈人」전문이다. 이를 우리말 현대어법으로 자연스럽게 의역하되 임의로 행과 연 구분을 주어 표기하면 이러하다.

삽석연에 들러서 여느 사람에게 주는 시

그대는 보지 못했는가?
평양성 서쪽 푸른 바다기슭을.
삽석 포구는 비녀를 찌른 듯 가파르고
여울물이 모여들어 파도치며 큰 소리를 내는데
둥근 옥패를 굴리고, 생황과 종소리가 어우러지는 것 같구려.

진정, 그대는 보지 못했는가?
바다기슭 비옥한 땅에 창포가 우거지고
봄에 돋은 싹은 무성하게 자라나고
가을 벼는 벼대로 향기롭기 짝이 없네.
팔구 월 벼가 무르익으면
그 옥백미로 밥을 지어 맛을 보고
집집마다 담근 술은 달디 달 것이로다.

술독마다 술 거르는 소리 뚝뚝 떨어지거늘
흥에 겨워 낚싯대 들고 가물가물 파도를 가르면
신선이 또 어디 있겠는가.
즐거워라, 한 소절 노래 부르며 배를 띄우나니
망망한 수평선에 하늘도 내려와 앉는다.

설령, 밤기운이 차가워 고기 아니 문다해도
달빛 가득 싣고 돌아오면 되지 않겠는가.
시끄러운 세상사야 멀리하고 사는
그대야말로 정녕 행복할지니
세상에 부귀공명도 다 그만 못하리라.

위 작품은 김시습이 평양성 서쪽에 있는 '삽석'이란 포구 주변에서 농사도 짓고 고기도 잡으며 살아가는, 어느 촌부村夫에게 준 작품이다. 그래서 원 제목도「入揷石堧贈人」이라 했다. 우리말 현대어법으로 번역한 위 한글 시를 읽으면, 누구나 어렵지 않게 느끼겠지만 청한淸寒의 마음 밑바닥에 깔려 있는 풍류風流와 호연지기浩然之氣를 체감할 수 있다. 이를 확인하기 위해서 각 연과 행의 의미를 대략 살펴보고자 한다.

이 작품에서 '그대'는 불특정 다수라 할 수 있다. 이 작품을 읽는 모든 사람이 될 수 있겠기 때문이다. 작품의 첫 연은, 삽석 포구의 외관外觀을 묘사했는데, 비녀를 지른 듯 가파르고, 여울물이 합쳐져서 거칠게 파도를 치며, 큰 소리를 내는 상태와 상황을 잘 묘사해 내고 있다. 그런 역동적인 모습을 불특정 다수에게 알고나 있느냐고 되물음으로써 그 효과를 극대화시키고 있다.

둘째 연은, 포구 주변 땅이 얼마나 비옥한가를 그리고 있는데, 물가에서는 창포가 우거지고, 논에서는 벼가 자라나, 가을에는 수확하여 집집마다 햇밥을 지어 맛을 보고 술을 담가 마시는 여유로움까지 그려내고 있다. 역시, 그런 사실이나 알고 있느냐고 되물음으로써 그 같은 사실을 강조하고 있다.

셋째 연은, 낚싯배까지 띄워 고기잡이 나서는 정황묘사가 이루어지고 있는데, 가히 일품이라 아니 말할 수 없다. 집집의 술독에서는 술 거르느라고 술이 뚝뚝 떨어지고, 그 생각만 해도 즐거워 콧노래가 절로 나오는 상황이다. 게다가, 낚싯배를 띄우고 멀리 나아가노라면 그야말로 하늘과 물이 닿는 수평선 위로 배 한 척과 낚싯대를 드리운 '내'가 있을 뿐이다. 그를 멀리서 바라보면 영락없는 한 폭의 그림이 된다. 그러니 어찌 신선놀음에 비교하지 않을 수 있겠는가.

넷째 연은, 밤기운이 차가워 고기가 잡히지 않는다 해도 빈 배에 달빛 가득 싣고 돌아오면 그만이라는 여유로움과 멋스러움을 한껏 부리고 있다. 결과적으로 그런 삶을 사는 사람이야말로 부귀공명을 누리는 사람보다 낫다는 시적 화자話者의 의중까지 다 드러내고 있는 셈이다.

이처럼, 자연과 더불어 살며, 그 아름다움을 만끽하고, 그 속에서 먹을거리를 해결하고, 인간사회의 권력과 명예와 물질욕 등을 경쟁적으로 추구하지 아니하며, 오로지 소탈하게, 그리고 인간으로서 바르게 살면서 마음의 여유를 누리고자 함이 우리 선대先代가 누렸던 풍류정신의 근간根幹이 아니겠는가.

이 작품에서는, ①부귀공명을 추구하지 않고 시골에 묻혀 사는 삶 ②아름답고 풍성한 대자연이 주는 대로 농사짓고, 고기도 잡으며, 술도 빚어 마시는, 정신적으로 여유로운 삶에 대해서 예찬禮讚한 점이 바로 풍류사상의 반영이라고 말할 수 있는데, 역시 무욕無慾, 술, 노래 등이 자연스럽게 수반되고 있음을 본다. 특히, 달빛 가득 싣고 돌아와 배를 대면 그만(載月滿艇回岸艤)이라는 표현에서 옛 선비의 청빈淸貧과 여유로움이 잘 드러나 있는데, 이는 월산대군2)(1454~1488)의 시조時調에서도 나타나고 있다. 곧, "추강秋江에 밤이 드니 물결이 차노매라 / 낙시 드리치니 고기 아니 무노매라 / 무심한 달빗만 싯고 뷘 배 저어 오노매라"가 그것이다. 표현은 약간 다르지만 기본적인 정서와 내용은 동일함을 알 수 있다.

그리고 이 작품에서 느껴지는 호연지기浩然之氣라 함은, 독자마다 다소 다르겠지만, 화자話者의 호탕한, 남성적인 기개氣槪를 말함인데, 그것은 삽석 포구와 파도를 묘사한 대목이 썩 장쾌壯快하며, 인간사를 바라보는 매우 긍정적인 눈이 또한 그러하며, 전체적인 시상 전개과정이 아주 빠르고 유쾌함에 있다할 것이다. 다시, 여기서 긍정적인 눈이라 함은, 비옥한 토양, 무성한 풀과 작물, 달디 달게 느끼는 술맛, 물고기를 낚지 못해도 좋다는 여유로움 등에서 확인할 수 있다.

1) 김시습과 「遊關西錄」
청한 김시습은 우리 국문학사에서 최초로 단편소설을 쓴 작가로 기록되고 있는 인물이다. 물론, 한글이 아닌 한자로 썼지만, 그가 남긴 작품으로는 ①만복사윷놀이[萬福寺樗蒲記] ②李生窺墻傳 ③부벽정에서의 달맞이[醉遊浮碧亭記] ④남염부주이야기[南炎浮洲志] ⑤용궁의 연희[龍宮赴宴錄] 등이 있다. 그러나 청한은 더 많은 시 작품을 창작한 시인이기도 하다. 특히, 그는 여러 지역을 돌아다니며 시를 써 시집을 남겼는데, ①遊關西錄 ②遊關東錄 ③遊湖南錄 ④遊金鰲錄 ⑤關東日錄 ⑥溟州日錄 등이 그것이다. 그는 언어 표현력이 대단히 뛰어난 문장가요, 청빈 무욕으로 일관되게 산 선인(仙人)에 가까운 사람이요, 자연인이다. 게다가, 자연의 멋과 인생의 맛을 즐길 줄 아는 풍류객이었으며, 인간 세상사 잘잘못에 대하여서는 냉철하게 비평도 할 줄 알고, 사리가 분명한 지인(智人)이기도 했다. 결과적으로, 평생을 산속에 살면서 오로지 시 소설 기타 산문을 쓴 프로 문인이었던 것이다. 여기에는 '자신의 뜻을 세상에 바로 펴지 못할 바에야 제 한 몸이라도 깨끗하게 하는 것이 나으리라'는 그의 소신과 무관하지 않은 것으로 보인다. 여하튼, "시란 차디찬 샘물과도 같아 돌에 부딪치면 흐느껴 울고, 못에 고이면 시끄럽지 않는, 고요한 청정의 세계"라고 일찍이 터득한 그이고 보면, 그의 작품 세계에 대해서 총체적으로 연구해 봄직도 하다. 위 작품이 실린 『遊關西錄』은 20대 초반에 그가 관서지방을 돌아보고 쓴 작품들을 모은 것이다.

2) 월산대군
조선 성종의 형(1454~1488). 휘는 정(婷). 자는 자미(子美). 호는 풍월정(風月亭). 문장이 뛰어나 그의 시작(詩作)이 중국에까지 애송되었다 한다. 작품집에 《풍월정집》이 있다.

참고문헌
①매월당 김시습 시선집, (조선고전문학선집 20권 가운데 제7권), 도서출판 해누리, 1994, 서울, 초판

黃眞伊의「奉別蘇判書世讓」
상투성과 모순을 뛰어넘는 감각적 인식능력

무심히 흐르는 물을 바라다보며 문득 세월의 덧없음을 깨닫고, 찬 서리 속에서도 싱싱하게 피어있는 국화를 살펴보며 의인義人의 절개節槪를 빗대어 말할 줄도 알았던 사람, 간밤의 비바람에 떨어진 복사꽃잎을 보면서 무릉도원을 떠올리기도 하고, 휘영청 달 밝은 밤에 누각에 앉아 거문고를 뜯고 피리를 불며 술잔을 기울였던 사람, 그것도 진실한 벗과 더불어 인생과 세상사를 논하며 시를 주고받던 사람….

그런 멋스러움과 마음의 여유를 한껏 누릴 줄 아는, 그 사람이 꿈꾸는 이상세계는 과연 어떤 것이었을까? 어쩌면, 잡다한 인간사의 부질없음으로부터 대자연의 아름다움에 이르기까지, 다시 말해, 인생의 의미와 자연의 이치를 터득하고 생명의 진정한 기쁨을 누리는 삶이었는지도 모를 일이다. 그런 그가 산기슭에 봄눈 녹이는 따뜻한 바람으로 어느새 희끗희끗해진 귀밑머리를 녹여나 본다고 재롱을 피우는 것은 역시 그다운 유머감각이 번뜩이는 기지機智임에 틀림없다.

정말이지, 복잡다단하기 짝이 없는 도심을 벗어나 사람의 발길이 좀처럼 닿지 않는 곳에 자그만 초옥草屋 한 채 짓고, 그곳에 머물면서 인생의 묘미와 자연의 아름다움을 음미하면서 남은 생을 보내고자 함은 비단 나만의 꿈이 아닐 것이다. 그렇듯, 하루 일과를 마치면 콧구멍이 새까매지도록 오염된 대기, 수돗물조차 정수하거나 별도로 지하암반수를 사서 마셔야 할 정도로 오염된 식수, 각종 화학물질로 오염된 토양과 그곳에서 자라는 농산물을 먹어야 하는 위험부담으로부터 벗어나 진정 자유롭고자 함은, 오늘날 질척거리는 물질문명의 한 가운데에서 살아가는 현대인들의 간절한 바람일 것이다.

그런데 이미 그는 그곳에 내려가 살며, 멋진 시 한 수를 지어 보내왔으니 그 시부터 먼저 소개하면 이러하다.

달빛 가득한 뜰 안에 오동잎은 지고
찬 서리 속에서도 들국화는 더욱 싱그럽구나.

누각은 높아 팔을 뻗으면 하늘에 닿을 듯하고
나는 이미 취하여 술이 술을 부르는구나.

흐르는 물은 거문고 장단에 맞추어 춤을 추고
매화는 피리소리에 더욱 향기로워.

날이 밝아 서로 헤어지고나면
그리움이야 푸른 물결처럼 일렁이리라.

달빛과 오동잎, 찬 서리와 들국화, 누각과 하늘, 사람과 술, 흐르는 물소리와 거문고, 매화와 퉁소, 그리고 이별과 그리움이라. 이는 우리 선조들이 시조時調나 한시漢詩를 통해서 수없이 보여주었던, 어찌 보면, 입만 열면 상투적으로 튀어나오던 말들이라 해도 크게 틀리지 않을 것이다. 그만큼 시를 짓고 시조를 읊을 때에 즐겨 사용했던 소재들일 뿐만 아니라 대상對象들 간의 관계 설정이나 정황묘사조차도 공식처럼 굳어져 있다 할 정도로 정형화된 듯한 느낌마저 준다. 이런 표현의 상투성은 신선도를 떨어뜨릴 뿐만 아니라 탄력적인 맛이나 긴장감마저도 상쇄시킴에는 틀림없다.

게다가, 이 작품에는 객관적으로 볼 때 모순성까지 있다. 곧, 오동잎 지고 들국화가 피는 계절인 늦가을의 정취를 노래하다가 늦겨울이나 이른 봄철에 피는 매화 이야기까지 나오는데, 이는 화자가 누각에 앉아 술을 마시는 정황이 가을에서 봄까지 계속되었다는 뜻이 아니라 지나간 과거사를 떠올리면서 의례적인 표현을 했다는 뜻이다.

그럼에도 불구하고, 이 시가 감동을 주는 까닭은 어디에 있는 것일까? 자세히 들여다보면, 구석구석 감상의 묘미妙味가 있는데, 그것은 아마도, 대상들을 바라보는 화자의 놀라운 심안心眼 곧, 뛰어난 감각적 인식능력이 반영되어 있기 때문이 아닐까 싶다. 곧, 원작原作에서는 '누각이 높아서 하늘이 한 자 거리에 있다(樓高天一尺)'는 표현이 있는데, 필자는 이를 '누각은 높아 팔을 뻗으면 하늘에 닿을 듯하고'로 의역했지만, 누각이 높다는 사실을 실감나게 표현하기 위해서 하늘을 끌어들이고 있는데, 그것도 한 자 거리라고 한 것은 대단히 재치 있는 표현이다. 뿐만 아니라, 아무런 상관관계가 없는, 흐르는 물소리와 거문고 소리(사실, 여기서 거문고는 필자가 임의로 지어낸 것임), 매화 향과 피리소리를 연관시켜 놓았으되, 서로가 서로에게 영향을 주고받는 관계로, 다시 말해, 생명을 지닌 유기적 존재로 인식했다는 사실이다. 이는 분명, 비합리적이라 할 수 있지만 합리적인 판단 이상의 의미와 가치를 지닌다. 그것이 바로 인간의 상상력이 빚어 놓는, 다시 말해, 논리와 합리를 초월하여 구축해 놓는 가상세계 자체가 갖는 아름다움이자 진실인 것이다. 독자들은 바로 그것에 대한 간접체험의 즐거움을 누리는 것이고, 동시에 그런 가상세계에 대해 꿈꾸는 것이다.

이 작품은, 복잡한 도심都心이 싫어 일찍이 낙향한, 혹은 은둔생활하는 그가 내게 보내온 것이 아니라 조선시대 기녀妓女였던 황진이가 양곡陽谷 소세양蘇世讓과의 이별에 부쳐 지은 것이다. 바로 그것을 필자가 현대적인 감각으로 의역해 놓았을 뿐이다. 특히, 이 시의 창작된 시기를 고려하면 더욱 감탄해 마지않을 수 없는데 그 이유인 즉 오늘날의 시인들조차도 사람의 마음을 움직이는 아름다움과 진실이 녹아든 유기적 구조물 곧, 가상세계를 쉽게 표현해내지 못하기 때문이다.

그러나 이런 시를 학습하고 나면서부터 유사한 시어와 유사한 문장과 유사한 구조를 갖춘 작품을 창작해 내는 경우들이 있는데, 이는 어디까지나 흉내[模倣]이지 창작이 아니기 때문에 그것이 아무리 훌륭하다 해도 모작模作이며 아류亞流에 지나지 않는다.

우리는 이 작품을 통해서 우리의 선대先代가 자연을 가까이하고, 풍류를 즐길 줄 알았다는 사실에 대한 재확인이 아니라 어떻게 자연을 가까이하고, 어떤 구체적인 방식으로 삶의 멋을 추구했는지까지 음미해 보아야 할 것이다. 또한, 그것들이 오늘날 우리에게 무슨 의미가 있는지를 새기어보는 기회로 삼아야 할 줄로 믿는다.

원작을 소개하면 이러하다.

月下庭梧盡　월하정오진
霜中野菊黃　상중야국황
樓高天一尺　누고천일척
人醉酒千觴　인취주천상
流水和急冷　유슈화급랭
梅花入笛香　매화입적향
明朝相別後　명조상별후
情意碧波長　정의벽파장

－黃眞伊의「奉別蘇判書世讓」전문

05

李白의「楊叛兒」
중의법적 해석으로 깊어지는 시의 맛

 시를 짓는 사람에게 있어서 무엇보다 중요한 것은 '솔직' 그 자체이다. 어쩌면, 시작詩作의 처음이자 끝이라 할 수 있을 정도이다. 왜냐하면, 시는 근원적으로 시인 개인의 주관적인 기분, 감정·생각·의식·행동양식 등이 녹아있는 정서情緖를 담아내는 그릇이기 때문에 자기 자신에게의 솔직함은 감동원感動源 가운데 으뜸일 수밖에 없다.
 오늘날 시인들의 작품이 크게 감동적이지 못한 것은 시인이 자신에게 먼저 솔직해야 하는데 그러지 못하기 때문이라고 나는 생각한다. 자신에게 솔직하지 못함은 곧 말[言]의 목을 비틀거나, 억지 관계를 맺어놓거나, 지나치게 허풍을 떠는 등 자신의 진실과 유리된 말을 즐기는 것으로 나타난다. 말을 가장 진솔하게, 그리고 가장 아름답게 부려야 할 사람들이 말장난을 침으로써 말을 혹사시키고 있는 셈이다. 요즈음, 진실 없는 문장이나 책을 두고 '활자공해'라는 신조어를 쓰는 현실이 잘 말해 주고 있다고 생각한다. 솔직히 말해, 시집이 손에 쥐어져도 제대로 다 읽지 못함은 무슨 소리를 하는지조차 알 수 없기 때문임을 우리 시인들은 아는지 모르는지…. 적어도 시작에서만큼은 첫째도 솔직, 둘째도 솔직, 셋째도 솔직이라 해도 크게 틀리지 않을 것이다.

굳이, 이백李白의 많고 많은 시 가운데 케케묵은 「楊叛兒」를 소개하고자 함도 시인의 솔직성이 얼마나 중요한가를 입증하기 위해서이다. 그 솔직함은 대담한 문체를 빚고, 거기에 절묘한 비유가 살아나 우리의 마음을 크게 움직이는 힘이 실리게 되는 그 전형적인 예이기 때문이다.

그럼, 원문부터 살펴보자.

君歌楊叛兒	군가양반아
妾勸新豊酒	첩권신풍주
何許最關人	하허최관인
烏蹄白門柳	오제백문류
烏蹄隱楊花	오제은양화
君醉留妾家	군취유처가
博山爐中沈香火	박산로중침향화
雙煙一氣浚紫霞	쌍연일기준자하

시 전문이야 위와 같지만, 여기서 '楊叛兒'는 당시 널리 불려졌던 대중가요 정도로 생각하면 되고, '新豊酒'는 당대 최고 아니면 가장 대중적인 술로 여기면 그만이다. 솔직히 말해, 당대 습속習俗에 대해서 아는 바가 없는 필자로서는 달리 설명할 길이 없다.

위 작품을 현대적인 감각으로 의역해 보고 재음미해 보자.

그대 노랠 부르면
소생은 술이나 권해드리오리다.

무엇이 그리 마음에 걸리시나요?
까마귀 우는 동구 밖 버들입니까,
까마귀 우는 숨은 버들의 꽃입니까?

그대 취하거들랑
소생의 집에 머무시어요.

박산로 속에 침향[1])의 불길 달아오르면
우리 하나 되어 붉은 노을에 휩싸이리니….

여기서, 상대에게 술을 권하고, 자기 집에서 유숙留宿하기를 청하고 있는 사람은 여자로서 첩妾이다. 이 첩을 기녀妓女라 해도 좋고, 말 그대로 종從 아니면 정부情婦라 해도 좋다. 그도 아니면, 나를 짝사랑하는 연인戀人쯤으로 생각해도 좋을 듯싶다. 그러나 술을 함께 마시면서 밉지 않게, 아니, 시적詩的으로, 아니, 철학적으로 동숙同宿을 유혹하는 것을 보면 지성적인 기녀일 가능성이 매우 높다.

여하튼, 그 여인이 술을 권하면서 노랠 청하고, 상대방의 술맛을 돋우기 위해서 유혹적인 말을 건네고 있는 상황이 잘 그려지고 있다. 아마도, 상대방이 썩 기분 좋게 술을 마시지 않거나 노래 부르기를 꺼리는 듯 머뭇거렸던 모양이다. 그래서 여인이 묻는데, "무엇이 그리 마음에 걸리시나요? / 까마귀 우는 동구 밖 버들입니까, / 까마귀 숨어 우는 버들의 꽃입니까?"라고 했다. 대단히 재치 있는, 새기어 볼만한 표현이라고 생각한다. '까마귀'와 '버드나무', '버드나무'와 '버드나무의 꽃' 등의 관계가 어떤 의미를 숨기고 있지는 않나 생각되기 때문이다. 곧, 까마귀가 지금 상대방을 유혹하는 여자라 한다면, 동구 밖 버들은 상대방 남자가 살고 있는 댁의 부인이나 그 남자가 평소 좋아하는 제삼의 여인이 될 수도 있고, 또한, 버드나무가 그 남자가 좋아하는 여인이라면 버드나무의 꽃은 그 가운데 유일한, 그러니까 가장 좋아하는 여인이라고 생각해 볼 수도 있을 것이기 때문이다.

그런데 여인은 대답하기 곤란한 질문을 던지고는 곧바로 "그대 취하거늘랑 / 소생의 집에 머무시어요."라고 유혹적인 제안으로써 환심歡心을 산다. 상대방을 편안케 하기 위해서라면 이처럼 좋은 말이 어디 또 있겠는가. 어떠한 이유에서든, 필요하거나 존경하는 사람에게라면 술자리에서 이런 유혹쯤이야 얼마든지 할 수 있다는 뜻이고, 그런 만큼 통속적이기도 하다.

그런데 작품 속의 이런 통속성과 현실성을 온전히 예술로서 승화시켜 놓는 장치가 있으니 바로 그것은 마지막 연인 "박산로[2] 속에 침향의 불길 달아오르면 / 우리 하나 되어 붉은 노을에 휩싸이리니…(博山爐中沈香火 / 雙煙一氣浚紫霞)"라고 한 대목이다. 여기서 박산로博山爐는 당대에 널리 사용됐던 향로의 일종일 뿐이고, '沈香火'는 '침향이 타는 불' 정도로 해석하면 될 것이다.

그리고 "雙煙一氣浚紫霞"에서 '雙煙'은 그대와 나 두 사람이 될 것이고, '一氣'는 하나가 된다는 뜻으로 받아들이면 될 것이다. '浚紫霞'는 붉은 노을에 깊게 빠진다는 뜻으로 결국 '노을이 된다', 또는 '노을에 휩싸이다'는 뜻이 될 것이다. 그렇다면, '雙煙'도, '一氣'도, '沈香火'도, '浚紫霞'도 다 속뜻이 숨겨진 중의법적 표현으로 간주해야 할 것이다. 바로 여기에 비유적인 표현의 묘미가 있으며, 그 묘미는 시어詩語나 문장文章 이면에 깃들어있는, 숨은 뜻을 헤아리는 즐거움이자 그 깊이가 아니고 무엇이겠는가.

이 작품은, 한 여인이 술자리에서 노래와 술을 권하면서 즐거움을 누리되, 숙취熟醉·동숙同宿·동침同寢을 밉지 않게 유혹하는 상황을 아주 솔직하게 그리고 있다. 그 솔직성과 밉지 않은 유혹을 할 수 있는, 최소한의 지성이 우리의 마음을 크게 움직이는 힘이라고 생각한다.

---

1) 침향(沈香)
침향나무의 목재에 함유된 수지(樹脂)를 일컬으며, 그 성질이 따뜻하며 맛이 맵고 써서, 기(氣)를 내려 주고 배를 덥혀 주는 작용을 한다는데, 이것의 약리작용에 대해서는 많은 사람들이 조금씩 달리 말하고 있다. 다만, 그 향기가 좋아서 향료로도 사용했으며, 밀향(蜜香) 또는 침수향(沈水香)이라고도 한다.

2) 박산로(博山爐)
중국 향로(香爐)의 일종으로 다리가 붙어 있는 잔 형태의 그릇 위에 박산(博山) 모양의 뚜껑이 있다. 중국에서는 한나라 때부터 당나라 때까지 많이 사용하였으며, 우리나라에서는 1916년에 평양 대동강 기슭의 낙랑 고분에서 발견되었다 함. 박산은 중국의 전설에 나오는 산 이름으로 바다 가운데 있는데 신선(神仙)이 산다고 함.

06

백석의「定州城」
서정抒情과 서사敍事를 함께 용해시킨 비유체계

　　山턱원두막은뷔였나 불빛이외롭다
　　헌깁심지에 아즈까리기름의 쪼는소리가들리는 듯하다

　　잠자리조을든 문허진城터
　　빈딋불이난다 파란魂들같다
　　어데서말잇는듯이 크다란산새한마리 어두운골작이로난다

　　헐리다남은城門이
　　한을빛같이훤하다
　　날이밝으면 또 메기수염의늙은이가 청배를팔러올것이다

　이 작품은 백석(白石:1912~1963?) 시인의 대표작이라 하는「定州城」전문으로, 1935년 8월 30일 조선일보에 발표된 것이지만 1936년 100부 한정판으로 펴낸 첫 시집 『사슴』에 수록된 것이기도 하다.
　당시 어법에 방언까지 겹쳐 오늘날의 사람들이 읽기에는 썩 자연스럽진 않으나 그 의미를 새기면 새길수록 깊은 뜻이 숨어 있음을 알 수 있다. 이를 이해하기 쉽게 현대어법으로 고쳐서 다시 쓰면 이러하다.

산마루 원두막은 비었나, 불빛이 외롭다.
헝겊심지에 아주까리기름 쪼는 소리 들리는 듯하다.

잠자리 졸던 무너진 성터
반딧불이 난다. 파란 혼불 같다.
어디서 말 있는 듯이 커다란 산새 한 마리 어두운 골짜기로 난다.

헐리다 남은 성문이
하늘빛같이 훤하다
날이 밝으면 또 메기수염의 늙은이가 청배를 팔러 올 것이다.

　이 작품이 조선일보에 발표될 때에는 3연 11행이었지만, 1년 후에 나온 개인시집 속에서는 3연 8행으로 수정 표기되었다. 그리고 '갓다'가 '같다'로, '말잇는듯이'가 '말있는듯이'로, '한울빗가티'가 '한을빛같이'로 각각 바뀌었다. 다소, 의미판단을 모호하게 하는 면도 없지 않으나 앞뒤 문맥상으로 판단하면 큰 무리는 없을 성싶다.
　그러면, 먼저 현대어법으로 고쳐 쓴 위의 작품을 분석대상으로 하여 각 연聯의 의미를 분석해 가면서 작품의 전체적인 표현기법과 주제 등을 살펴보자.
　첫 연인 제1행과 제2행은, 정주성 부근 산기슭에 있는, 한 원

두막에서 새어나오는 불빛과 그곳의 고적함을 아주 잘, 실감나
게 묘사해내고 있다. 아마도, 시적 화자는 원두막과 조금 거리를
둔 채 떨어져 있는 듯하지만, 원두막에서 밝히고 있는 불빛과,
심지어는 그 아주까리기름이 헝겊 심지를 타고 쪼는 소리까지
듣는 것처럼 말함으로써 그곳의 정밀靜謐한 정황을 생생하게 묘
사해 내고 있다.

　둘째 연은 정주성의 상태와 그 곳의 밤 풍경을 반딧불과 산새
의 움직임으로써 고스란히 담아내고 있다. 곧, 낮에는 잠자리가
앉아 졸던, 무너진 성터지만 밤인 지금은 파란 혼불같이 반딧불
이 날고, 어디선가에서 들리는 인기척 탓인지, 큼지막한 산새 한
마리가 갑자기 푸드득 소리를 내며 어두운 골짜기로 날아간다는
것이다. 어찌 보면, 어둠에 싸여 있는, 무너진 정주성의 정황을
있는 그대로, 단순히 그려놓고 있어 보인다. 다만, '무너진 성터'
와 '반딧불', 그리고 '파란 혼불'이란 시어들이 무언가 속뜻을
숨기고 있지는 않을까 하는 생각이 슬그머니 고개를 든다. 그렇
다고, 어떠한 성급한 판단을 내리는 것도 아직은 위험한 일이다.
자칫, 일방적인 판단으로서 편견이 될 가능성이 있기 때문이다.

　셋째 연에서는 시적 화자의 두 가지 진술이 나열되고 있는데,
그 하나는 현재 시점에서 본 정주성의 성문이 하늘빛같이 훤하
다는 판단이고, 그 다른 하나는 날이 밝으면 또 '메기수염의 늙
은이'가 청베를 팔러 올 것이라는 추측이다. 헐리다 남은 성문이
훤하다는 것은 그래도 이방인의 출입을 통제하는 성문城門인지
라 불 밝히고 있다는 뜻이고, 낮이 되면 청나라 사람이 옷감을
팔러 들어오곤 했다는 뜻일 것이다. 결과적으로, 단순히 잠자리
가 졸던 '무너진 성터' 주변의 원두막 풍경이 '헐리다 남은 성

문' 으로 오버랩되면서 정주성에 대한 묘사가 구체화되고 있는 것이다. 그러면서 무너진 성터를 배회하는 '파란 혼불' 같은 '반딧불' 이 있는 그대로의 정황 묘사임에는 틀림없지만 꼭 그렇지만도 않을 것이라는 추측을 가능하게 한다. 그것은 곧, '날이 밝으면 또 메기수염의 늙은이가 청베를 팔러 올 것이다' 라는 추측성 진술에서 드러난 것처럼 '메기수염의 늙은이' 가 무너진 정주성을 마음대로 오가며, 자국 상품인 청베를 조선 사람들에게 팔러 온다는, 당대 우리 국가, 우리 민족사회의 현실성을 함축, 비유적으로 표현해 놓았을 가능성을 배제할 수 없기 때문이다.

이 작품을 이렇게 본다면, 이 몇 줄 안 되는 소품小品 속에는 엄청난 비유체계가 갖추어져 있음을 알 수 있다. 곧, 무너진 성터와 헐리다 남은 성문은 우리의 주권主權이요, 그 곳을 날아다니는 반딧불은 성을 지키다 죽은 원혼寃魂이요, 메기수염의 늙은이가 청나라 사람들이라면 졸던 잠자리와 어두운 골짜기로 몸을 숨기는 산새는 힘을 상실한 우리 국민들일 것이기 때문이다.

이처럼 정주성의 낮과 밤 풍경을 있는 그대로 묘사해 내고 있는 이 작품은, 당대의 부인할 수 없는 현실성을 그대로 숨기고 있음으로써 서정抒情과 서사敍事를 동시에 용해시켜 놓고 있다고 볼 수 있다. 특별히 목청을 돋우지 않고도 얼마든지 비유어들이 가지는 암시 기능과 현실 환기력을 통해서 우리의 아픈 역사를 뼈저리게 되새기게 하고 있는 것이다. 따라서 이 작품은 우리의 리얼리즘 시문학[참여문학]이 나아가야 할 하나의 방향을 제시해 주고 있다 해도 무리가 아닌 듯싶다.

―――――――

*백석(白石) : 본명은 백기행, 1912년 평북 오산 출생, 일본 청산학원에서 영문학 공부, 1935년 조선일보에 작품 「정주성」발표, 1936년 시집 『사슴』출간.

07

황동규의 「삼남三南에 내리는 눈」
역사의식의 형상화와 편견

봉준琫準이가 운다, 무식하게 무식하게
일자 무식하게, 아 한문만 알았던들
부드럽게 우는 법만 알았던들
왕 뒤에 큰 왕이 있고
큰 왕의 채찍!
마패없이 거듭 국경을 넘는
저 보마步馬의 겨울 안개 아래
부챗살로 갈라지는 땅들
포砲들이 얼굴 망가진 아이들처럼 울어
찬 눈에 홀로 볼 비빌 것을 알았던들
계룡산에 들어 조용히 밭에 목매었으련만
목매었으련만, 대국낫도 왜낫도 잘 들었으련만,
눈이 내린다. 우리가 무심히 건너는 돌다리에
형제의 아버지가 남몰래 앓는 초가 그늘에
귀 기울여 보아라, 눈이 내린다, 무심히,
갑갑하게 내려앉은 하늘 아래

무식하게 무식하게.

　위 작품은 황동규의 「삼남三南에 내리는 눈」 전문으로 17행이 연 구분 없이 짜여 있다. 게다가, 부분적으로 문장부호를 사용하고 있긴 하지만 그것의 사용이 정확하지 않아 문장의 의미판단을 방해하고 있다. 이런 표현상의 형식적인 문제가 있음에도 불구하고 이 작품이 긍정적인 평을 받을 수 있었던 것은 역사의식을 형상화시켰다는 점이고, 동시에 그 방법에서 어느 정도 설득력을 갖고 있기 때문이 아닌가 싶다. 우리는 역사적인 사건이나 인물을 소재로 시를 쓸 때에 자칫, 객관적인 사실을 기술하는데 그치거나 혹은, 그에 대해 공감 신뢰할 수 없는 주관적인 의미부여와 함께 지나치게 감정을 노출시키고 마는 잘못을 범하곤 한다. 4·19혁명이나 5·18광주 민주화 운동이나 동학혁명 등 이루 다 말할 수 없는 역사적 사건을 소재로 하는 시들을 보면 시인이 곧 사학자요, 웅변가인 듯하다. 게다가, 평론가들도 시인의 작품 안에서 어떤 결론이나 대안을 은근히 제시해 주기를 기대한다. 그러나 그것은 그릇된 요구요, 그릇된 바람일 뿐이다.
　시는 사실에 대한 단순한 기술記述이 아니다. 동시에 주장도 아니다. 시에 그런 기능이 전혀 없는 것은 아니지만 시는 어디까지나 같이 생각하고 같이 느낄 수 있는 공감의 영역 안에 머무르는, 시인에 의해 재구성된 주관적 진실일 뿐이다. 물론, 그 진실이 객관적 사실에 뿌리를 두어야 함은 말할 것도 없지만 그 사실 자체만은 아니라는 뜻이다. 객관적 사실에 대한 시인의 감정이나 의미부여는 '형상화'를 통해서 이루어져야 하는데 그것이 바로 시인의 참 능력이 반영되는 고유 영역이다. 필자는 이런 의미에서 역사적 사실에 대한 시인 나름의 해석과 평가가 바탕에 깔려있는 많은 작품들 가운데에서 그것이 비교적 잘 된, 이 「삼남에 내리는 눈」을 가려 뽑고, 작품 분석을 통해서 실재하는 의미와 그 구조를 확인해 보고자 한다.

 이 작품은 연 구분이 없지만 내용 전개상 6개 연으로 가를 수가 있다. 그 첫 연은 3행까지인데 이를 이해하기 쉽게 문장부호를 사용하면서 다시 적으면 '봉준이가 운다, 무식하게, 무식하게, / 일자 무식하게. 아, 한문만 알았던들, / 부드럽게 우는 법만 알았던들….' 이 될 것이다.
 여기에서 첫 문장은 '봉준이가 무식하게 무식하게 일자 무식하게 운다.' 이다 그런데 울고 있는 상태에 대해 특별히 강조할 필요가 있다고 판단되었음인지 시인은 그 말을 따로 떼어 뒤로 붙였다. 물론, 이 같은 문장 구조의 변화는 울고 있는 상태가 강조되는 효과를 얻고 있다. 다시 말해, 울고 있는 주체와 그 주체의 동작이 간단히 먼저 진술됨으로써 독자들에게 주의를 환기시키는 효과를 얻고 있다는 뜻이다. 물론, 그런 성과를 거두려면 필자가 위에서 적은 대로 필요한 문장부호를 정확히 바로 써야 할 것이다.
 두 번째 문장은 '아, 한문만 알았던들, / 부드럽게 우는 법만 알았던들….' 이 되어야 한다. 시인이 정작 하고 싶은 말은 말줄임표 속으로 생략되어 있다. 그 생략된 말이 무엇인지 현재로서는 정확히 알 수 없지만, 봉준이가 한문만 알았거나 부드럽게 우는 법을 알았다면 지금처럼 무식하게 울지는 않을 것이다, 라는 정도로 유추해 볼 수는 있다. 물론, 정확한 판단은 이 작품을 끝까지 다 읽어 보아야 가능할 것이다. 만약, 그렇지 않다면 작품 구조상의 문제가 있는 것으로 보아도 틀리지 않을 것이다.

그렇다면, 이 첫 연에서는 '한문을 안다'는 것과 '부드럽게 우는 법'이 내포하고 있는 의미가 가장 중요하게 작용하고 있음을 알 수 있다. 언뜻 생각하기에, 한문을 안다는 것은 중국에 대한 정보를 미리 아는 일로, 그리고 부드럽게 우는 법이란 자신의 권리나 주장을 요구, 관철시키는 방법으로 해석할 수 있을 것 같다. 물론, 정확한 판단은 역시 뒤로 미룰 수밖에 없지만 말이다.

둘째 연은 4, 5행이 된다. 곧, '왕 뒤에 큰 왕이 있고 / 큰 왕의 채찍!'이다. 이는 엄밀한 의미에 있어서 완전한 문장은 아니다. 왜냐하면, 왕 뒤에 큰 왕이 있고, 큰 왕의 채찍이 어떠어떠하다는 술부述部가 생략되어 있기 때문이다. 하지만, 조선의 왕은 작은 왕이고, 그 왕 뒤에 중국이나 일본의 큰 왕이 휘두르는 채찍이 있다는 뜻으로 자연스럽게 받아들여진다. 그래서 이 둘째 연은 당시 외세外勢에 의존하고 있었던, 힘없는 조선왕조를 간단명료하게 드러내 놓고 있다 하겠다.

셋째 연은 6행부터 8행까지로 '마패 없이 국경을 넘는 / 저 보마步馬의 겨울 안개 아래 / 부챗살로 갈라지는 땅들.'이다 이 또한 불완전한 한 개의 문장이 3행으로 나누어져 있을 뿐이다. '마패 없이', 이 말은 '우리 조선 왕의 허락 없이'로 해석이 되고, '거듭 국경을 넘는다'는 것은 '남의 나라를 침략한다'는 뜻일 것이다. 그리고 '국경을 넘는 보마의 겨울 안개 아래 부챗살로 갈라지는 땅들'이란 '그 침략자들에 의해 우리 국토가 유린되고,

자기들의 소유물처럼 자기 마음대로 구획하여 점령된다.'는 뜻일 것이다.
  그런데 둘째 연과 셋째 연은 '채찍'과 '땅들'에서 보듯이 명사형으로 문장이 끝이 나고 있다는 점에서 같다. 문장의 끝이 명사형으로 끝난다는 것은 앞의 말들이 뒤에 나오는 명사를 설명하거나 풀어주는 기능을 갖는다는 뜻이다. 결과적으로 명사형의 낱말이 강조되고, 또 그것이 강조됨으로써 그에 대한 생각을 독자로 하여금 하게 하는 것이다. 그렇기 때문에 우리는 이 구절을 읽으면서 채찍이 어떤 채찍이고, 땅들이 어떤 땅인지 다시금 생각하게 되는 것이다.

  넷째 연은 9행부터 12행으로 '포砲들이 얼굴 망가진 아이들처럼 울어 / 찬 눈에 홀로 볼 비빌 것을 알았던들 / 계룡산에 들어 조용히 밭에 목 매었으련만 / 목 매었으련만, 대국낫도 왜낫도 잘 들었으련만…'이다. 여기서 포란 것은 전봉준이를 따라 전투를 했던 병사들일 것이다. 그런데 병兵이나 졸卒로 표현하지 않고 포砲로 표현하고 있다는 점이 무언가 의도된 바가 있지 않을까 싶다. 예컨대, 의로운 동학혁명군을 병이나 졸로 말하면 왠지 과소평가 되는 것 같은 생각에서라든가. 아니면 포 자체가 원거리 사격을 통한 공격 무기이므로 동학혁명군의 기동성과 전투력을 그리 표현한 것이 아닐까 하는 생각 등으로 말이다.
  여하튼, 포가 동학혁명군이라면 이 넷째 연은 전봉준의 부하들이 전투에서 패하여 죽임을 당하고, 얼굴이 망가지고, 또 서럽게 혹은 고통스럽게 울면서 찬 눈밭 속에서 고생하리란 것을 미리 알았다면 전봉준은 계룡산에 들어가 조용히 목을 매었을 것인데 그렇지 못했음을 시적 화자가 안타까워하고 있는 것 같다.

그런데 '대국낫도 왜국낫도 잘 들었으련만' 이란 말을 어떻게 해석해야 할지 순간적으로 망설여진다. 대국낫이 곧 중국인의 무기와 힘을 상징하는 것이라면 왜낫이 곧 일본인의 그것으로 해석되기 때문에 봉준이를 포함한 동학 혁명군이 중국인과 일본인을 전투에서 치는데 조선낫이 잘 들어 그들을 쉽게 무찌를 수 있었을 것이다, 로 해석해야 앞뒤 문맥상 맞는다. 그러나 문맥을 고려치 않고 이 말만을 떼어 해석하면 중국인이 가지고 있는 대국낫과 일본인이 쓰고 있는 왜낫 자체가 잘 드는, 성능이 뛰어난 칼이다, 라는 전혀 다른 의미로 해석되는 데에 문제가 있다. 이런 문제와 함께 또 한 가지 명쾌하게 해결되지 않는, 다른 문제가 있는데, 그것은 '밭에 목매었으련만' 이라는 말을 어떻게 해석해야 할까, 하는 것이다.

봉준이가 부하들을 고생시키지 않고, 또 죽임을 당하지 않게 일찍이 계룡산에 들어가 자살을 했어야 했다는 말로 받아들여야 할지, 아니면 달리 해석해야 할지 정확한 판단이 서질 않는다. 만약, 이를 지금 추론한 대로 해석한다 해도 '대국낫도 왜낫도 잘 들었으련만' 이라는 말과 결부시키면 해석상의 문제가 더욱 커진다. 이는 시인의 의도가 잘못 표현된 것이 아닌가 싶기도 하고, 필자가 추론할 수 없었지만 전혀 다른 의미로 쓰이지 않았나 하는 점도 배제할 수 없다.

다섯째 연은 13, 14행으로 '눈이 내린다. 우리가 무심히 건너는 돌 다리에 / 형제의 아버지가 남몰래 앓는 초가 그늘에.' 이다. 이 다섯째 연은 '눈이 내린다' 는 사실을 강조하고 있다. 첫째 연이 봉준이가 울고 있다는 사실을, 그것도 무식하게 울고 있다는 것을 강조하고 있다면, 이 다섯 째 연은 눈이 내린다는 사실을, 그것도 어디 어디에 내린다는, 그 눈 내리는 장소가 강조되고 있다. 곧, '우리가 무심히 건너는 돌다리에' 하나와 '그 형제의 아버지가 남몰래 앓는 초가 그늘에'가 강조되고 있다.

그렇다면, 그러한 '돌다리'와 '초가그늘'이라는 시어가 내포하거나 환기시켜 주는 의미는 무엇일까? 이 또한 독자 나름대로의 상상력을 요구함으로써 독자들의 몫이 되고 말았다. 하지만 우리가 무심히 건너는 돌다리에도 우리의 아픈 역사가 숨 쉬고 있고, 또 비슷한 처지에 있는 운명공동체적인 절대 다수의 사람들이 가난과 압제에 시달리며 고통스럽게 살아가는 집집마다 우리의 아픈 역사가 숨 쉬고 있듯이, 그런 곳마다 눈이 내린다는 뜻으로 확대해석하면 어떨지. 그러나 누가 그렇게 한 편의 시를 읽으며 관대하게, 그리고 심오하게 해석해 줄지 모르겠다.

그렇다면, '눈이 내린다'라는 말은 무슨 의미일까? 그 숨은 의미에 대해서도 한참 동안을 생각해야 만이 겨우 헤아릴 수 있을 것 같다. 여기서 '눈이 내린다' 함은 우리의 아픔을 포근하게 감싸주는, 아니면 정반대의 의미로 우리의 아픈 곳을 더욱 모질게, 차갑게 때리는 외부의 세력으로 해석할 수 있을 것 같다. 앞이냐 뒤냐 하는 문제는 마지막 연을 다 읽어 보아야 판단이 가능할 것이다.

이제, 여섯 째 연인데 15행부터 17행까지이다. 곧, '귀 기울여 보아라 눈이 내린다, 무심히 / 갑갑하게 내려앉는 하늘 아래 / 무식하게 무식하게.'이다. 우리는 이 마지막 연을 읽으면서 몇 가지 중요한 사실을 발견할 수가 있다. 바로 그 때문에 이중적 해석을 가능케 했던 모호한 표현들이 하나의 분명한 의미로 드러난다면 지나치게 관대한 평이 되는가. 그 중요한 사실이란, 첫째가 첫 연에서 말한 '봉준이가 무식하게 우는 것'이 마지막 연에서 '무식하게 눈이 내리는 것'으로 동일시되고 있다는 점이다. 그리고 그 내리는 눈은 우리들의 눈으로 그냥 쉽게 볼 수 있는 눈이 아니라 귀를 기울이어야만 보이는 눈이요, 들리는 울음소리다. 곧, 서럽게, 서럽게 싸우다가 결국은 죽을 수밖에 없었던 봉준이의 한 맺힌 울음소리인 것이다. 따라서 '눈이 내린다'는 것은 곧 봉준이가 울고 있는 것이며, 봉준이가 운다는 것은 자신을 포함한 우리 민족의 한 맺힌 운명적 삶을 서러워하고, 특히, 지도자를 따라 죽었던 동학혁명군을 위로하고자 하는, 뜨거운 가슴의 눈물일 것이다.

그런데 무식하게 울고 무식하게 눈이 내린다는 표현에서 '무식하게'가 강조되고 있는데 이 '무식하게'라는 말이 숨기고 있는 진의眞意는 무엇일까? 사실, 이 '무식하게'라는 말 속에는 시인이 '전봉준'이라는 역사적 인물을 어떻게 보고 있느냐는 시각이 반영되어 있다 하겠다.

첫째 연과 넷째 연에서 드러낸 아쉬움과 미련의 정조를 감안한다면 이 '무식하게'란 말이 많은 사람들의 죽음을 초래할 수밖에 없었듯이, 그야말로 '무지하게' 혹은 '무모하게'로 해석이 될 수 있다. 그렇지 않고, 비록 많은 죽임을 당했지만 전봉준은 지도자답게 죽어서까지도 한 맺힌 동지들과 한 맺힌 땅의 상처를 감싸주기 위해 눈으로 내린다고 해석할 때는 이 '무식하게'는 '서럽게' 혹은 '펑펑' 혹은 '많이' 등으로 해석할 수밖에 없다. 그러나 이 작품의 전체적인 문맥상으로 보면 전자로 해석해야 옳을 듯싶다.

　결과적으로, 이 작품에서 시인은 삼남에 내리는 눈을 보면서 전봉준을 떠올렸고, 동시에 그 눈을 전봉준의 한 서린 울음으로 듣고 있는 것이다. 이처럼 자연현상에 지나지 않는 눈 내림에 대해 시인은 역사적 인물의 감정을 이입시키고, 동시에 역사적 사실에 대한 반추反芻로 형상화시킴으로써 공감을 불러일으키고 있는 것이다.
　그렇지만, 앞머리에서 지적되었다시피 문장 구조상의 '문제'와 함께 넷째 연에서 앞뒤 문맥상 해독이 어려운 표현이 여전히 남아 있어 시인의 의도와 작품의 내용을 명쾌하게 짚어내기란 결코 쉽지 않다는 점은 마땅히 지적되어야 할 것이다.

　오늘을 사는 우리에게 뭔가 교훈이 되는 역사적인 사건이나 인물을 시의 소재로 택해 시를 쓰게 되면 시가 무거워지는, 그래서 잘 지은 것 같은, 그래서 좋은 작품으로 여겨지게 되는 편견이 우리에겐 있다. 그런 편견에서 벗어나고자 하는 객관적인 분석과 비평이 요구되는 것은 너무나 당연한 일이리라.

김지하의 「타는 목마름으로」
현실적 상황이 전제되어야 힘을 발휘하는 언어

신새벽 뒷골목에
네 이름을 쓴다 민주주의여
내 머리는 너를 잊은 지 오래
내 발길은 너를 잊은 지 너무도 너무도 오래
오직 한 가닥 있어
타는 가슴속 목마름의 기억이
네 이름을 남몰래 쓴다 민주주의여

아직 동트지 않은 뒷골목의 어딘가
발자욱소리 호루락소리 문 두드리는 소리
외마디 길고 긴 누군가의 비명소리
신음소리 통곡소리 탄식소리 그 속에 내 가슴팍 속에
깊이깊이 새겨지는 네 이름 위에
네 이름의 외로운 눈부심 위에
살아오는 삶의 아픔
살아오는 저 푸르른 자유의 추억

되살아오는 끌려가던 벗들의 피묻은 얼굴
떨리는 손 떨리는 가슴
떨리는 치떨리는 노여움으로 나무판자에
백묵으로 서툰 솜씨로
쓴다.

숨죽여 흐느끼며
네 이름을 남몰래 쓴다.
타는 목마름으로
타는 목마름으로
민주주의여 만세

　이 작품은 김지하의 「타는 목마름으로」 전문으로 전체 3연 25행으로 짜여 있다.
　제1연은 7행으로 '민주주의'와 시적 화자인 '나'와의 관계를 드러내 놓고 있다. 곧, 민주주의와는 거리가 먼, 요원한 상황 속에서 내가 살고 있지만 나는 그 '민주주의'라는 것을 아주 간절히 고대하고 있다는 심경이 영탄조로 나타나 있다. 특히, ①신새벽 뒷골목 ②남몰래 ③가슴 속 목마름의 기억 등 일련의 시어와 감정이 짙게 배인 표현은 민주주의에 대한 시적 화자의 간절함을 읽어 내는데 크게 도움을 주고 있다.
　제2연은 13행으로 되어 있는데, 문장의 구조가 평이하지는 않다. 구어체口語體이기 때문에 근본적으로 감정이나 의미가 쉽게 전달되긴 하지만, 그래서 눈으로 읽는 것보다 소리 내어 읽어야만 제 맛이 나지만, 정확하게 의미를 판단하려면 그래도 신중함이 요구된다. 부분적으로 말이 생략되어 있고, 유사한 의미의 특정 어구가 반복되면서 강조되어 약간의 의미변화가 일어나기 때문이다. 문제의 이 둘째 연을 이해하기 쉽게 정상적인 문장으로 바로 잡는다면 아래와 같이 될 것이다.

아직 동트지 않은 뒷골목의 어딘가(에)
발자국 소리(,) 호루라기 소리(,) 문 두드리는 소리(,)
외마디 길고 긴 누군가의 비명소리(,)
신음소리(,) 통곡소리(,) 탄식소리(가 있고,)
(그 소리들) 속에(,) 내 가슴팍 속에
깊이깊이 새겨지는 네 이름 위에(,)
네 이름의 외로운 눈부심 위에(,)
살아오는 삶의 아픔(과)
살아오는 저 푸르른 자유의 추억(과)
되살아오는(,) 끌려가던 벗들의 피 묻은 얼굴(과)
떨리는 손(과) 떨리는 가슴(과)
떨리는(,) 치떨리는 노여움 (등)으로 나무판자에(,)
백묵으로(,) 서툰 솜씨로(,)
쓴다(.)

*( ) 속의 글씨와 문장부호는 원래 있어야 하지만 구어체로써 시 문장이 쓰였기 때문에 원작에서는 자연스럽게 생략된 것임.

수정된 위 시구를 통해서보면, 문장 자체는 간단명료하다. 곧, ~에 ~이 있고, 그 있는 것 속이나 위에 ~으로써 ~하게 '쓴다'

는 것이다. 이를 이해하기 쉽게, 한 가지로써 문장을 지어보이면, '아직 동트지 않은 뒷골목 어딘가에 발자국 소리가 있고, 그 소리 속에서 가슴으로 백묵으로 쓴다'는 것이다. 무엇을? '민주주의'라는 이름을. 그런데 재미있는 현상은, 이 작품을 소리 내어 읽을 때에 더 고조되는 감정을 느낄 수 있는데, 이는 점점 정도가 더해지는 점층법과 반복의 기교를 부리고 있기 때문이다. 예컨대, '뒷골목 어디선가'라고 전제해 놓고, 발자국소리 / 호루라기소리 / 문 두드리는 소리 / 외마디 길고 긴 누군가의 비명소리 / 신음소리 / 통곡소리 / 탄식소리 등을 일정한 순서에 의해 나열함으로써 특정 상황을 자연스럽게 상상할 수 있게 하고 있는 점이라든가, '피 묻은 얼굴 / 떨리는 손 / 떨리는 가슴 / 떨리는, 치떨리는 노여움' 등이 그것이다.

어쨌든, 제2연은 누군가에 의해 어디론가 끌려가서 고통스럽게 고문을 당하기도 하고, 더러 피 묻은 얼굴로 돌아오지만, 그들의 떨리는 손과 가슴과 노여움으로 민주주의를 더욱 고대하고 고대한다는, 고통 받는 그들의 의지가 드러나 있다. 그러니까, 이 연은 민주주의를 외치고 요구하는 이들에게 가해지는 현실적인 고통과 그 속에서 더욱 강렬하게 피어나는 그들의 의지가 표현되어 있다 하겠다. 또, 한 가지 '나무판자'에 '백묵'으로 '서툰 솜씨'로 쓴다고 했는데, 이들 일련의 시어가 내포하고 있는 의미를 우리는 놓치지 말아야 할 것이다. 나무판자, 백묵, 서툰 솜씨 등 이 세 가지 시어는 뭔가 열악한, 좋지 못한 상황 아래서 민주주의를 갈구하고 있음을 암시해 주고 있기 때문이다. 이들 세 시어에 대해 좀 더 구체적인 설명이 가능하기는 하나 이 이상은 주관적 판단이 되어 자칫 객관성을 상실할 우려가 있기에 생략하고자 한다.

제3연은 5행으로 되어 있는데 '타는 목마름으로, 숨죽여 흐느끼며, 민주주의라는 이름을 남몰래 쓴다'고 다시 한 번 말함으로써 그런 자신의 태도와 의지를 강조하고 있다. 게다가, 끝 행에서 '민주주의여 만세'라고 말함으로써 민주주의에 거는 큰 기대와 소망을 또한 읽을 수도 있다.

이 작품은 분명 눈으로 읽는 것보다 소리 내어 읽어야 효과가 커진다. 그렇게 시적 화자의 감정이나 시인이 전달하고자 하는 의미가 겉으로 다 드러나 있고, 문장의 구조가 또한 일상적인 말투에서 크게 벗어나 있지 않기 때문이다. 게다가, 이 작품은 점층과 반복의 기교가 적절히 구사되고 있어 현실적 긴장감과 시적 화자의 태도와 의지를 쉽게 전달받을 수 있다.

그러나 시적 화자의 바람이자 이상세계인 '민주주의'가 구체적으로 무엇인지는 알 수 없다. 다만, '민주주의'라는 네 글자 속에서, 독자 나름대로 생각하고 판단해야 한다. 거꾸로 말하면, 민주주의라는 시어가 풀리지 않으면 시적 화자의 그 간절한 바람을 정확하게 이해하기 어렵다는 뜻이다. 그냥 막연하게 독자마다 달리 가지는, 자기 그릇대로 담아가게 되는 '민주주의'일 뿐이다.

그리고 이 작품은 인권이 탄압되고 불합리한 제도나 조건 속에서 살아가는 사람들에겐, 특히 제도개선 내지는 정치적 민주화를 요구하다가 붙잡혀 가 고통 받은 바 있는 경험자들에겐 한풀이 효과를 가져다 줄 수도 있다. 따라서 이 작품은 대인간적, 대사회적 관계에서 작품이 독자와 사회에 어떤 영향을 미쳤는가, 그 정도와 그 결과를 중점적으로 논의해야 하는 실용비평을 통해서 한층 돋보일 수 있을 것이다. 이 작품 속에는 민주주의를 요구하다가 고통 받고, 또 그러면서도 그것을 원할 수밖에 없는, 그런 현실적 상황이 주 내용이 되고 있지만, 그래서 그런 상황과 여건이 바뀌면 남는 것이 별로 없는, 그런 빈약한 것이면서도 워낙 현실세계와 밀접한 관계 위에 있었기 때문에 대중적 인기는 대단했었던 것으로 보인다.

실제로, 이 작품이 세상 사람들에게 미친 영향력이란 실로 대단한 것이었다. 특히, 7, 80년대 우리 남쪽 한반도의 정치적 상황을 전제한다면, 더욱이 아직도 이 지구상에는 우리의 7, 80년대 상황이 엄연히 존재하고 있다는 현실을 전제한다면, 이런 유형의 작품은 힘을 잃지 않을 것이다. 어차피, 시란 것도, 필요로 하는 자가 필요한 것을 가져가는, 그리하여 정신적 요구와 기호를 충족시켜 주는 상품에 지나지 않으니까 말이다. 여기서 한 가지 짚고 넘어가야 할 것이 있다면, 상품이란 그것이 가지는 절대적 가치도 있지만은 대개는 소비자의 필요에 의해 결정되는 상대적 가치가 크게 작용한다는 사실이다. 그럼으로 좋은 작품은 좋은 독자를 만났을 때 그 진가眞價를 인정받게 된다. 그런 독자가 없다고 해서 그것이 가지는 절대적 가치가 없거나 있던 것이 온전히 사라지는 것도 아니지만 말이다.

09

천상병의 「小陵調」
절박함 속에서 튀어나온 기지 機智

아버지 어머니는
고향 산소에 있고

외톨배기 나는
서울에 있고

형과 누이들은
부산에 있는데

여비가 없으니
가지 못한다.

저승 가는 데도
여비가 든다면

나는 영영

가지도 못하나?

생각느니 아,
인생은 얼마나 깊은 것인가.

-작품 「小陵調」 전문

    위 시는 전체 7연 14행으로 起·承·轉·結의 구조를 이루고 있다. 제1연에서 제3연까지는 일종의 전제前提로, 있는 그대로의 사실에 대한 진술陳述일 뿐이다. 그리고 제4연은 제3연까지의 전제와 대등한 관계에서 이어지는 진술이다. 곧, '~있고, ~있고, ~있는데 (나는) ~못한다' 라는 구조를 가진 한 개의 문장일 뿐이다.
    그런데, 이 제4연까지의 진술은 어디까지나 진술일 뿐으로 사실은 시가 아니다. 이것만으로는 결코 시가 되지 못한다는 뜻이다. 누구나 할 수 있는 일상적인 말일 뿐이기 때문이다. 더욱이, 요즈음처럼 절대 다수가 물질적 풍요 속에서 살아가는 현실을 전제한다면, 물론, 이 시는 1970년 추석을 맞이하여 쓴 시이긴 하지만, 여비가 없어서 고향땅에 있는 아버지 어머니 산소에 가지 못하고, 형과 누이가 살고 있는 곳에도 가지 못한다는, 이 우울한 얘기가 오히려 웃기는 얘기가 될지 모른다. 물론, 그래서는 아니 되겠지만, 그만큼 공감의 파장이 작을 것이라는 뜻이다. 요즈음의 현실로 보아서는 '여비가 없으니 / 가지를 못한다' 를 '멋진 자가용이 없어 / 갈 마음이 내키지 않는다' 로 바꾸는 것이 더 실감날 것이다. 물론, 이것은 어디까지나 우스갯소리이지만.

여하튼, 이 시는 제5, 6연에 가서 새로운 국면을 맞이한다. "저승 가는 데도 / 여비가 든다면 // 나는 영영 / 가지도 못하나?"라고 함으로써 가고자 한 목적지가 갑자기 바뀌어 버렸다. 부모님 산소가 있는 고향땅도 아니고, 형과 누이가 살고 있는 곳도 아니다. 불현듯 '저승'이 되어 버린 것이다.

그렇다면, 시인은 왜, 갑작스럽게 '저승'이란 말을 썼을까? 앞뒤 문맥상 맞는 '고향'이라는 말에 대한 단순 착오일까? 그렇지는 않을 것이다. 만약, '저승'이라는 말 대신에 '고향'을 쓰면 '고향 가는 데도 / 여비가 든다면'이라는 말이 되어 당연한 말을 하는 셈이 되기 때문에 그 말을 피하지 않을 수는 없었을 것이다. 문제는 하필이면, 왜 '저승'이냐는 것이다. 추석명절을 맞이하여 다들 가는 고향, 그 곳에 있는 조상들의 산소와 형제들조차 찾아가지 못하는, 궁핍한 자신만의 현실이 스스로에게 비웃음의 대상이 되면서 약간의 분풀이도 섞여 '돈 한 푼 없는 나 같은 놈은 죽는 데도 돈이 드니 영영 죽을 수도 없느냐?'라고 중얼거리는 심정에서 나온 말이 아닐까 싶다.

"저승 가는데도 / 여비가 든다면 // 나는 영영 / 가지도 못하나?"라는 이 말 자체도 실은 논란의 여지가 없는 것은 아니다. 사람이 죽는 데는 그리 큰돈이 드는 것은 아니다. 스스로 목숨을 끊는다 해도 그것을 실천에 옮기는데 필요한 최소한의 의지와 도구가 쓰일 뿐이다. 오히려 죽는 데보다 죽은 사람을 처리하는 데에 더 큰 돈이 들 뿐이다. 요즈음의 장례 풍속도를 전제한다면, 기백에서 수천만 원에 이르기까지 가족의 경제력에 따라 달리 듦을 우리는 잘 알고 있지 아니한가.

그렇다면, 내 주검을 처리하는데 돈이 든다면 무일푼인 나는 죽을 수도 없다는 표현이 보다 더 적절할 것이다. 그러나 시는 논리적 표현이 아니어도 공감되는, 감정에 호소하는 정서적 언어 표현이기 때문에 "저승 가는 데도 / 여비가 든다면 // 나는 영영 / 가지도 못하나?"라는 표현이 웃지 못 할, 아니 웃음이 절로 터지는 절창絶唱으로 받아들여지는 것이다. 이 비아냥거리는 듯한 절창은 진부하기까지 한 앞의 말들을 일순간에 시로 바꿔 놓는 결정적 구실을 하고 있는 셈이다. 그만큼 있는 그대로의 현실을 직시하다 보니 그 절박함이 순간적으로 기지機智를 발현시킨 것으로 보인다.

그런데, 시인은 제7연에서 한 마디 더 함으로써 지금까지의 자신의 진술에 대해 총정리를 한다. "생각느니 아, / 인생은 얼마나 깊은 것인가"라는 다소 모호한 말로써 말이다. 어떤 사람들은 바로 이 구절이 있기 때문에 이 시가 깊어진다고 생각할 지도 모른다. 그것도 '생활이 그대를 속일지라도 노하거나 슬퍼하지 말라'는 푸슈킨의 시구를 떠올리면서 말이다. 그러나 필자는 그렇게까지는 생각지 않는다. 아무리 마무리 단계라 할지라도 앞뒤 문맥으로 보아 서로 통하는 범위 안에서 결구結句가 자연스럽게 떨어져야 하지 꼭 좋은 의미의 말이라 해서 되는 것이 아니기 때문이다.

이 시에서는 추석명절이라 해서 있는 사람들은 고향에 가 부모형제를 만나는데 돈이 없는 나는 갈 수조차 없다는 자신만의 현실을 직시하고 수용하는 태도에서 '인생은 깊은 것이다' 라고 말했는지, 아니면 희비가 엇갈리는 인간생활의 복잡성에 대한 인식으로부터 나온 말인지 분명하지는 않다. 어쨌든, 시인은 자신의 인생관을 그렇게 한 마디로 요약해 놓은 셈인데 앞의 것과 뒤의 것이 다 함께 작용한 것으로 보아도 무방할 것 같다는 생각이다.

그리고 한 가지 더 재미있는 것은, 이 시의 제목이 「小陵調」인데 본문과 어떤 관계가 있느냐, 일 것이다. 간단히 말하여, 제목과 본문이 얼마나 자연스럽게 어울리고 있느냐이다. '陵' 자는 큰 언덕 능, 제왕 무덤 능, 높은 능의 뜻이다. 그런데 앞에 '小' 자가 붙어 있다. '작은 큰 무덤' 이라는 뜻이다. 이는 분명 논리적으로 앞뒤가 맞지 않는 모순어법(oxymoron)이다. 왕의 무덤처럼 큰 무덤이긴 하지만 그 가운데 작은 것으로 받아들여야 할지, 아니면 단순히 능陵을 일반적인 무덤정도로 생각해야 할지, 여기에서도 독자의 상상력을 요구한다. 아마, 자신의 시가 작은 무덤처럼 별나지도 못한, 보잘 것 없는 것이라는 뜻에서 시를 먼저 지은 다음에 '小陵調' 라는 제목이 붙여지지 않았나 싶다. 여기서 '調' 라는 말은 '고르다' 라는 뜻을 지니는 것으로 예부터 소리의 리듬과 관련하여 쓰였던 말이다. 일상생활 속에서도 이 '調' 는 다른 말 아래에 붙어서 그 다른 말이 지니는 의미 동작 상태 등을 나타내는 말로 쓰여 왔다. 따라서 이 '小陵調' 라는 말은 나의 시가 작은 무덤과 같은 모양새로, 아니면 그런 분위기로 보잘것 없이 씌었으니 그렇게 알고 읽어 달라는 속뜻이 깔려 있지 않나 싶다.

여하튼, 천상병의 이 작품은 그저 있는 그대로의 현실을 일체 꾸미지 않고 내뱉은 진술일 뿐인데, 그 진술을 뛰어난 시로 바꾸어 놓는 데에는 단 한 가지의 기지機智가 발휘되고 있기 때문임을 보여주는 예이다. 곧, 저승 가는 데에도 돈이 든다면 가진 돈이 없어서 갈 수가 없다는, 말도 되지 않는, 그러나 '엄청난' 말을 부리고 있기 때문이다. 이 말이 왜 엄청난 표현인가? 돈이 없다는 자신의 처지를 자학하지 않고, 또 불평불만하지 않고, 이렇게 생생하게, 자연스럽게 웃음을 자아내도록 드러낼 수 있었기 때문이다.

내가 일평생 시를 짓는다 해도 그것은 살아있는
한 그루 나무만 못하다.
-이시환의 아포리즘aphorism I

10

신석정의「임께서 부르시면」
단순구조와 반복법 속의 비유어가 지닌 힘

가을날 노랗게 물들인 은행잎이
바람에 흔들려 휘날리듯이
그렇게 가오리다
임께서 부르시오면……

호수에 안개 끼어 자욱한 밤에
말없이 재 넘는 초승달처럼
그렇게 가오리다
임께서 부르시면……

포근히 풀린 봄 하늘 아래
굽이굽이 하늘가에 흐르는 물처럼
그렇게 가오리다
임께서 부르시면……

파-란 하늘에 백로가 노래하고

이른 봄 잔디밭에 스며드는 햇볕처럼
그렇게 가오리다
임께서 부르시면……

-작품「임께서 부르시면」전문

 이 작품은 다섯 권의 시집을 통해서 '목가적牧歌的' 또는 '전원시인田園詩人'이라는 평을 받고 있는 신석정 시인의 작품「임께서 부르시면」전문이다.
 너무 쉬운 말들로 짜여진 단순구조는 오늘을 살고 있는 사람들에게, 특히, 시 쓰는 일을 직업으로 여기는 현대 시인들에겐, 그저 청소년들이나 좋아하는 시처럼 가볍게 여겨지지 않을까 싶은 생각도 든다. 그러나 표현 기법은 분명, 매우 단순하지만 행간에 숨은 의미는 지극히 크고 깊다. 어쩌면, 너무 심오해서, 아니, 현대인들의 심성과 너무 달라서 오히려 대수롭지 않게 여겨질지도 모를 일이다.

 이 작품은 전체 4연 16행으로 짜였지만 각 연은 동일한 구조로서 되풀이되고 있다. 도치와 직유법을 쓰고 있다는 점까지도 같다. 그래서 문장이 어려워 이해되지 않는다는 말은 있을 수 없을 것이다. 다만, 의미를 파악하는데 있어서 이중적으로 해석이 가능하기 때문에 다소 혼선이 있을 수는 있다. 곧, "그렇게 가오리다 / 임께서 부르시오면"에서 '간다'는 의미와 '임'의 의미가 그 예이다. 물론, 여기서 '간다'는 것은 '죽는다'는 의미일 것이고, '임'은 사랑하는 상대로서 어떤 사람이 아니라 인간의 생명과 죽음을 주관하고 있다고 여겨지는 '자연' 그 자체일 것이다. 혹, 임에 대해서 자연을 포함하는 우주를 창조했다고 하는 절대자로서 여호와 하나님을 생각할 수도 있겠으나 꼭 그렇지만은 않다. 그것은 신석정 시인이 남긴 다른 작품을 일별해 보면, 그가 얼마나 자연 그 자체의 아름다움에 의미를 부여하고 있으며, 또한 자기 자신의 생명현상조차도 자연의 일부로서 인식하고 있는가를 알 수 있기 때문이다. 간단히 말해, 시인에게 있어서 자신의 생사生死를 주관하는 이는, 스스로 존재하는 자연 그 자체로서의 신神인 것이다.

 그렇다면, 시인은 어떻게 죽겠다고 했는가? 아니, 어떻게 죽겠다는 뜻이 아니라 어떻게 살아가겠다고 했는가? 그것은 네 번이나 되풀이되는 "그렇게 가오리다"에서 '그렇게'가 받는 말을 통해서 확인할 수 있을 것이다. 곧, ①가을날 노랗게 물들인 은행잎이 바람에 흔들려 휘날리듯이 ②호수에 안개 끼어 자욱한 밤에 말없이 재 넘는 초승달처럼 ③포근히 풀린 봄 하늘 아래 굽이굽이 하늘가에 흐르는 물처럼 ④파란 하늘에 백로가 노래하고 이른 봄 잔디밭에 스며드는 햇볕처럼 등이 그것인데, 이들 표현은 그 자체로서는 구체적이지만 '사는 방식' 곧 결과적으로 '죽음에 이르는 방식'을 드러내 주는 말로서는 대단히 모호하다. 모호한 만큼 우리는 이들 표현을 놓고 이리저리 생각해 보아야 할 것이다. 다시 말해서, 시인이 제시하고 있는 다섯 가지의 비유어比喩語인 보조관념, 곧 ①은행잎 ②초승달 ③물 ④백로 ⑤햇볕 등을 통해서 상상할 수밖에 없다.

첫째, 은행잎에 대해서 생각해 보자. 은행잎은 은행잎인데 어떤 은행잎인가? '가을날 노랗게 물들인' 은행잎이고 '바람에 흔들려 휘날리는' 은행잎이다. 은행잎이 노랗게 물들고 바람에 흔들리며 휘날리는 것은 있는 그대로의 자연현상이다. 물론, 요즈음 도심의 거리에서 바라보는 은행잎이란 해마다 다른 자연적 조건과 인위적으로 조성되는 환경에 따라서 그 빛깔도, 잎 지는 시기도 다르지만, 그렇게 생기 있어 보이진 않는다. 활짝 피어나기가 무섭게 먼지가 쌓이고, 자동차 매연에 시달리며 일찍 갈색으로 퇴색하는 여름철 마른 잎들도 곧잘 눈에 띄기도 하지만, 늦가을 찬바람이 불고 비가 내리면 우수수 떨어져 버린, 그래서 쓸려가기가 바쁜 모습이 눈에 먼저 밟히기 때문이다.

그러나 시인이 말한 것처럼, 있는 그대로의 자연 속에서 성장하고, 물들고, 떨어지는 은행잎을 보라. '노란 은행잎이 노랗게 반짝거린다' 라는 표현이 가능하지 않겠는가? 시인은 어쩌면 그런 은행잎처럼 살다 가기를 꿈꾸어 왔는지도 모른다. 그런 은행잎처럼 푸르게 살다가 노랗게 물들어 바람에 휘날리며, 자연스럽게 가고 싶다는 뜻일 것이다.

둘째 초승달에 대해서 생각해 보자. 초승달은 초승달인데 어떤 초승달인가? '호수에 안개 끼어 자욱한 밤에 말없이 재 넘는' 초승달이다. 초승달만 해도 너무 작아 보이고, 빛도 밝지 않아 있는지 없는지도 눈에 잘 띄지 않지만 분명 있는, 그러면서도 잠깐 보이다가 사라지는 존재로 여겨진다. 그런데 말없이 재를 넘는다 했으니 조용히 살아가는 작은 몸짓이지만 깨끗하게 살다가고 싶은 시인의 마음이 그런 초승달에 이입된 것은 아닐까 싶다.

셋째, 물에 대해서 생각해 보자. 시인이 생각하는 물은 강물도 바닷물도 아니고 땅 속 깊이 흐르는 지하수도 아니다. '포근히 풀린 봄 하늘 아래 굽이굽이 하늘가에 흐르는' 물이다. 여러분, 그런 물을 보셨습니까? 엄밀하게 말해서, 그것은 대기 중에 떠 있는 수증기로서의 물이다. 물론, 그것은 시인이 인지하고 있는 것처럼 지상에 뿌리를 내리고 사는 온갖 생명체들에게는 없어서는 아니 될 생명수나 다름없다. 따뜻하게 풀린 봄날, 물기를 머금은 대기가 만물을 키워 내듯이 이 몸 하나도 그렇게 죽어 쓰이기를, 아니, 죽는다는 것은 그런 쓰임임을 시인이 인식하고, 또 기대했는지도 모를 일이다.

넷째, 백로와 햇볕에 대해서 생각해 보자. 시인의 마음속에 그려진 백로는 '파란 하늘을 날며 노래하는' 백로다. 그러니까, '파란 하늘'과 조화를 이루는 백로이고, 또한 '노래를 부르는' 백로다. 시인은 파란 하늘과 더불어 호흡하며 기뻐하는 생명력 넘치는 백로이고자 했을 것이다.

그리고 '이른 봄 잔디밭에 스며드는' 햇볕처럼 새로운 생명현상을 가능케 하는 에너지로 자신의 몸이 쓰이기를, 아니 인간의 죽음이라는 것은 그런 자연생태계의 순환일 뿐이라는 사실을 인지하고 반영한 표현이 아닐까 싶다. 물과 햇볕이야말로 생명현상을 가능케 하는 가장 중요한 요소이다. 이 몸이 죽더라도 그 물과 햇볕처럼 다른 생명을 키우는 자양분으로 쓰이기를 기대하는 시인의 생명관을 엿볼 수 있다. 곧, 노란 은행잎처럼 선명하고 밝게 살되, 초승달처럼 조용히 깨끗하게 살며, 자신의 존재를 거창하게 드러내지 않지만 물과 햇볕처럼 만물을 키우는 자양분이 되고 싶은 소망을 드러낸 것으로서 말이다.

따라서 시인에게 있어 생명이란, 은행잎처럼 형태와 색깔을 가지고 나타나는 것이기도 하지만 결국 다른 생명을 키우는 에너지일 뿐이다. 그 에너지가 구체적인 모습으로 머물 때에 색깔과 형태를 가지는 은행잎이 되듯 그 은행잎도 죽어 또 다른 생명의 구체적인 모습을 만들어 내는데 다 바쳐지는 것이다. 그렇듯, 인간이란 이름으로 사는 동안 철저하게 자연의 거슬림이 없도록 머무르고자 했던 노자나 장자처럼 신석정 시인 역시 자연의 소리에 귀를 기울이고, 피어나는 작은 꽃 한 송이를 들여다보며, 대자연의 분주한 움직임을 감지했으리라. 그렇지 않고서야 어찌, "영산홍 핀 뜰에 / 드는 바람도 // 영산홍 물이 들어 / 다녀 나감"을 알겠는가? 그렇지 않고서야 어찌, "시나대 숲에 드는 바람 / 기척 없이 머물다 떠나는 소리"를 들을 수 있었겠는가?

만약, 이 작품에서 '임'이 사랑하는 사람으로서 특정인이라면, 바꿔 말해, 이 작품을 연시戀詩로 간주한다면 그 임에게로 가는 방식을 설명해 주고 있는 것이 바로 이 은행잎 초승달 물 백로 햇볕 등 일련의 비유어들인 보조관념이 된다는 뜻이기도 하다. 이처럼 시인은 자신이 정작 하고 싶은 말을 직접적으로, 그리고 구체적으로 말하지 않고 비유어 곧, 속뜻을 숨기고 있는 보조관념을 통해서 우회적으로, 간접적으로 말하기 때문에 의미가 확대되고 깊어질 수 있는 가변성을 띠는 것이다. 따라서 시에서 비유법을 사용하지 않는다면 문장이 길어질 것이고, 길어지면 오히려 의미가 제한되어 가벼워질 뿐만 아니라 감상의 묘미가 약해질 것이다.

11

이병기의 「비2」
변하지 않는 인간 본연의 감정

짐을 매어놓고 떠나려 하시는 이날
어둔 새벽부터 시름없이 나리는 비
來日도 나리오소서 連日 두고 오소서

부디 머나먼 길 떠나지 마오시라
날이 저물도록 시름없이 나리는 비
저으기 말리는 정은 날보다도 더하오

잡았던 그 소매를 뿌리치고 떠나신다
갑자기 꿈을 깨니 반가운 빗소리라
매어논 짐을 보고는 눈을 도로 감으오

-작품 「비2」 전문

이 작품은 「난蘭」으로 널리 알려진 가람, 이병기의 「비2」 전문이다. 작품의 중요 소재도 비[雨]이고, 시제詩題까지 비이지만 비에 대한 시인의 심상, 곧 이미지가 조형되어 있지는 않다. 그러니까, 비에 대해 시인이 느끼고 상상할 수 있었던 마음이 그려져 있지 않다는 뜻이다. 다만, 비는 길을 떠나려는 사람을 가지 못하게 하는 구실을 하는, 그래서 결과적으로 떠나지 않았으면 하는 마음을 가진 '나'를 도와주는, 그런 기능을 지닌 존재로서 그 의미가 부여되고 있을 뿐이다. 때문에, 독자의 상상력을 요구하는 의미의 추상화도 없고, 비에 대한 객관적인 본질이나 상태 등과 관련, 특별히 유추해 볼 만한 의미가 없다. 그런 만큼 이 작품은 쉬운 말로 쉽게 짜여 있다고 말할 수 있다. 그런 만큼 어려워서 이해 못한다는 사람도 없을 것이다.

그렇다면, 이 작품의 무엇이 우리를 붙잡아 두는가? 아무래도 그것은 상대가 누구인지 알 수 없지만 보내고 싶지 않은 마음을 아주 간절하게, 그리고 아주 리얼하게 표현해 냄으로써 독자가 느낄 수 있는 화자의 솔직함과 그에 대한 실감實感에 있을 것이다.

어디선가 갑자기 시작을 알리는 징소리가 긴 여운을 남기며 그 꼬리를 감추자 '짐을 매어놓고 떠나려 하시는 이날'로 시작되는, 촉촉이 정감이 배인 사내의 목소리가 깔린다. 이어 '이른 새벽부터 시름없이 나리는 비'라는 말이 떨어지기가 무섭게, 거의 '비'라는 음성과 함께 힘찬, 짧게 끊어지는 북소리가 아랫배에 힘을 집어넣는다. 긴장된 순간 잠시 숨이 멎자 다시금 '내일도 나리오소서 연일 두고 오소서'라는 간절한 음성이 들리면서 신비스런 화음이 안개처럼 바닥으로 깔린다. 잠시 후, 어둠에 빛이 서서히 퇴각되는 동안 '부디 머나먼 길 떠나지 마오시라. 날이 저물도록 시름없이 나리는 비'라는 음성이 사라지면서, 점점 크게 들리는 빗소리와 함께 현악기의 소리가 길게 늘어지다가 갑자기 뚝 그친다. 그러자, '저으기, 말리는 정은 날보다도 더하오.'라는 굵은 톤의 음성이 나지막이 메아리되어 퍼져 나간다. 잠시 후 어둠이 밝아오면서 빗소리도 함께 커지는데 '잡았던 그 소매를 뿌리치고 떠나신다.'는 다소 놀란 음성이 머리 위에서 뚝 떨어진다. 돌연, '갑자기 꿈을 깨니 반가운 빗소리라.'라는 밝은 음성이 낭랑한 화음과 함께 실내를 가득 메운다. 그런 연후 우스꽝스럽게도, '매어둔 짐을 보고는 도로 눈을 감으오.'라는 음성이 구르는 듯 사라지는 타악기들의 소리와 함께 꼬리를 감추면서 어둠으로 꽉 찬다. 적막만 남아 있을 뿐이다.

 이것은 위 작품을 읽으면서 느꼈던, 분위기를 말로써 드러내 보이려고 순간적으로 연극 무대 위 상황으로 기술해 본 것이다. 시 감상에 도움이 되는지는 모르겠으나 갑작스레 그런 생각을 해 보았다. 이제 좀 더 사실적으로 첫 수부터 그 의미를 음미해 보자.

 첫 수는, 짐을 매어놓고 날이 새면 떠나려 했는데 어두운 새벽부터 비가 내린다. 그 빗소리를 들으며 '나'는 마음속으로 '내일도 내리오소서. 모레도 내리오소서 그래야만 이 사람이 떠나지 못하오.'라고 속으로 중얼거리듯 말하는 심정이 잘 표현되었다.

 둘째 수는. 그렇게 줄기차게 내리는 빗소리를 들으며, '내' 마음처럼 머나먼 길 떠나지 말라고 비가 내려주는 것으로 감정이 이입되면서, 그리운 사람 길 떠나지 못하게 말리는 정이 자신보다 더하다는 의미부여가 이루어지고 있다.

셋째 수는, 빗소리를 간간이 들으며 잠을 자는데 꿈속에서 그 사람의 소매를 붙잡고 가지 말라고 애원하는데도 불구하고 그 사람이 잡았던 옷소매를 뿌리치는 통에 놀라 잠을 깼더니 그것은 역시 꿈이었고, 밖에는 여전히 비가 내린다는 것이다. 꿈을 꾸다가 놀라 깨어나 매어둔 짐을 보고 안심하며 다시 눈을 감는다는 시적 화자의 간절한 마음이 아주 생생하게 그려지고 있다.

그러니까, 이 작품에서는 '비'는 그리운 사람을, 아니 사랑하는 사람을 단순히 보내고 싶지 않은 시인의 마음을 도와주는 구실을 하는 대상일 뿐이다. 그래, 먼 길을 떠나려 하는 이를 붙잡아 두려는 시적 화자의 마음이 '비'에 이입되어 현실적 긴장감을 획득하고 있다 하겠다.

그런데, 과연 모든 사람이 그렇게 생각하겠는가? 이 점에 대해서는 필자 역시 장담할 수 없다. 물론, 필자야 뭔가 음미할 가치가 있다고 여겼기에 나름대로 새겨보고 있지만 그렇지 않은 사람도 있을 것이다. 특히, 요즈음 신세대들이 이 작품을 읽는다면 어떻게 느끼고 생각할까? 솔직히 궁금하다. 이미, 헤어지는 무대[배경]가 바뀌어 버린 만큼 헤어지는 양식[방식=절차] 또한 바뀌어 버렸기 때문이다. 좋으면 좋고, 싫으면 싫다, 라고 분명하게 의중을 표현해야 하는 것이 요즈음의 세대들이 갖는 태도라면 우리 선대는 그렇지 않았기 때문일까. 좋아하고 사랑을 해도 직접적으로, 그리고 노골적으로 드러내지 않고 은근히, 넌지시 드러내는 방식을 취했으니 요즈음의 신세대들이 그런 태도에 대해 어떻게 받아들일지 궁금하다는 뜻이다. '내게서 마음이 떠났다면 나도 그런 너를 붙잡지 않겠다.'고 서슴없이 말하는 세대가 요즈음 사람들이고 보면, 특히 자동차가 흔해 비 따위는 갈 길에 방해가 전혀 되지 못하는 현실적 상황을 고려한다면 이 작품이 갖고 있는 소극적인(?) 정서적 반응을 아름답게 만은 볼 것 같지 않다는 생각도 든다. 혹, 그렇다면 이 작품은 그들에게 있어 구시대의 유물처럼 느껴질지도 모르겠다.
  그러나 보내고 싶지 않은 이의 마음이 얼마나 간절한가를, 그리고 그것이 '비'라는 대상을 통해서 얼마나 적절하게 드러나 있는가를 생각한다면 그냥 웃어넘길 일만은 결코 아닐 것이다. 시를 쓰는 이에게는 그 방법론이, 일반인에게는 자기의 마음을 있는 그대로 드러내 놓는 솔직성이 새삼 큰 감동원이 된다는 사실을 다시 확인하게 하는 작품이다. 뿐만 아니라, 군더더기 없는 간결한 문체가 힘을 얻는 것도 다 인간으로서 갖는 감정이나 생각 등을 꾸미지 않고 솔직하게 드러내 놓는 데에 있음을 재확인하게 한다. 비록, 우리가 서 있는 땅이, 다시 말해, 환경이 바뀌었고 삶의 조건이 바뀌어있어도 사랑하는 이를 보내고 싶지 않은 마음 자체는 어느 시대 그 누구에게도 불변일 테니까 말이다.

12

안도섭의 「서정가」
존재론적 세계 인식과 이중구조

하, 복사꽃 피기로서니
복사꽃 뚝뚝 지기로서니
나는 붉은 그 사랑을 몰라라

하, 복사꽃 웃기로서니
복사꽃 찍찍 울기로서니
나는 미쁜 그 얼굴을 몰라라

삼월, 저 하늘가
숨 막히는 가슴 그뿐이더라
빈 항아리 마음 그뿐이더라.

-작품 「서정가」 전문

위 작품은 안도섭의 「서정가」전문이다. 읽으면 읽을수록, 그것도 소리 내어 읽어야 맛이 나는 시다. 숨과 쉼이 잘 맞아 떨어질 뿐 아니라 의미 전개상의 긴장이 끝까지 유지되는 탄력이 있기 때문이다. 그래서 매우, 자연스럽게 읽히는데 그것은 우리의 호흡에 맞는 가락을 지녔다는 이유도 있고, 또 의미 전개상 수반되는 사고력의 진폭이 상당히 크지만 같은 크기로 세 번 되풀이되는 데에서 오는 익숙해짐 혹은 그로 인한 편안함 때문이 아닌가 싶다.

이 시는 전체 3연 9행으로 짜였는데 각 연마다 딸린 3행이 3 3 4 음보로 이루어지고 있고, 이 같은 음보율이 각 연마다 되풀이됨으로써 더욱 자연스럽고도 쉽게 읽히게 한다. 굳이, 음수율을 따져보아도 거의 같은 음수율이 각 연마다 되풀이되고 있음을 확인할 수 있다. 곧, 제1연은 1 3 5(1행), 3 2 5(2행), 2 6 3(3행)의 음수율로, 제2연은 1 3 5(1행), 3 2 5(2행), 2 6 3(3행)의 음수율로, 제3연은 2 1 3(1행), 4 2 5(2행), 1 5 5(3행)의 음수율을 각각 지니고 있다.

[도표]

	제1연	제2연	제3연	음보율	참고사항
1행	1,3,5	1,3,5	2,1,3	3	3,3,4음보가 각 연에서 공통적으로 나타남
2행	3,2,5	3,2,5	4,2,5	3	
3행	2,2,4,3	2,2,4,3	1,3,2,5	4	

이 작품이 자연스럽게 소리 내어 읽히는 것은 이런 외형률에 기인하는 형식적 이유도 있지만은 내용이 펼쳐지는 과정도 그 이상으로 자연스러우면서 긴장을 잃지 않는 탄력성에 있다. 제1

연과 제2연의 1, 2행이, 그리고 제3연의 2, 3행이 바로 그 점을 입증해 주고 있다. 곧, 복사꽃이 피는 것과 지는 것, 그리고 웃는 것과 우는 것의 양립이 사유의 폭을 넓혀주고 있어 긴장을 유지하는데 결정적으로 작용하고 있다. 그처럼 제3연에서도 숨 막히는 가슴과 빈 항아리 마음을 대립시킴으로써 양 극단의 세계를 하나로 묶어 두는 탄력을 유지하고 있다. 더욱이 우리의 마음을 크게 움직이는 것은 복사꽃의 피고 짐을 '사랑'이라는 인간적 차원의 일로 관계를 지음으로써 자연현상에서까지도 인간의 사랑을 보듯 하나의 큰 생명 에너지의 흐름으로 파악하고 있다는 사실에 있다. 그래서 복사꽃이 피고 지는 현상을 통해서도 숨 막히는 긴장감을 느낄 수 있으며, 동시에 빈 항아리 속 같은, 정반대의 정적靜的인 세계로도 응시凝視되고 있는 것이다.

따라서 이 시는 피고[有] 짐[無]이 하나라는, 동動과 정靜이 같은 것이라는 존재론적 세계인식에 뿌리를 두고 있으며, 바로 그것을 인간적인 따뜻한 정감으로 감싸고 있는 이중구조를 가지고 있다. 그러므로 이 시는 존재론적 성격의 시이면서도 인간의 사랑 그 자체를 노래한 서정시로 이해되며, 그만큼 깊이가 더 있는 작품으로 받아들여진다.

13

이창년의 「바다에 눈 내리면」
간접화법의 호소력

가물가물
등불 흔들리는 비린내 나는 주막에서
기우는 새벽달이
젖어 있다고 했나

막걸리 두어 사발에
평생을 부어 놓고
눈자위가 뭉개지도록
울어라 했나

바다에 눈 내리면
당신의 탄 배는 눈에 묻히고
물이랑만 일렁이다가
잠잠해 질 것을
누가 너에게
정녕 사랑한다고 했나.

—작품 「바다에 눈 내리면」 전문

  위 작품은 이창년의 「바다에 눈 내리면」 전문이다. 전체 3연 14행으로 짜여있는데 그 구조는 대단히 단순하다. '~했나'라는 의문형 종결어미로 끝나는 물음을 세 번이나 되풀이하는 것으로만 짜여있기 때문이다. 게다가, 물음의 내용도 어렵거나 어떤 새로운 사상이나 철학적 요소를 담고 있는 것이 아니라 그저 평범하고 쉬울 뿐이다. 그럼에도 불구하고, 이 작품은 독자들에게 적지 아니한 사유思惟를 요구한다. 그것은 겉으로 드러난 의미보다 속으로 숨었거나 생략된 의미가 있기 때문이다. 역시, 시에서는 하고 싶은 말을 다해서는 안 된다. 다 하지 않음으로써 생략되거나 숨어버린 말에 대한 상상이 가능해지기 때문이다. 그럼으로써 자연스럽게 시가 깊어지는 것이다.
  그럼, 이 작품에 대한 구체적인 분석을 통해서 그 숨겨진 의미를 새겨 보도록 하자.
  첫째 연은 하나의 문장이 4행으로 구분되어 있다. 곧 "가물 가물 / 등불 흔들리는 비린내 나는 주막에서 / 기우는 새벽달이 / 젖어 있다고 했나."인데, 이 문장에서 가장 중요한 것은 '새벽달'이고, 그것이 무엇인가에 젖어있다는 사실이다. 그리고 그 다음으로 중요한 것은, '주막'으로서 그 정황이나 상태묘사일 것이다. 그러니까, 주막은 주막이로되, 가물 가물 등불이 흔들리는 주막이고, 비린내가 나는 주막이다. 바로 그런 주막에서 누군가가 누군가에게 '기우는 새벽달이 (무언가에) 젖어 있다.'고 말한 바를 시적 화자가 확인하고 있는 셈이다. 물론, 여기서 '~했나'라는 물음을 통해서 말한 이와, 말한 내용을 확인하고 있는 이는 시적 화자로서 시인이다. 그리고 '기우는 새벽달이 무언가에 젖어 있다'고 말한 이와 듣는 이는 시적화자가 아닌 제삼자들이라고 보이지만 시인 자신일 수도 있음을 배제할 수 없다. 이는 셋째 연에서 나오는 인간사 곧, 사랑하며 사는 인간의 삶에 대해서 내리는 평가가 시인 스스로가 내리는 것으로 되어 있기 때문이다.

그리고 '기우는 새벽달이 젖어 있다'고 했는데 무엇에 젖어 있다는 것일까? 그 무엇은 독자 나름대로 상상할 수밖에 없다. 그런데 이 연에서 우리가 분명히 짚고 넘어가야 할 것이 하나 있다. 그것은 '주막에서 기우는 새벽달'이냐, 아니면 '주막에서 (말)했나'이다. 만약, 전자라면 '주막에서' 다음에 반점을 찍었어야 옳다. 그렇지 않고 후자라면 '주막에서'와 '기우는' 사이를 갈라놓지 말았어야 했다. 하지만 어느 쪽으로의 정확한 판단을 내리지 못 하도록 모호하게 표현되고 있어서 독자가 편리한 대로 생각하면 그만이다. 또 양쪽으로 상상해도 큰 무리가 없다. 어쨌든. 첫째 연에서 중요한 것은 주막의 분위기와 새벽달이 무언가에 젖어 있다는 진술이 다음 연과 어떤 호응관계에 있느냐, 일 것이다.

그럼 둘째 연을 보자. 둘째 연도 하나의 문장인데 4행으로 구분되어 있다. 곧 "막걸리 두어 사발에 / 평생을 부어 놓고 / 눈자위가 뭉개지도록 / 울어라 했나"이다. 무슨 슬픈 사연이 있기에 ①막걸리 사발에 평생을 부어 놓고 ②눈자위가 뭉개지도록 울어라 하는가? 여기에서는 그 어떤 이유도, 곡절도 알 수 없다. 다만, 울고 싶을 때엔 우는 것이 좋고, 또 울 필요가 있다는 위로의 말로 느껴져 오고, 실제로는 막걸리를 마시지만 그 잔에 평생을 부어 놓는다 함으로써 지나온 삶에 대한 반추와 고뇌가 어려 있음을 느낄 수 있게 할 뿐이다.

셋째 연을 보자. 역시 한 문장이지만 6행으로 구분되어 있다. 곧 "바다에 눈 내리면 / 당신이 탄 배는 눈에 묻히고 / 물이랑만 일렁이다가 / 잠잠해질 것을 / 누가 너에게 / 정녕 사랑한다고 했나"이다. 여기에서는 갑자기 튀어나온 '바다', '눈', '물이랑', '잠잠해짐' 등 일련의 비유어들에 대한 원관념을 확인할 필요가 있다. 그렇지 않고서는 이 작품의 각 연과 연 사이의 긴밀한 관계가 파악되지 않기 때문이다.

그렇다면, 각 연의 내용을 다시 응축시켜 정리해 보자. 곧,

날이 새도록 허름한 주막에서 술을 마시며, 지나온 삶을 돌이켜 보며 운다. 그런데 누가 너를 사랑한다고 말했느냐? '바다'라는 곳에 눈 내려도 물이랑만 일렁이다가 결국은 잠잠해지고 마는 것 아니던가.

이렇게 시인의 의중을 읽어가자면 '바다'가 무엇이고, '눈'이 무엇이고, '물이랑'이 무엇인지 자연스럽게 떠올려질 것이다. 곧, 바다는 사람들이 살아가는, 주어진 생활의 장場이요, '눈'은 운명처럼 하늘에서 내리는, 인간들의 사랑일지니 '물이랑'은 사랑하는 과정에서 느낄 수 있는, 또 느껴야만 하는 기쁨과 슬픔이란 감정의 파고波高일 것이다.

그렇다면, 이 작품은 결국 셋째 연에 나오는 '사랑'이라는 것이 우리 인간에게 무엇인가를 말하고 싶었고, 또 말해 주고 있다 하겠다. 그 사랑 때문에 밤새도록 술을 마시고, 지나가 버린 삶을 반추하며 울기도 한다는 것이다. 그렇지만, 시인은 '~했나'라는 물음을 통해서 그런 과정을 밟을 수밖에 없는 보통 사람들의 삶의 의미를, 마치 높은 곳에서 밑을 내려다보듯 제삼자가 되어 직간접으로 토로함으로써 조언하고 있는 듯하다.

그래, 산다는 것은 다 그런 것이야. 밤새도록 울고 싶으면 실컷 울어라. 사랑이라는 게 말이야, 빠지면 바다에 물이랑이 일듯 기쁨도 주고 슬픔도 주지만 결국 원점으로 돌아가는 거야. 바닷물처럼 잠잠해지는 거야. 너무 슬퍼할 일도, 너무 기뻐할 일도 아닐세 그려, 라고 말하듯이 말이다.

14

김 종의 「진정 그대만을 사랑했노라」
'풀어진' 시와 감정노출의 방식

    시인들끼리는 작품을 읽으며 이런 말을 곧잘 한다. "이건 너무 많이 풀어졌어. 그래, 좀 느슨하잖아?" 이 때 풀어졌다는 것은 무엇이 어떻게 되었다는 말일까? 아마도, 그것은 문장의 구조와 감정의 노출 정도를 두고 말하지 않나 싶다.
    풀어진 시에는 단순히 서술형 종결 어미로 끝나는 진술형태가 많이 쓰이거나 어떤 정황이나 상태에 대한 구체적인 묘사, 그것도 많은 수식어를 통해서 표현자의 의도나 의중을 겉으로 다 드러내놓는 형태가 주종을 이룬다. 그리고 문장과 문장 사이의 관계, 그러니깐 한 편의 시 안에서 행과 행, 연과 연 사이의 내용 전개상 생략이나 각종 수사修辭를 통한 함축 비약 등으로, 속으로의 내용 숨기기보다는 겉으로 드러내되 특별한 판단력이나 상상을 요구하지 않는 내용 전개로 그치는 경향이 짙다. 게다가, 사실상 같은 의미의 낱말이나 문구 등을 반복해 놓는 경향도 없지 않다. 아울러, 과장이나 직정적인 표현으로 감정 노출을 꾀해 감정에 크게 호소하는 경향도 없지 않다.
    이런 유형의 시들을 읽으면서 시인들은 '풀어졌다'라는 말을 한다. 풀어진 시는 풀어진 만큼 시인의 의도나 의중을 독자에게 쉽게 전달할 수 있지만 그만큼 독자 임의로 상상하거나 생각해 볼 수 있는 여지가 줄어들어 시 행간에 숨은, 혹은 내장된 의미가 줄어든다는 사실이다. 필자가 그동안 읽은 시로서는 도종환의 「접시꽃 당신」이나 서정윤의 「홀로서기」나 이해인의 「민들레 영토」 등을 들 수 있고, 기타 박정만 천상병 박재삼 등의 작품에서도 그런 점이 다분하다고 판단된다. 지금, 분석해 보고자 하는 김 종의 작품도 그 전형으로서 부족함이 없는 것으로 판단된다.

만산에 진달래가 피었습니다.
저렇게 아름다운 불꽃으로 번져 흐르는
자연의 힘을 바라보다가
문득 목이 메듯 쿡쿡 찌르는 아픔을 느낍니다.
사랑하다 멀리 떠난 그대였지만
빠알갛게 흐르는 진달래 꽃물 찍어
〈진정 그대만을 사랑했노라〉
손가락이 다 닳도록 편지를 씁니다.

손가락이 다 닳아
하얀 뼈가 나온데도
저 불타는 마음을 전하고 싶습니다.
만산에 진달래가 저토록 고운데
내 눈에서 반짝이는 하얀 이슬.

아 오늘은 바람에게도 편지를 씁니다.

바람처럼 흘러간 그대 가슴에
진달래 고운 색깔로 편지를 씁니다.

―작품 「진정 그대만을 사랑했노라」 전문

위 작품은 김 종의 「진정 그대만을 사랑했노라」라는 시 전문이다. 형식적으로야 전체 3연 16행으로 짜여진 서정적 자유시이다. 이 3연 16행을 주의 깊게 읽으면 우리는 시적 화자의 중요한 판단이나 행위가 몇 가지로 간추려지고, 또 그들 간의 관계가 어떤 것인가를 어렵지 않게 확인할 수 있다. 곧, ①진달래가 피었습니다 ②아픔을 느낍니다 ③편지를 씁니다 ④마음을 전하고 싶습니다 ⑤편지를 씁니다 ⑥편지를 씁니다 등이 그것이다. 그런데 여기서 진달래가 피었다는 진술은 시적 화자에게 아픔을 느끼게 하고, 또 편지를 쓰게 하고, 또 그 편지를 통해서 마음을 전하고 싶다는 생각을 갖게 하는 직접적인 계기로서 전제前提가 되고 있다. 다시 말해, 진달래는 시적 화자의 그 같은 판단과 행동을 낳은 모티브로서 중요한 소재일 뿐이다.

그렇다면, '진달래'라는 원인과 '편지를 써서 마음을 전하는 행위'라는 결과와의 사이에 어떤 상관관계가 얼마나 긴밀하게 있느냐에 따라, 이 작품이 가지는 설득력의 유무有無와 정도가 결정될 것이다. 따라서 시인이라면 바로 이 부분에 관심을 갖고, 이 작품을 음미해야 할 줄로 믿는다.

어쨌든, 앞에서 말한 여섯 가지의 중요한 진술 이외의 모든 말들은 상태나 방법이나 때와 곳 등을 설명해 주는 수식어에 지나지 않는다. 곧, 진달래가 어디에 어떻게 피었고, 또 어떠한 아픔이고, 편지를 어떤 내용으로 어떻게 써서 누구에게 부치는 것인가를 설명해 주는 말들이라는 것이다. 그런데 그 수식어들이 가지는 힘이 만만치 않다. 이 작품을, 아니, 이 같은 유형의 작품을 읽는 대다수의 독자들이 '감동적이다'라고 느끼는 이유도 전제한 인과관계의 당위에서가 아니고, 수식어에 붙어 있는 감정적 발언 그 자체에 마음이 이끌리기 때문이다.

그러면, 이제 한 행 한 행의 의미 변화와 함께 수식어에 붙어있는 감정의 실체를 확인해 보자. (○속의 숫자는 시의 행수임.) "만산에 진달래가 피었습니다. ①"라는 진술은 있는 그대로의 자연적인 사실에 대한 객관적인 판단에 지나지 않는다. 다만, '만산에'라는 말에서 다소 과장이 쓰이고 있을 뿐이다. "저렇게 아름다운 불꽃으로 번져 흐르는 / 자연의 힘을 바라보다가 / 문득 목이 메듯 꾹꾹 찌르는 아픔을 느낍니다. ②~④"에서 보면 진달래가 '아름다운 불꽃'이란 말로 바뀌어 표현되어 있고, 만산에 피어 있는 상태나 정황이 '번져 흐르는'이라는 말로 표현되고 있다. 그리고 그것들은 '자연의 힘'이란 말로 귀결되고 있다. 그런데 갑자기 목이 메듯 꾹꾹 찌르는 아픔을 느낀다고 말함으로써 시적 화자의 감정이 그대로 겉으로 노출되고 있고, 동시에 그 아픔의 상태가 구체적으로 묘사되고 있다. "사랑하다 멀리 떠난 그대였지만 / 빠알갛게 흐르는 진달래꽃물 찍어 / 진정 그대만을 사랑했노라 / 손가락이 다 닳도록 편지를 씁니다. ⑤~⑧"에서는, 전제된 아픔이 어디에 뿌리를 둔 것인지를 알려주고 있고, 제일 먼저 전제되었던 진달래가 드디어 쓰이고 있음을 보게 된다. 곧, 빨간 진달래 꽃물을 찍어 손가락이 닳도록 이미 떠난 그대에게 편지를 쓴다는 것이다. 여기서 우리는 진달래꽃의 붉은 색을 이미 떠난 그대와의 사랑의 빛깔로 관련지우고 있는 시인의 의도 내지는 심리적 한 현상을 읽을 수 있다. "손가락이 다 닳아 / 하얀 뼈가 나온데도 / 저 불타는 마음을 전하고 싶습니다. ⑨~⑪"에서 우리는 과장의 절정을 보는 듯하다. 왜냐하면, 손가락에 진달래 붉은 꽃물을 찍어 편지를 쓴다는 말이 이제는 꽃물이 아니고 손가락이 닳아 하얀 뼈가 나온다고까지 상상하기 때문이다. 물론, 이런 과장을 하는 것은 시인의 말마따나 '불타는 마음'을 아무리 강조해도 부족하다고 느끼기 때문이겠지만 그 불타는 마음이야 이미 멀리 떠나 버린 그대에 대한 사랑이 아니겠는가? "만산에 진달래가 저토록 고운데 / 내눈에서 반짝이는 하얀 이슬, / 아 오늘은 바람에게도 편지를 씁니다. ⑫~⑭"에서 진달래꽃의 아름다움 내지는 붉음을 통해서 시인은 헤어진 '그대'라는 어떤 대상을 생각했고, 급기야는 자신의 마음을 전하기 위해 그대에게 편지를 쓴다는 생각까지 하게 됐다. 그러는 과정에서 문득, 흐르는 눈물을 스스로 알아차린 것일까. 눈물을 '하얀 이슬'로 표현하고 있다. 그러면서 오늘 만큼은 편지를 쓰는데 '그대'를 포함하여 '바람'에게까지 쓰겠다는 것이다. 바람에게 편지를 쓴다는 모호한 표현이 독자들의 상상력을 자극하는 시적 표현이라면 표현일 것이다. "바람처럼 흘러간 그대 가슴에 / 진달래 고운 색깔로 편지를 씁니다. ⑮~⑳"에서 편지를 쓰겠다던 바람과 그대와의 유사성 곧, 흘러갔다는 공통점을 읽을 수 있다. 바꿔 말하면, 시인이 바람과 그대와의 관계를 흘러가 버린, 혹은 이미 이별한 대상이라는 관계를 맺어 주고 있는 셈이다. 바람은 어디까지나 그대를 드러내 주기 위해 끌어들여진 보조관념의 자리에 위치할 수밖에 없다. 따라서 편지를 보내 자신의 마음을 전하고 싶은 궁극적인 대상은 '그대'이다. 바로 그대 가슴에 진달래의 붉은, 그리고 고운 색깔로 편지를 쓴다는 진술로 이 작품이 끝나고 있다.

전체적으로 보면, 진달래꽃이 온 산에 붉게 피는, 혹은 피어 있는 상태를 보고 시인은 마치 온 몸으로 온 맘으로 사랑했던 '그대'라는 어떤 대상을 떠올렸고, 동시에 진달래꽃의 붉은 정념처럼 다시 편지를 쓰겠다는 마음을 겉으로 다 드러내 놓고 있다 하겠다. 우리가 여기서 짚고 넘어가야 할 중요한 사실 하나는, '진달래'라는 객관적 사물과 사랑하던 사람과의 이별의 아픔을 연관시키고, 또 진달래꽃의 피어남(현재)을 통해서 다시 이별한 그대에게 내 마음을 전하기 위해 편지를 쓰겠다는 행위를 이끌어 내놓는 관계정립이 중요한 시적 메커니즘이 되고 있다는 사실이다. 그러니까, 좀 더 쉽게 말해, 인간의 갖가지 감정과는 무관하지만 시인 자신의 감정을 사물이나 어떤 대상에 그대로 이입移入시켜 자신을 대변해 주는 것으로써 사물이나 대상의 존재 의미를 재구축해 놓는다는 점이다.

이처럼, 한 편의 시란 어떤 대상에 대한 인간의 감정이입이요, 객관적 사실과 무관한, 물론 관계할 수도 있지만, 주관적 의미 부여인 셈이다. 결국, 이 감정이입이라는 의미 부여가 곧 새로운 관계 정립이요, 그 자체로서 객관적 사실과 다르다는 이유에서 이른바 '창조'가 되는 것이다. 독자들은 바로 시인이 부여한 개인적 감정과 의미 체계를 읽으며 동감할 때엔 박수를 보내고, 다르게 느끼고 다르게 생각할 때엔 박수 대신 다른 반응을 보이는 것이다.

인간 삶의 진실을 추구하는 것이 문학이라면
그것의 역사란 인간 자신에게 솔직해져 가는 과정이요,
그 한 방식일 뿐이다.
-이시환의 아포리즘 aphorism 4

15

송수권의 「山門에 기대어」
비유적 언어 체계와 구조적인 힘

누이야
가을산 그리메에 빠진 눈썹 두어 낱을
지금도 살아서 보는가.
정정淨淨한 눈물 돌로 눌러 죽이고
그 눈물 끝을 따라가면
즈믄 밤의 강이 일어서던 것을
그 강물 깊이깊이 가라앉는 고뇌의 말씀들
돌도 살아서 반짝여 오던 것을
더러는 물 속에서 튀는 물고기같이
살아오던 것을
그리고 산다화山茶花 한 가지 꺾어 스스럼없이
건네이던 것을

누이야 지금도 살아서 보는가
가을산 그리메에 빠져 떠돌던, 그 눈썹 두어 낱을 기러기가
강물에 부리고 가는 것을

내 한 잔은 마시고 한 잔은 비워 두고
더러는 잎새에 살아서 튀는 물방울 같이
그렇게 만나는 것을

누이야 아는가
가을산 그리메에 빠져 떠돌던
눈썹 두어 낱이
지금 이 못물 속에 비쳐옴을

−작품 「山門에 기대어」 전문

위 작품은 발표되자마자 비교적 좋은 평을 받았던, 송수권의 「山門에 기대어」 전문이다. 천천히 음미해 보면 느낄 수 있겠지만 소위, 순수문학을 한다고 하는 진영에서 뛰어난 작품으로 여기는 전형이다.

이 작품은 형식적으로는 3연 22행으로, 각 연은 화자話者가 '누이'에게 던지는 물음 형태를 띠고 있다. 그런데, 그 핵심이라 할 수 있는 내용이 많고 길어서 문장이 도치되어 있을 뿐이다. 그러니까, '누이야, 지금도 살아서 보는가?' 라는 물음이 제1연과 제2연에서 되풀이되고 있고, 제3연에서는 '누이야, 아는가?' 라는 물음이 이어지지만 나머지 내용은 그 '보는가?' 와 '아는가?' 에 대한 그 대상, 곧 두 개 동사에 대한 목적어에 해당하는 말들일 뿐이다.

그런데 그 내용이 한 가지가 아니고 여러 개일 뿐 아니라 그 하나, 하나도 단순히 명사로 설명될 성질이 아니어서 길게 꾸밈말을 필요로 하다 보니 결과적으로 문장만 길어져서, 이 부분만 따로 떨어져 나와 뒤로 붙은 것이다. 그렇다면, 무엇보다도 먼저 무엇을 보고, 무엇을 아는가, 라고 묻고 있는지 확인해 볼 필요가 있다. 곧, 제1연에서는 ①가을산 그리메에 빠진 눈썹 두어 낱을 ②정정淨淨한 눈물 돌로 눌러 죽이고, 그 눈물 끝을 따라가면 즈믄 밤의 강이 일어서던 것을 ③그 강물 깊이깊이 가라앉는 말씀들(이) 돌로 살아서 반짝여 오던 것을 ④더러는 물속에서 튀는 물고기 같이 살아오던 것을 ⑤山茶花 한 가지 꺾어 스스럼없이 건네이던 것을 등 모두 다섯 가지 이상이 된다. 그러니까, 제1연에서는 누이한테 이 다섯 가지를 지금도 살아서 보는가, 라고 묻고 있는 것이다. 문제는 이 다섯 가지를 곰곰이 새겨 보면, 실은 곰곰이 새기지 않으면 무슨 말인지 쉽게 이해되지도 않지만, 상당히 황당한(?) 상상을 요구하고 있음을 알 수 있다. 뒤집어 말하면, 그만큼 사유思惟의 진폭이 컸으리라는 생각도 든다. 그 이유를 잠시 생각해 보자.

①에서 '그리메'는 그림자라는 뜻의 옛말이다. 그렇다면 가을산 그림자 속으로 눈썹 두어 낱이 빠졌다는 것인데, 가을산의 그림자는 대단히 큰 영역이지만 두어 낱의 눈썹이란 작기 그지없는 미물微物에 지나지 않는다. 여기서 '가을산'이 내포하고 있는 의미를 계산해 넣지 않는다 해도 큰 것 속에 아주 작은 것을, 그것도 보일까 말까 하는 '눈썹' 두어 낱과 '가을산의 그림자'를 관련시키는 화자의 의도를 그냥 지나쳐선 안 될 것이다. 분명, 뭔가 깊은 뜻이 내장되어 있기나 하듯 독자로 하여금 이런 저런 상상을 하게 하는 '기교', 아니면 '말장난'으로 여겨진다.

②에서 갑자기 '눈물'이란 것이 왜 나왔는지 알 수 없다. 다만, 눈썹이 하나 둘 빠진다는 것은 혹 늙어 죽을 때가 가까워진 것이고, 그래서 서글프고 눈물이 난다는 뜻으로 갑작스레 튀어나온 말이 아닌가 상상해 볼 수는 있을 것이다. 그건 그렇다 치더라도, '정정한 눈물을 돌로 눌러 죽인다'라는 표현이 대다수의 사람들에게 과연 어떻게 받아들여질지 궁금하기 짝이 없다. 게다가, '눈물 끝'이라는 표현과 '즈믄 밤의 강'이라는 표현은 이해되지 않는 바는 아니나 상당히 추상적인 상상의 세계라는 사실이다. 이런 표현들은 눈물이 강이 된다는 진리 아닌 진리를 드러내 놓고자 동원된 것들이 아닌가 싶기도 하지만 역시 말장난을 잘 치는 것으로 보인다.

③에서 진술은 ②의 연장선상에 있기 때문에 큰 무리 없이 받아들여진다. 곧, 눈물이 강물되고, 강물 속에 가라앉은 말씀들이 돌로 살아서 반짝인다는 초논리적인 세계로서 말이다.

④에서는 물속에 튀는 물고기같이 살아오던 것이 무엇인지, 그 주어가 생략되었기 때문에 이 또한 읽는 이의 상상에 맡길 수밖에 없다. 가을산 그리메에 빠진 두어 낱의 눈썹이 그렇다는 것인지, 강물 깊이깊이 가라앉은 말씀들이 그렇다는 것인지 아니면, 눈썹이나 말씀이나 다 같은 것으로 존재의 근원을 말하는 것인지 알 수 없는 노릇이다.

⑤에서도 역시 산다화 한 가지를 꺾어 스스럼없이 건네이던 것의 주어가 무엇인지 ④에서와 같은 상상을 할 수밖에 없다.

이처럼 제1연에서 나열되고 있는, 문장 구조상으로 보아 나열되었다고 보는 것이지만, 다섯 가지의 대상이 서로 어떤 유기적 관계 위에 있는지 분명한 판단을 방해하고 있는 모호성이 크고, 또 그만큼 읽는 이들의 자유로운 상상력을 요구하고 있기도 하다. 바로 이 때 상상력이 따라주지 않는 이들에겐 이해되지 않는 난해한 표현으로 단정 지어질 것이다.

제2연에서, '누이야 지금도 살아서 보는가?' 라는, 제1연과 똑같은 물음이 전제되면서 ①가을산 그리메에 빠져 떠돌던, 그 눈썹 두어 날을 기러기가 강물에 부리고 가는 것을 ②내 한 잔은 마시고 한 잔은 비워 두고 더러는 잎새에 살아서 튀는 물방울 같이 그렇게 만나는 것을 등 두 가지에 대해 '보는가?' 라고 물음으로서 그 대상이 진술되고 있다. 이 두 가지는 제1연의 다섯 가지와 무관한 것은 아닌 것 같다. 가을산 그림자에 빠진 눈썹 두어 날 같지만 그 눈썹이 '떠돈다' 고 하여 그것에 동태성動態性을 부여하고 있고, 그런 눈썹은 '기러기' 에 의해 '강물' 에 부려지고 있다는 것이 다르다. 간단히 말해, 눈썹이 떠도는, 방랑하는 존재이고, 또 '기러기' 라는 매개체에 의해 '강물' 속으로 부려지는 존재로서 그 의미가 부여되고 있다.

그리고 ②에서는 모호한 표현을 만나게 되는데, 곧 '내(가) 한 잔은 마시고, (다른) 한 잔은 비워 두고' 라는 표현은 그리 문제가 되지 않으나, 후반부 '더러는 잎새에 살아서 튀는 물방울 같이 그렇게 만나는 것을' 과 관련지으면 상당히 모호해 지고 만다.

*( )속의 말은 생략된 것으로 판단되어 필자가 자연스레 읽히도록 임의로 삽입한 것임.

곧, '그렇게' 라는 것이 '물방울 같이' 라는 의미인지, 아니면 '내 한 잔은 마시고 한 잔은 비워 두' 는 것 같이 라는 뜻인지 정확한 판단을 내릴 수 없다. 문맥상으로는 앞의 것으로 해석해야 하지만 전체적인 의미를 생각한다면 뒤의 것으로 해석해야 할 것 같다. 그리고 그렇게 만난다고 했는데 무엇과 무엇이 만나는 것인지, 이 부문에 대해서도 상상을 해보는 수밖에 없다. 잎새와 물방울의 만남처럼 눈썹이 강물과 만난다는 것으로 말이다.

제3연으로 넘어가면, '누이야, 보는가?'가 '누이야, 아는가?'라는 물음으로 바뀌면서 그 대상을 단 한가지로 던져 놓고 있다. 곧, ①가을산 그리메에 빠져 떠돌던 눈썹 두어 낱이 지금 이 못물 속에 비쳐옴을 이라고, 복잡하게 나열되었던 대상들이 하나로 정리되고 있고, 또 중요한 것은 그 눈썹이 '그리메'에 빠지고 '강물'에 부려지는 것이었는데 이제는 '못물' 속으로 비쳐오는 것으로 얘기 전개가 사실상 매듭지어지고 있다.

여기서, 우리는 한 가지 새로운 사실을 발견할 수 있을 것이다. 그것은 시인이 궁극적으로 드러내고자 한 것이 다름 아닌 '눈썹'으로 제유提喩되는 모든 존재의 순환원리라는 점이다. 그런데 묘하게도 시인은 매우 가볍고 작은 미물에 지나지 않는 눈썹을 가지고 우주에 존재하는 생명의 거창한 순환원리를 설명하려 하고 있는 것이다. 이 또한 기교라면 대단히 뛰어난 기교임에 틀림없지만 이 작품은 몇 가지의 근원적인 문제를 안고 있기도 하다. 어쩌면, 이들 문제가 바로 다른 문인들에겐 이 작품을 돋보이게 하는 요인이 되었는지도 모를 일이지만 이미 부분적으로 지적했다시피, 모호한 표현이 너무 많아서 절대적으로 읽는 이의 상상에 의존하고 있다. 이는 어느 정도가 아니라 상당한 논리적 사고력과 작품 감식안이 있어야 비로소 이 작품을 이해하게 된다는 뜻이기도 하다.

그리고 이미 한용운의 시에서도 표현된 바 있지만 자연계의 순환원리라는 것이 금세기 사람들에겐 상식적인 얘기가 되어 버렸기 때문에 작품의 내용 자체가 그리 큰 감동을 주는 것은 아니다. 사람이 죽으면 몇 가지 원소로 분해되어 대기 중으로 날아가 버리고, 그 원소는 다시 분자로 결합되고, 분자는 다시 생명체를 이루는 물질이 되어 결과적으로 돌고 도는 자연 생태계의 이치가 이미 밝혀진 탓도 있지만 직관을 바탕으로 하는 시인들의 시적 표현에서 '눈물이 강물이 된다' 라든가, '빠진 눈썹이 떠돌아 다니다가 다시 되살아난다' 는 것이나, '타고 남은 재가 기름이 된다' 는 것이나, '없는 것이 있는 것이고, 있는 것이 없는 것이다' 라는 식의 말들이 다 같다는 뜻이다. 쉽게 말하면, 표현의 한계로서, 그것은 곧 인식의 한계이기도 하지만, 늘 유사한 표현으로 머물러 있다는 사실이다.

그러나 분명한 것은 이 작품은 '눈썹'이 '영원'이란 긴 세월 속에 잠시 나타나는 것이지만 빠지고(죽음), 떠돌고(새로운 생명력을 부여받기 위한 과정에서의 노력), '강물'에 부려져서 다시 살아난다는, 존재하는 모든 것들의 순환(無 → 有 → 無)이 그려지고 있다는 사실로서 확대해석할 수 있다는 점이다. 점잖게 말하여, 존재하는 것들의 의미와 생명의 참뜻을 헤아리게 하는, 다소 난해하지만 '구조적 힘'을 가지고 있다 하겠다. 여기서 구조적인 힘이란 생명체가, 혹은 모든 존재가 죽게 되고, 그 죽음 속에서 다시 살아난다는 우주의 순환원리를 드러내기 위해 논리적인 비유체계를 갖는다는 점이다. 이 작품에서는 눈썹이 가을산 그림자 속으로 빠지고, 그것을 기러기가 강물에 옮겨놓는, 그래서 못물 속으로 다시 살아 나오는 것으로 내용이 전개되고 있는 점이다. 그리고 비유적 언어체계란 ①눈썹 : 존재 생명체 ②가을산 그림자 : 죽음 영원 ③기러기 : 죽음[無]을 생명[有]으로 바꾸는 매개물(중간자) ④강물 : 생명을 잉태시키는 배지 등의 의미로, 내용 전개상 필요한 대상에 적절한 의미를 부여하고 있는 언어 사용을 두고 말함이다.

말로써 짓지 못할 집이 없고, 이루지 못할 일이 없다.
그만큼 공소하기 짝이 없는 것이 말임을 경계해야 한다.
-이시환의 아포리즘aphorism 5

16

이근배의 「내가 산이 되기 위하여」
키워드 바꿔치기 수법의 효과

　구슬이 서 말이라도 꿰어야 보배가 된다는 말이 있다. 아무리 좋은 진주가 있어도 그것을 적절히 다듬고 가공하지 않으면 사랑받는 우리의 목걸이나 귀걸이가 되질 않는다. 진주가 시인의 진실 그 자체라면 그것을 다듬고 가공하는 기술은 시인의 진실을 언어로 담아내는 기교요, 그 구체적인 방법론이 될 것이다. 때문에 질 좋은 진주를 가지는 것도 중요하지만 그 진주를 잘 다듬고 가공하여 만인이 즐길 수 있는, 보다 가치 있는 장신구로 만들어 놓는 일 또한 대단히 중요하다 하겠다.
　따라서 우리 시인에게는 무엇보다도 근원적으로 질 좋은 진주를 배태胚胎할 수 있는 선천적 메커니즘이 있어야겠지만 그것은 이미 주어져 버린 조건이기 때문에 접어 두더라도 후천적인 노력을 기울여서라도 가능한 범위 안에서 좋은 진주를 낳을 수 있도록 필요한 조치를 강구해야 할 필요는 있다고 본다. 그리고 진주를 낳아 가졌으면, 그것을 잘 다듬고 가공하는 기술을 축적, 적용시켜 하나의 완성된 제품을 만들어 놓아야 할 것이다. 그러기 위해서는 바로 그 기술을 평상시에 끊임없이 연구, 발전시켜 놓아야 할 것이다. 그 기술은 후천적인 노력으로 얼마든지 극복될 수 있는, 혹은 향상시킬 수 있는 영역이기 때문에 대다수의 시인들은 바로 이 부분에서 노력해야 한다.

여기, 변변치 못한 진주를 가지고도 어떻게 하면 뛰어난 목걸이를 만들 수 있는지를 그런 대로 잘 보여 주고 있는 작품 한 편이 있다. 이 작품은 이근배李根培의 「내가 산이 되기 위하여」라는 시인데 시인의 진실보다는 기교가 크게 작용한 적절한 예라고 판단된다. 작품 전문과 함께 그 비밀 속을 헤쳐 들어가 보자.

    어느 날 문득
    서울 사람들의 저자거리에서
    헤매고 있는 나를 보았을 때
    산이 내 곁에 없는 것을 알았다
    낮도깨비처럼 덜그덕거리며
    쓰레기더미를 뒤적이며
    사랑 따위를 팔고 있는 동안
    산이 떠나 버린 것을 몰랐다
    내가 술을 마시면
    같이 비틀거리고
    내가 누우면 따라서 눕던
    늘 내가 되어 주던
    산을 나는 잃어버렸다
    내가 들르는 술집 어디
    만나던 여자의 살냄새 어디
    두리번거리고 찾아도

산은 보이지 않았다
아주 산이 가 버린 것을 알았을 때
나는 피리를 불기 시작했다
내가 산이 되기 위하여.

—작품 「내가 산이 되기 위하여」 전문

이 작품은 전체 20행이나 되지만 5개의 완전한 문장과 1개의 불완전한 문장으로 짜여 있다. 사실, 이 같은 분석은 시세계를 이해하는데 큰 도움은 되지 않지만 그 세계 안으로 들어가는 데에 있어 바깥문 하나쯤은 열어 보이는 일이 된다. 곧, 중요한 5개 문장의 끝 그러니까, 각 서술어만을 떼어 놓고 보면 대단히 흥미롭다. 그것은 생각보다 훨씬 간단한 구조로 이 시가 짜여 있다는 사실을 확인시켜 주기 때문인데, 필자가 먼저 그것만을 떼어내 볼 터이니 독자 여러분은 그것의 주어와 목적어만을 생각해 주기 바란다.

①알았다.
②몰랐다.
③잃어 버렸다.
④보이지 않았다.
⑤시작했다.

'누가 무엇을', 아니면 '누구에게 무엇으로' 풀어지는 술어들이다. 그러니까, ①나는 산이 내 곁에 없다는 것을 알게 되었고,

②산이 어느새 내 곁을 떠나 버린 사실을 나는 몰랐고, ③결과적으로 나는 산을 잃어 버렸고 ④산은 내게 보이지 않았다 ⑤그래서 나는 '피리불기'를 시작했다는 것이 이 작품의 요지이다. 나머지는 이런 5가지의 판단을 내리게 되는 배경이나 상황 설명에 지나지 않는다.

그렇다면, 이 작품에서는 '나'와 '산'과의 관계가 무엇보다 중요하다 할 것이다. 좀 더 구체적으로 말해서, '나'에게 '산'이란 대상이 무슨 의미가 있는 존재이냐, 하는 것이 먼저 인지되지 않는다면 이 작품의 의미도 사실상 해독되지 않는다 하겠다. 그런데 시인은 산의 의미를 판단해 낼 수 있도록 한 가지 분명한 단서를 흘려놓고 있다. 그것이 9행부터 12행까지의 진술인데 곧, '내가 술을 마시면 같이 비틀거리고, 내가 누우면 따라서 눕는' 존재가 바로 산이라는 것이다. 이쯤 되면 시인이 말하고 있는 산의 의미가 어느 정도는 윤곽을 드러내 놓았다고 할 수 있다. 간단히 말해, 산은 자연의 산이 이미 아니다. 다만, 사람들마다 달리 느끼고 달리 생각할 수 있는 산의 이미지를 시인이 빌려 쓰고 있을 뿐이다. 더 엄밀하게 말해서, 시인이 생각하고 있는 어떤 대상의 자리에 '산'을 대입시켜 놓았다.

그렇다면 그 어떤 대상이란 과연 무엇인가? 이를 판단하는 데에 도움이 되는 구절들을 가려내 보자. ① "서울 사람들의 저자거리에서 헤매고 있는 나를 보았을 때 산이 내 곁에 없는 것을 알았다."에서 곁에 있어야 할 산이 없어진 사실을 알게 된 시점을 말하고 있다. 내가 저자거리를 헤매고 있는 자신을 보았을 때라고 말이다. ② "낮도깨비처럼 덜그럭거리며 쓰레기더미를 뒤적이며 사랑 따위를 팔고 있는 동안"에 산이 내 곁을 떠났다는 것이다. 산이 떠난 시점을 말하고 있다. ③내가 술을 마시면 같이 비틀거리고, 내가 누우면 따라서 눕던, 늘 내가 되어 주던 산"이다. 산의 정체성을 밝히고 있다. ④내가 들르는 술집 어디, 만나던 여자의 살 냄새 어디, 두리번거리고 찾아도 산은 보이지 않았다."에서 화자가 곁을 떠난 산을 찾고 있는 장소가 설명되고 있다. 술집이고 그곳의 여자이다.

　이쯤 되면, 화자가 말하는 '산'이 궁극적으로 무엇인가를 나름대로 상상할 수는 있을 것 같다. 산이 내 곁을 떠난 시점이라든가, 내가 그 산을 찾아다닌 곳이라든가, 나와 산과의 관계라든가 등등에서 유추해 보면 '산'은 '애인愛人'일 수도 있고, 자신을 조종하는 자아自我일 수도 있다. 그런데 시인은 시치미를 떼고서 그 자리에 '산'을 갖다 놓았다. 시상詩想을 전개한 다음 핵심 시어詩語를 바꿔치기 한 것이다.
　그런 다음, 이 작품의 깊이를 부여하기 위해서 애매모호한 말을 덧붙였다. "아주 산이 가 버린 것을 알았을 때 나는 피리를 불기 시작했다, 내가 산이 되기 위하여."라고. 내 곁을 영영 떠나버린 산이 되기 위해서 나는 피리를 분다는데, 과연 이 말이 무슨 뜻인지 해독하기가 쉽지 않다. ①내가 산이 된다는 의미도 어렵거니와 ②내가 산이 되기 위해서 피리를 분다는 의미도 어렵다. 이에 대해선 아무런 단서가 없기 때문에 독자들이 나름대로 생각하고 판단할 수밖에 없는 노릇이다. 다만, 일방적인 상상력을 동원하여 설명한다면, 내가 산이 된다는 것은 자아회복自我回復으로, 피리를 분다는 것은 자아회복을 위한 구체적인 노력의 한 방법으로 이해할 수 있다.

여하튼, 키워드를 바꿔치기하여 시 문장의 의미를 깊게 하고, 모호한 표현으로 독자들의 상상력을 자극함으로써, 시인이 말하고자 한 바 그 세계를 확연하게 드러내 보이고 있지 않지만, 독자들의 시선을 붙잡아 놓고 있다. 마치, 안개에 가려 아슴아슴한 모습으로 서있는 어떤 대상처럼 독자들의 상상 속에서 구축되는 공간인 셈이다. 이 공간이란 행간이나 언어 표현 속에 숨어있는, 그래서 겉으로 드러나지는 않았지만 생각하면 할수록 그려지고 구체화되어지는 의미인 것이다.

그러나 우리가 경계해야 할 일은, 이런 기법을 터득하고 나면 습관적으로 즐기게 된다는 것이고, 그렇게 되면 이미 시인의 진실이 경시될 가능성이 높아진다는 사실이다.

17

권달웅의 「초록세상」
있는 그대로의 자연이 가지는 생명력

한 유명 백화점의 붕괴로 순식간에 1,500여 명이 넘는 사상자를 낸 대형 인재사고 탓으로 연일 착잡하기 그지없는 와중에 내 머리 속을 떠나지 않는 것이 하나 있었다. 그것은 인간에게 있어 '자연'이란 무엇이며, 말 많은 이 땅에서 누가 그것을 제대로 이해하고 제대로 시란 그릇을 통해서 담아내고 있는지에 대한 공연한 잡념이었다.

백화점이 무너진 것과 자연이 무슨 상관관계라도 있단 말인가? 사실, 관계가 전혀 없는 것은 아니다. 건축물이 수명을 다하지 못한 채 무너지는 것은 대개 그 건물 속으로 마땅히 들어가야 할 돈이 이런저런 사람들의 주머니 속으로 들어갔기 때문이고, 필요로 하는 조건을 갖추어주지 아니하면 우리의 기대와 요구대로 머물러주지 않는 움직임이 일어나는 것이 자연의 중요한 한 이치인데 이에 대한 인간들의 무지 내지는 외면 탓일 것이다.

요즈음, 사람들이 거칠어지고 물욕에 사로잡히는 것도 다 우리가 자연을 멀리 한 데서 오는 현상이다. 자연을 가까이 하고 그 자연과 더불어 호흡을 같이 하는 사람들은 결코 오만해지지 않으며, 자신의 능력을 과신하거나 그것으로 자연을 파괴하지도 않는다. 지혜로운 자는 자연의 이치대로 그 속에서 조화를 이루며 살거나 살기를 기대하고 노력하는 이들이다.

　시를 쓰는 이들 가운데에서도 유별나게 목청을 돋우어 물질문명을 비판하거나 온갖 수식어로 자연을 예찬하는 이들이 적지 않다. 내가 보기엔 대개는 다 위선이다. 진정으로 자연의 생명력을 이해하고 그것과의 대화가 가능한 사람들이라면 그렇게 쉽게, 무책임한 말들을 내뱉어 놓지 못하기 때문이다. 이는 한 편의 시를 읽어도 곧 알아차릴 수 있다. 자연에 대한 찬미가, 문명에 대한 비판이 어떤 지식이나 유행성 기류에 의해 지껄여대는 소리인지 아니면 자신의 일상적인 삶 속에서 진실로 우러나오는 소리인지 확연히 구분이 되기 때문이다.

　우리 시단에 시를 쓴다고 하는 이는 많으나 훌륭한 작품이 드문 것도 사실은, 지식을 수단으로 하여 기술적으로 시를 쓰기 때문이다. 바꿔 말한다면, 있다면 진실부재의 말뿐이고, 그것을 적절히 위장하고 있는 기교만이 화려하게 빛나고 있다. 그렇다고 절망할 필요는 없다. 숱한 껍질들이 뿌옇게 떠 우리의 시야를 가려도 알맹이는 가라앉아 제 자리를 지키고 있기 때문이다.

　내가 인식하고 있는 '자연시', 그러니까 적어도 자연현상들 속에서 그 하나하나에 담긴 뜻과 의미를 새기면서 새롭게 인식되는 진실을 자신의 일상적인 삶으로 연계시킴으로써 인간의 삶 자체가 자연의 품 안에서 이루어지도록 서로 교감하는 관계 유지와 그런 노력이 깃든 시들을 지어온 시인이 없는 것은 아니다. 예컨대, 파고들면 들수록 더욱 신비해지는 자연의 생명력에 대해 노래하고, 또 그것들을 존재 가능케 하는 그 무엇에 대해서까지도 상상을 하고 대화를 나누는 범신론적 우주관을 갖고 있는 이성선 시인도 있고, 자연을 구성하는 수많은 동식물에 남다른 관심과 애정을 갖고 그것들 하나하나에 인간적인 의미와 빛깔을 부여하고 있는 김재황 시인도 있고, 자연 현상 하나하나에 숨어 있는 뜻을 통해서 인간존재의 의미와 참 생명력을 일깨워주고 있는 권달웅 시인도 있다.

 이들은 자연을 소재로 그저 몇 편의 작품을 썼다고 하는 시인들이 아니다. 또 유행처럼 물질문명을 비판하기 위해서 상투적으로 자연예찬을 늘어놓는 시인들도 아니다. 이 땅 가득한 생명의 꽃들을 피우게 하는 자연의 품 안에서 그것의 아름다움과 질서를 노래하고, 또 그것을 통해서 인간의 아름다운 삶을 꿈꾸고 있는 시인들이다. 이런 의미에서 이들은 시인이기 이전에 진실한 사람들이다.

 도시를 떠나면
 초록 세상이다.
 도시를 떠난 사람들은
 옷을 벗어던지고
 밀짚모를 쓴다.
 흙내 풀내가 물씬거리는
 초록 세상에 젖어,
 아내는 소나무 숲에 들어가
 삼림욕을 즐기고
 나는 풀밭에 누워
 일광욕을 즐긴다.

아무도 만나지 아니한
맑고 푸른 바람이
소나무숲을 흔들고
풀밭을 흔들고 지나간다.
해가 너무 눈부시다.
숲에서 뻐꾸기가 운다.

―작품「초록 세상」전문

 매우 편하게 읽히는 시다. 읽어 내려가는데 조금도 무리가 따르지 않는다. 그만큼 평이平易한 말이 단순 구조의 문장을 이루었다. 전체 17행이지만 6개의 문장으로 짜여 있다. 그러니까, 시인의 주관적인 판단, 그것도 있는 그대의 사실이 6개의 문장으로 나열되어 있을 뿐이다.
 그런데 왜 이 작품은 읽는 이로 하여금 편안함을 느끼게 할까? 그 힘이 어디에서 나오느냐 말이다. 그것은 이 작품이 조금도 난해하지 않다는 형식상의 이유도 있지만 근원적으로는 17행으로 시인이 구축해 놓은 '초록 세상' 자체가 우리 인간의 마음을 편안하게 해주는 기능을 가졌기 때문이다. 그렇다면, '초록 세상'의 무엇이 그런 힘을 가지고 있는가? 그것은 말 그대로 흙냄새 풀냄새가 물씬 풍기는, 있는 그대로의 자연공간이고, 아내는 소나무 숲에 들어가 삼림욕을 즐기고, 나는 풀밭에 누워 일광욕을 즐기는, 그야말로 한가하고 행복한 인간 세상이 아닐 수 없다. 어디 그 뿐인가? 아직 아무도 만나지 않은 맑고 푸른 바람도 있는데 그것이 소나무 숲을 흔들고 풀밭을 흔들며 지나가고, 또 해가 눈부시게 떠있고, 숲에선 뻐꾸기가 우는 우리의 5월이나 6월 초의 전형적인 시골 정경이다. 간단히 말해, 풀밭이 있고, 소나무 숲이 있고, 해가 있고, 바람이 있는 천혜의 자연이고, 그 속에서 일광욕과 삼림욕을 즐기는 사람이 사는 세상이다. 더 좁히자면, 인간과 자연의 요소가 어우러져 이루는 커다란 자연의 생명력이 숨 쉬는 공간이다. 무언가, 명예와 권력 등에 집착한 나머지 그로부터 헤어나지 못하는 이들이 아니라면 어찌 편안하게 느껴지지 않겠는가?

  있는 그대로의 정경을 묘사해 놓고 있지만 그 자체가 인간이 꿈꿀만한, 또 실제 생활 속에서 동경하는 세계이기 때문에 읽으면 편안한 마음이 자연스레 생기게 될 것이다. 마치, 다윗이 쓴 시 "여호와는 나의 목자시니 내게 부족함이 없으리로다. 그가 나를 푸른 초장에 누이시며 쉴만한 물가(으)로 인도하시는도다."(시편 23:1~2)에서의 '푸른 초장'이라는 말이 내포하고 있는 세계가 우리를 편안하게 하듯이 말이다.

  우리가 이 간단한 구조의 단순 작품을 통해서 한 가지 배울 수 있는 것은, 어떤 화려한 형식적 기교나 시의 내용이 될 수도 있는 자연에 대한 어떤 이론적 판단보다도 있는 그대로의 꾸미지 아니한 자연이 보다 큰 설득력과 감화력을 가진다는 사실이다. 이를 확대 해석하면, 인간이 창조하는 그 어떤 것도, 예컨대 그림이나 음악이나 문학작품이나 할 것 없이 자연 그 자체를 뛰어 넘을 수 없다는 추론이 가능하다. 우리가 시를 쓰고 소설을 짓고 수필을 쓰는 것도 다 인간 삶을 위함이며, 그것은 결국 자연으로부터 배우고 모방하는 것이며, 설령 인간이 없던 것을 새로이 창조한 것이라 할지라도 다 자연의 품 안에서의 일임을 염두에 둘 필요가 있을 것이다.

18

박두진의 「하늘」
진정한 자연과의 합일合一

　우리의 전통 시가詩歌는 자연自然과 인생人生을 떠나 있지 않았다. 물론, 오늘날도 크게 벗어나 있진 않다. 근원적으로 벗어날 수도 없다. 자연은 모든 생명현상을 가능케 하고, 그 끝을 또한 존재하게 한다. 우리 인간의 실제적인 생활도 그것을 떠나 있을 수 없다.

　특히, 우리는 오랜 기간 동안 농경문화를 유지 발전시켜 왔기 때문에 자연에 귀를 더욱 기울일 수밖에 없었다. 스스로 생성, 조화를 이루는 자연 앞에서 우리는 경외심을 가졌고, 또 그것이 보여주는 아름다움을 아름답게 받아들이는, 남다른 심미안을 가진 민족이었다.

　그래서 우리의 시가는 예로부터 오늘날까지 자연의 아름다움과 조화와 신비로움을 노래해 왔고, 동시에 생활 속에서 일고 있는 희로애락의 감정을 그 자연에 이입시켜 인생을 노래하기도 했다. 그동안 얼마나 많은 시인들이 산과 들, 바다, 강, 하늘, 꽃, 구름, 안개, 비, 해, 달, 별, 어둠, 노을, 새 등등을 직간접으로 노래해 왔던가? 이루 다 헤아릴 수 없지만 우리는 그런 시들과 자연을 가까이 하려는 시인의 관심과 태도가 드러나 있는 시들을 두고 '자연친화적自然親和的'이라는 말로 촌평을 하곤 한다.

그러나 여기에도 문제가 없진 않다. 언제까지나 자연의 겉모습만을 그려낼 수 있겠는가? 물론, 동일한 것이라 할지라도 그것을 바라보는 시인의 눈에 따라 그려질 것이고, 달리 그려진 그것은 독자들이 나름대로 음미하는 과정에서 새로운 의미가 부여되겠지만, 우리는 이미 그런 시에 식상해 있는 감이 없지 않다.

그렇다고 산과 들을 노래하는 대신 지하철과 아스팔트 위 광장을 노래하는 것이 능사요, 그 대안이라는 말은 결코 아니지만, 자연을 혹은 시적 대상을 시인이 어느 정도 깊이 있게 끌어들여 육화肉化시켰느냐가 중요한 것이 아니겠는가? 만약, 그것을 따진다면 그 많은 자연친화적인 작품들도 불과 몇 편으로 줄어들고 말 것이라는 생각이 든다.

대개의 작품은 자연을 바라보되 일정한 거리를 두고 자신과 무관한 것처럼 표현하고 있다. 그런 시인들은 내 아무리 자연을 좋아하고 자연과 더불어 살고 있다고 해도 그 거리가 좁혀지지 않을 것이다. 인간이 자연과 더불어 산다는 것은 단지 자연을 바라보는 것이 아니라 느끼는 것이며, 그것은 동시에 잘 보이지 않지만 긴밀한 관계 속에서 서로 작용하는 것이다. 내가 자연을 노래하는 진실한 시인이라면 자연의 외관을 멋지게 표현하는 것보다 자연과 나와의 호흡을 드러낼 것이다. 이 호흡이야말로 공생共生이며 공존共存의 한 양식이기 때문이다. 나는 이런 의미에서 박두진朴斗鎭의 「하늘」을 그나마 재음미하고 싶은 것이다.

하늘이 내게로 온다.

여릿여릿
머얼리서 온다.

하늘은, 머얼리서 오는 하늘은
호수처럼 푸르다.

호수처럼 푸른 하늘에
내가 안긴다. 온 몸으로 안긴다.

가슴으로, 가슴으로
스미어드는 하늘
향기로운 하늘의 호흡

따가운 별, 초가을 햇볕으로
목을 씻고,

나는 하늘을 마신다.
자꾸 목말라 마신다.

마시는 하늘에
내가 익는다.
능금처럼 내 마음이 익는다.

　'하늘'은 이 작품에서 가장 중요한 소재가 되고 있다. 하늘, 하면 우리 시인들은 대개 높고, 푸르고, 맑고, 깨끗한 세계로서 그 무엇이라는 의미를 갖는다. 물론, 동양철학적 지식을 갖고 있는 사람들에겐 하늘이 영원불멸의 진리나, 선과 악을 판단할 수도 있는 절대자나 신으로까지 빗대어질 것이다.

 그렇지만 이 작품에서의 하늘은 '푸르고 높다'라는 인식의 관행이 그대로 적용되어 있다. 그런데 그 푸르고 높음이 단순히 관찰되는 상태로 머물러 있지 않고, 점점 내 몸 안으로 목을 타고 공기처럼 들어오는 것이 되고, 결국에는 내가, 내가 조금 전까지 생각했던 하늘이 되어감을 '익는다'라는 표현으로 가능케 하고 있다. 이것이 바로 '하늘'이라는 자연과 '나'와의 합일슴一이요, 진정한 교감이 전제되는 공존共存인 것이다. 이런 차원의 시를 두고 자연친화적인 시라 할 것이며, 이런 시를 쓴 시인을 두고 자연과 더불어 사는 자연의 시인이라 말할 수 있지 않을까 싶다.

19

박재삼의 「바람 앞에서」
생사生死를 주관하는 '바람'이라는 그 무엇

시인이여, 바람을 보았는가?

자연과 인생, 인생과 자연, 바로 그것을 평생 노래한 시인이 있다면 우리는 박재삼朴在森을 쉽게 떠올리지 않을 수 없다. 그도 그럴 것이, 그는 40여 년 동안 줄곧 시를 써왔지만 한결같이 자연 속에서, 그리고 인간의 삶 속에서 작품의 소재와 제재를 구했다. 그런데 한 가지 중요한 사실은 자연과 인생이라는 두 요소를 따로따로 떼어 본 것이 아니라 자연 속에서 인생을, 인생 속에서 자연을 배우고, 터득하고, 노래할 수 있었던 시인이라는 점이다.
어쩌면, 철저하리만큼 자연현상에 인간생활의 멋과 맛을 용해시켜 넣는, 혹은 인간사적 일에 자연의 질서를 관련지우는 공식 대입적인 시를 써 왔는지도 모른다. 바로 이런 점에서 그의 시세계가 단순하다면 더없이 단순하지만, 자연을 노래한 자연의 시인이요, 동시에 인생을 아주 편안하게 노래한 대중적인 시인임엔 틀림없다. 그래서 그의 열여섯 권이나 되는 시집 가운데 그 어떤 것을 펼쳐 보아도 자연적 요소나 현상을 노래하지 않은 시가 없고, 그 속에서 인생의 크고 작은 의미를 새기지 않은 시가 없을 정도다.

　눈만 뜨면 누구나 볼 수 있는 하늘에 해와 달과 별, 구름, 그리고 바다에 섬과 파도와 바람, 그리고 산과 들에 신록과 단풍 등이 모두가 시인에겐 인생의 참 의미를 떠올리게 하는 중요한 모티브가 되고 있다.

　여기, 예로 들고 있는 작품 「바람 앞에서」도 예외는 아니다.

지난 겨울에는
발을 구르는 섭섭함을 외면하고
바람은 친구를 안고
땅 밑으로 땅 밑으로 기어들더니

이제는 따로
새 정신이 들었는지
할미꽃 모가지를 타고 올라가
목숨이 좋다고
목숨 있는 것 근처에서만
喜喜樂樂하는고나.

바람아, 바람아,
네 앞에서 나는 늘
앞이 캄캄해진다.

　　　-작품 「바람 앞에서」 전문

위 작품은 전체 3연 13행으로 비교적 짧은, 단순구조의 가벼운 서정시다. 물론, '바람'이란 것이 이 작품의 중심 소재가 되고 있다. 그렇듯 언뜻 보면 그리 대단할 것도, 특별히 분석하고 새겨보아야 할 것도 없는 듯하다.

그러나 혀를 굴리며 음미해보면 시인의 섬세한 언어감각을 느낄 수 있고, '바람'이라는 것의 의미가 각별하다는 것도 알 수 있다. 곧, 제1연에서는 지난 겨울에 발을 구르는 섭섭함을 외면한 채 바람은 친구를 안고 땅 밑으로 기어들어갔다는 내용이다. 다시 말하면, 지난 겨울철에 있었던 친구의 안타까운 죽음이 바로 바람 탓이라는 것이다. 그리고 제2연에서는 할미꽃 모가지를 타고 올라와 목숨이 좋다고 그 근처에서만 喜喜樂樂한다는 것이다, 다름 아닌 바람이.

자, 그렇다면 제1연에서의 바람은 인간의 죽음과 관련된 겨울철의 바람이요, 제2연에서의 그것은 할미꽃과 관련된 봄철의 바람이다. 그리고 겨울바람은 땅 밑으로 기어들어가는 바람이고, 봄바람은 할미꽃 줄기를 타고 올라오는 바람이자 동시에 희희낙락하는 바람이다. 따라서 앞의 것은 하강하여 침체된 분위기를 자아내는 것이라면 뒤에 것은 상승하여 즐거운 분위기를 내는 것이다.

그렇다면, 시인이 생각하고 있는 바람이란 실체는 과연 무엇일까? 인간의 죽음도, 새로운 생명의 탄생도 다 바람이라는 그 무엇이 끼어들어 있게 하는 것일까? 겉으로 드러난 언어 표현상의 의미로 본다면, 분명 그렇다. 비록 친구의 죽음과 할미꽃을 통해서 말하고 있지만 모든 생명과 죽음을 가능케 하는 자연의 보이지 않는 손길, 곧 기운일 것이다. 인간의 힘으로야 어찌 할 수 없는 불가항력적인 존재로 생명과 죽음을 존재케 하는 그 무엇으로서의 자연이라는 뜻이다. 바로 그렇기에 제3연에서 시인은 바람이라는 존재 앞에서는 언제나 그랬듯이 앞이 캄캄해진다고, 그저 연약한 인간으로서의 심정을 솔직하게 토로해 놓고 있질 않는가. 실은, 박재삼의 작품세계에서는 '연약한 인간으로서의 솔직한 느낌, 생각'이 큰 힘을 가지는 감동원이기도 하지만.

시인이여, 바람을 보았는가?
'땅 밑으로 땅 밑으로 기어드는' 바람과 '할미꽃 모가지를 타고 올라와 목숨이 좋다고 목숨 있는 것 근처에서만 喜喜樂樂하는' 바람을, 대수롭지 않게 여기면 그냥 지나칠 수도 있겠지만 시인의 탁월한 언어감각이, 아니 아주 민감한 감각적 인식 능력이 반영되어 나타났다는 점에서 한 번쯤 재음미해 볼 필요가 있지 않나 싶다.

그대는 보았는가? 죽음을 끌어안을 수밖에 없는 무거운 얼굴을 한 바람을. 그리고 목숨이 있는 것 근처에서만 희희낙락하는 표정과 몸짓을 하는 바람을. 단순한 의인법적인 표현의 기교뿐만이 아니라 상상해 보면 볼수록 재미있기도 하고, 이 것 저 것 생각을 가능케 하기도 하고, 생동감이 더욱 부여되는 것 같기도 하다.

만약에 '喜喜樂樂하는'이라는 말 대신에 '어정거리는'으로 바꾼다면 이 작품에서의 바람은 생명력을 상실해버리고 만다. 오로지 죽음의 세계로만 이끌려가는, 보이지 않는 기운이 바람이 될 테니까 말이다. 그런데 그렇지 않고 목숨이 있는 것 근처에서만 희희낙락한다고 하니 이는 생명을 가능케 하는 동인動因도 되지만, 이미 존재하는 생명과 함께 어우러지는 모양새로도 생각해 볼 수 있다. 참으로 기막힌 표현이다.

  사람의 눈으로는 결코 보이지 않는 바람이지만 할미꽃의 작은 흔들림을 통해서, 그리고 친구의 안타까운 죽음을 통해서 시인의 눈에 포착된 바람, 그것은 분명 생사生死를 주관하는 대자연의 기운이 아니겠는가.

  이처럼 자연과 가장 가깝게, 자연과 더불어 호흡하며 자연스럽게 살아온 시인이 박재삼이고, 그의 그런 시가 문명과 물질을 거의 말하지 않지만 오늘날의 목청을 돋운 물질문명 비판시보다 설득력이 훨씬 크다. 왜냐하면, 그들은 이미 문명이란 바다 한가운데에서 문명적으로 살면서 문명을 성토해 대는 것뿐이니까. 그것도 아주 기술적으로, 아주 교묘하게.

  시인이여, 바람의 눈이 보이는가?

20

박용래의 「저녁눈」
내리는 눈에 실린 소박한 꿈

늦은 저녁때 오는 눈발은 말집 호롱불 밑에 붐비다

늦은 저녁때 오는 눈발은 조랑말 발굽 밑에 붐비다

늦은 저녁때 오는 눈발은 여물 써는 소리에 붐비다

늦은 저녁때 오는 눈발은 변두리 빈터만 다니며 붐비다

―작품「저녁눈」전문

　이 작품은 박용래朴龍來의「저녁눈」전문이다. 언뜻 보면, 지나칠 정도로 간단한 시이다. 실제로 거의 동일한 문장이 네 번 되풀이 되는 것으로써 작품의 전문이 끝나기 때문이다. 그래서 이런 시도 과연 좋은 시라고 말해질 수 있을까, 의문을 갖는 이도 더러 있을 것이다.
　보다시피, 이 작품은 1행이 1개연으로 짜여 있어, 천천히 숨을 주며 읽어야 한다. 천천히 읽는다는 것은 그만큼 생각할 수 있는 여지를 가지라는 뜻이다. 그렇게 다시 한 번 더 읽어보라. 그리하면 작품의 짜임새가 아래 도식처럼 저절로 드러날 것이다.

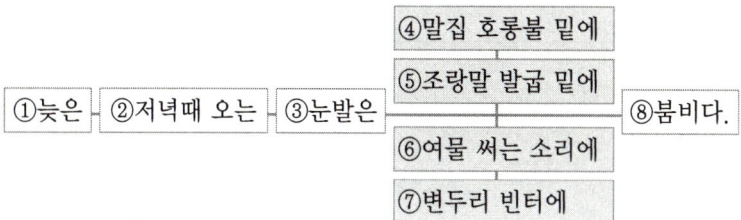

 따라서 우리는 위 ①에서 ⑧까지의 시어나 시구들이 감추고 있거나 환기시켜 주고 있는 의미에 대해서만 따져 보아도 어느 정도는 이 작품세계를 파악할 수 있으리라 본다. 우선, 이 문장에서 가장 중요한 주어와 술어만을 떼어 생각해 보자. 곧, '눈발은 붐비다'가 되는데, 이 말은 단순히 '눈이 내린다'와 비교한다면 아주 큰 차이가 남을 느낄 수 있다. '눈발'과 '눈'의 차이이고, '붐비다'와 '내린다'의 차이지만, 이를 좀 더 구체적으로 설명하면 이렇다. 곧, '눈' 하면 그냥 부드럽고 평화스럽게 느껴지지만 '눈발'은 조금 거칠고, 그 양도 많고, 내리는 속도 또한 비교적 빠른 감을 준다. 그리고 공중에서 땅으로 떨어지는 상태를 단순히 '내린다'라는 말을 쓸 때와 '붐비다'라는 말을 쓸 때도 분명히 다르다. '내린다'와 '붐비다'라는 술어는 주체의 동작을 말함에는 같지만 '붐비다'라는 말이 '내린다'라는 말보다 동작이나 상태가 좀 더 구체적이다. 곧, '내린다'는 일정한 시간과 공간을 두고 이루어지는 동작 그 자체만을 단순히 드러내는 것이라면, '붐비다'는 내리는 동작은 동작인데 그것이 거의 끝나가는 시점과 어떤 특정의 공간에서의 동작이며 상태이기 때문이다. 게다가, 그 움직임이 일정한 방향이 아니라 어수선하고 복잡한 모양

새로까지 상상할 수 있게 하는 말이다.

　다음은, 붐비는 '시간과 장소'를 드러내주는 말(①②④⑤⑥⑦)에 대해서 생각해 보자. 시간은 한결같이 '늦은 저녁때' 이다. 네 번이나 같은 말이 되풀이되지만 이 말은 받아들이는 사람에 따라, 그리고 계절에 따라 그에 대한 시간 감각이 다소 달라질 수 있다. 그러나 분명한 것은 '늦은' 이라는 수식어를 붙인 이유이기도 하지만 어두워 불을 밝힌 시간대라는 점은 틀림없다. 또한, 그 불이 가로등이나 전기불이 아닌 호롱불이지만, 그것을 밝혀 놓아야 만이 '붐비다'라 말이 설득력을 갖는다. 전기불이 들어오지 않는 시골집을 상상해보라. 처마 밑에 매달아 놓은 호롱불이 비추는 범위 안에서 내리는 눈발이 빛을 받기 때문에 어두운 곳에서도 똑 같이 내리는 눈발보다 훨씬 더 잘 보이게 마련이다. 바로 그렇기 때문에 불빛 밑으로 눈발이 더 많이 내려서 붐비는 것처럼 착각을 하게 되는 것이다.

　다음은, 눈발이 늦은 저녁때에 내리는, 혹은 붐비는 '곳'에 대해서 생각해 보자. 이 작품에서 눈발이 붐비는 곳은 모두 네 곳이다. 곧, ①말집 호롱불 밑 ②조랑말 발굽 밑 ③여물 써는 소리 ④변두리 빈터 등이 그곳이다. 여기에는 한 가지 공통점이 있다면, 시골은 시골이로되 말이나 키우고 사는 사람의 변두리 집이고, 또한 불빛이 머무는 곳이라는 사실이다. '말집'은 말을 기르는 마구간이 아니라 추녀가 사방으로 돌아가게 지은, 가난한 사람들이 사는 집이다. 그런데 그 말집 처마 밑에 매달아 놓은 불빛 아래 말이 서있고, 또 촌부는 그곳에서 여물을 썰고 있다. 바로 그 촌부의 집, 말집이 시골하고도 마을의 변두리에 있다. 그러니까, 화자는 그런 집안에서 볼 수 있는 정경을 있는 그대로 묘사해내고 있는 것뿐이다. 그런데 '여물 쓰는 소리에 붐비다' 라는 표현을 함으로써 눈 내리는 공간을 '소리' 라고 하는 관념의 세계로까지 확대시켜 놓고 있다. 그리고 '변두리 빈터만 다니며 붐비다' 라고 표현함으로써 '눈이 내린다' 는 자연현상에 어떤 인격성을 부여하고 있다. 다시 말하면, 화자는 눈이 내린다는 것을 가난한 사람들이 사는 곳과 변두리의 빈터, 그러니까, 아무도 관심을 갖지 않고 내버려진, 텅 비어 쓸쓸하기까지 한, 그런 곳으로만 찾아다니며 따듯하게 위로해 주는 존재로서 인식함으로써 눈 내림이 마치 착한 천사처럼 곱고, 포근한 사랑을 나눠주는 인성으로 그것에 생명력을 부여하고 있는 것이다.

  그러나 오늘날의 도시 사람들에게는 어떻게 비칠까? 눈이 많이 내리면 당장 자동차 운전하기가 불편해지고, 거리는 온통 시꺼먼 먼지 섞인 물기가 도로와 자동차와 우리들의 신발을 더럽히기 때문에 걱정부터 먼저 하게 마련이다. 이런 현대인의 모습을 보고 우리의 선대先代들은 무어라 할까. 눈이 많이 내리면 풍년이 들 것으로 믿었고, 또 왠지 포근해지는, 그래서 느긋한 마음의 여유까지 누릴 수 있었던 우리의 선대가 말이다.
  이런 생활환경 변화로 이 작품이 요즈음 사람들에겐 별 관심조차 끌지 못할 수도 있다. 똑같은 자연현상을 바라보는 시각 자체가 바뀌어 버렸고, 또 시각의 변화를 강요하는, 이미 변화된 생활환경이 우리에게 영향을 미치고 있기 때문이다. 그러나 이 작품이 그래도 생명력을 가지고 우리를 감동시키는 것은 쓸쓸하고, 왜소하고, 사람들의 시선이 머물지 않는 그런 곳에 포근한 사랑을 주고파 하는 화자의 꾸밈없는 진실을 느낄 수 있기 때문일 것이다. 이 작품의 그런 분위기와 의도를 살려서 오늘날의 사람들에게 맞게 다시 고쳐 쓴다면 아래와 같은 시적 공간과 시어로 변하지 않을까 싶다.

늦은 저녁때에 내리는 눈은 골목어귀 가로등 불빛 밑에 붐비다.

늦은 저녁때에 내리는 눈은 거리의 포장마차 불빛 사이로 붐비다.

늦은 저녁때에 내리는 눈은 단무지 써는 어머니의 손끝에 붐비다.

늦은 저녁때에 내리는 눈은 달동네 골목어귀 구석진 곳만 다니며 붐비다.

나름대로 느끼고 생각하기 바란다. 여기서 중요한 것은 시인이 내뱉는 말 속에는 겉으로 드러난 의미 외에도 전혀 드러나지 않은 시인의 속마음까지도 내포되어 있다는 사실이고, 또 그 속마음이 깨끗하고 진실하여 우리를 감동시키기도 한다는 사실일 것이다. 그러면서도 화자의 주장이 없다. 없는 게 아니라 노출시키지 않았다. 정황 제시만으로 자신의 할 말을 다했다. 그것으로써 독자들 앞에 던져 놓은 것이다. 미루어 짐작하고 느껴보라고.

21

조지훈의 「낙화落花」
지는 꽃에 내 마음 실어

꽃이 지기로소니
바람을 탓하랴.

주렴 밖에 성긴 별이
하나 둘 스러지고

귀촉도 울음 뒤에
머언 산이 다가서다.

촛불을 꺼야 하리
꽃이 지는데

꽃지는 그림자
뜰에 어리어

하이얀 미닫이가

우련 붉어라.

묻혀서 사는 이의
고운 마음을

아는 이 있을까
저허 하노니

꽃이 지는 아침은
울고 싶어라.

—작품 「낙화」 전문

　이 작품은 조지훈趙芝薰의 「낙화落花」 전문이다. 눈으로 읽으며 시적 정황을 떠올리다보니 소리 내어 읽는 편이 훨씬 나은 듯하다. 소리 내어 읽으면 자연스레 숨이 맞아 떨어지는 외형률이 있기 때문이다. 이 외형률은 단순히 자수字數에 의한 형식적인 것이 아니라 동일한 문장의 구조가 되풀이 되는 데에서 연유한 것으로, 소리 내는 데에 있어서 '자연스러움'과 그 의미를 판단해 내는 일에 있어서의 '용이함'이 함께 어우러진 데에 있다. 하지만 오늘날의 도시 사람들의 눈엔 역시 옛날 시로 여겨질 가능성이 크다. 몇 몇 틀에 박힌 시어의 고풍스러움 탓도 있지만 그것보다는 꽃이 지는 자연현상을 '묻혀서 사는 삶'으로 빗대어 놓은 관행 탓이 더 크게 작용하는 것 같다. 곧, 우리 선대先代는 '꽃이 진다'는 자연현상을 바라보며 인간 존재나 아름다운 것들의 덧

없음을 떠올리거나, 능력으로 보아 큰일을 해야 할 사람이 이런 저런 이유로 뜻을 펴지 못하고 중도에 포기할 수밖에 없는 인간사적 정황으로 적지 아니한 작품 속에서 빗대어 왔기 때문이다. 하지만 과거에 비해 과학적 지식으로 무장된 현대인들에겐 꽃이 진다는 객관적 사실이 있는 그대로의 자연현상으로 먼저 인지되기 때문에 이런 비유를 옛 문사文士들처럼 요긴하게 자주 쓰진 않는다. 설령, 쓴다 하더라도 신선감이 있다고 판단하지 않고, 새로운 창의적인 노력으로도 받아들이지 않는다.

어쨌든, 이 작품은 동원된 시어와 그 시어들이 엮어 놓고 있는 시적 정황이 오늘날의 실생활과 거리가 있는 것이어서, 요즈음의 젊은이들에게 어떤 감응을 불러일으킬지 궁금하지 않을 수 없다. 만약, 이 작품을 똑 같은 분위기와 똑 같은 내용을 유지하면서 오늘날의 감각으로 다시 표현한다면 '주렴'을 '커튼'이나 '버티칼'로, '하이얀 미닫이'를 '유리창'으로, '귀촉도'를 가까이 들을 수 있는 '특정의 새'로, '저허하다'를 '두려워하다'로 각각 바꿀 수 있지 않을까 싶다.

이제, 작품의 구조와 내용에 대해서 구체적인 분석과 함께 음미해 보자. 이 작품은 전체 9연 18행으로 되어 있으나 내용 전개상 3연 6행씩 나누어 작은 3수의 연작으로 봄이 좋을 성싶다. 이 3수가 합쳐져서 하나의 통일된 큰 의미를 엮어내고 있지만 각각 독립된 의미망으로서도 완결되어 있기 때문이다.

첫 수에서는 꽃이 진다는 현상에 대해 비유적인 의미가 부여되어 있다. 곧, 꽃이 지는 것은 별이 스러지는 것이고, 별이 스러지는 것은 '귀촉도'의 울음을 수반하고, 그 울음은 다시 '멀리 있던 산'이 가까이 다가오게 되는, 새로운 결과를 낳고 있는 것이다. 그렇다면, '꽃' 혹은 '별', '귀촉도', '산' 등의 시어가 무엇보다 중요한 의미를 내장하고 있는 보조관념들이라는 사실을 어렵지 않게 유추해 낼 수 있다. 물론, 독자 나름대로 판단해도 무방한 일이긴 하지만, 꽃이 진다는 것은 열매를 맺지 못한 채 중도 포기해야 하는 인간사적 정황으로 받아들이고, '귀촉도'는 그렇게 중도하차해야 하는 슬픈 운명의 주인공쯤으로, 아니면 그런 주인공과 같은 처지에 있는 동병상련 격의 존재로, 그리고 '산'은 그 주인공이 알았어야 할 대상으로서 현실세계 혹은 그를 위로해 주고 너그럽게 안아주는 새로운 세계로 받아들여도 큰 무리는 없을 것 같다.

둘째 수에서는 '꽃이 진다'는 사실을 전제로, 이를 받아들이는 태도와 그 과정을 그리는 섬세한 감각적 인식능력이 반영되어 있다. 곧, 지금 꽃이 지고 있기에 우리는 방안의 촛불을 꺼서 꽃이 떨어지는 그림자를 보아야 한다는 것이다. 그리하면 하얀 창호지를 바른 미닫이문에 그 그림자가 어렴풋하게나마 붉게 보인다는 것이다.

셋째 수에서는 갑작스럽게 '묻혀서 사는 이'라는 새로운 관념어가 등장하는데 이 관념어와 꽃이 진다는 사실과 어떤 상관관계에 있는지가 중요하고, 또 그것은 자연스럽게 판단되어야 할 것이다. 그리고 묻혀서 사는 이는 고운 마음씨를 가진 사람이라는 사실과 그것을 아는 사람이 있을까 두려워 한다는 시적 화자의 심리를 읽을 수 있다.

그런데 "꽃이 지는 아침은 / 울고 싶어라"라는 말이, '묻혀서 사는 이의 마음을 아는 이가 있을까 두려워한다'는 말과 관계하여 진술되는 것으로 보아 '지는 꽃'이 '묻혀 사는 이'를 비유하는 관념어라는 사실도 유추해 낼 수 있다.

 따라서 이 작품에서 '꽃이 진다'는 자연현상은, 어떠한 이유에서인지는 알 수 없으나 묻혀서 살 수밖에 없는 처지나 입장에 처한 사람의 삶을, 혹은 운명을 드러내 주는 보조관념에 지나지 않는다. 그러므로 이 작품에서 '낙화落花'라는 말을 '낙향落鄕'이란 의미로 해석해도 큰 무리가 없을 것 같다.

 한 가지 재미있는 현상은, 낙화落花나 낙향落鄕을 받아들이는 시적 화자의 태도 변화인데, 처음에는 "꽃이 지기로소니 / 바람을 탓하랴"라고 말함으로써 바람을 탓하지 않겠다는 다소 의연한 입장을 보였다. 그런데 끝에 가서는 "꽃이 지는 아침은 / 울고 싶어라"로 서럽고 애달파 하는 여린 마음을 그대로 노출시키고 있다. 앞과 뒤가 맞지 않는 모순이 아닌가, 생각해볼 수 있지만 이성적 판단[의지]과 실재하는 마음[감정]이 솔직하게 드러나 있는 것으로 봄이 보다 더 정확할 것 같다.

 전체적으로 보면, 이 작품은 꽃이 지는 자연적 현상을 통해서, 복잡다단한 인간 세상과 다소 거리를 두면서 조용히 살아가는 선비의 삶을 형상화해 놓고 있다 하겠다. 요즈음처럼 시끄럽지 않고, 무언가에 쫓기지도 아니하고, 산 위에서 광활한 밑을 굽어보듯이 세상만사를 내려다보는 여유가 주는 느긋함과 편안함을 느끼게 한다.

22

이우종의 「山妻日記」
옛 가락에 실린 옛 이야기와 가벼운 비유

　지나가면 쉬이 잊어버리게 되지만, 서기 1994년은 기억에서 하루라도 빨리 지우고 싶은 해이다. 섭씨 37, 8도가 넘는 무더위가 한반도 전역으로 30여 일 이상 계속된 탓으로 많은 사람들이 고생을 했고, 가뭄까지 겹쳐 농작물에도 적지 아니한 피해를 입혔다. 어찌나 무더운 여름이었던지 혹 이상기후가 생태계의 변화를 강요하지 않을까 하는 불길한 생각을 갖게도 했다.
　게다가, 9월에는 지존파의 살인 공작과 온보현 부녀자 연쇄납치살인사건이 연이어 폭로되고, 인천 북구청의 대형 세무비리가 만천하에 드러나기도 했다. 어디 그뿐인가? 군에서는 유례없는 일로 장교가 무장탈영하질 않나, 이해할 수 없는 일들이 터져 나왔다. 이런 일련의 사태를 놓고 정가政家에서는, '총체적 위기' '총체적 국민기강 해이' 운운하며 판에 박힌 말들만 늘어놓고 있으니 그야말로 수치스럽기 짝이 없고 굴욕스럽기까지 한 한 해가 아니었나 싶다.
　언제부터 우리가 이렇게 다른 사람들로 변해 버렸을까? 생각하면 할수록 어이없는 일이요, 정말로 큰일이다. 우리는 사람을 무엇보다도 중요시 여기는 과거의 우리가 이미 아니기 때문이다. 자신도 모르게 우리의 심성心性이 거칠어지고 있다는 사실조차 잊은 채 그저 정신없이 흩어지는 돈에 손이 먼저 가는, 부끄럽기 짝이 없는 대다수 사람들이 바로 우리들 자신이 아닌가?

　시인도 마찬가지다. 남보다 더 많은 돈을 벌고 더 좋은 자리를 탐하고, 여러 사람들 앞에서 군림하기 위해 아주 빈틈없는 계략으로 오늘을 살고 있다 해도 틀리지 않을 것이다. 더욱 무서운 것은 그렇게 해서 승자가 된, 사실은 진정한 의미에서 승자도 아니지만, 이를 우리들은 존경한답시고 그들 앞에서 굽실거리지를 않는가, 참으로 한심스러운 일이다. 한 마디로 말해, 졸장부들이다. 욕심이 많은 만큼 말이 거칠어지고, 행동양식이 거칠어지고, 그들 시가 또한 거칠어지고 있다. 물론, 게 중에는 선량들이 그러한 사람들 틈바구니에서 끼여 살아남으려니 어쩔 수 없이 거칠어지는 자연적인 현상도 있을 게다. 마치, 농약이나 각종 살충제 사용으로 조성된, 살아남기 어려운 환경 속에서 그래도 살아남는 모기 같은 곤충들의 독성이 더욱 강해지듯 말이다. 그렇듯 인간은 스스로 인간적 환경을 열악하게 만들고 있고, 그런 환경 속에서 살아가려니 더욱 거칠어질 수밖에 없는, 피할 수 없는 악순환의 고리에 얽혀 있다.

　이제, 우리는 이런 생태계의 메커니즘과 우리들이 치닫고 있는 위험스런 국면을 이해하고, 이성적 노력으로 보다 여유 있고 아름다움이 배어 있는 인간의 심성을 가꾸어야 할 것이다. 그것만이 더불어 살 수 있는 길이기 때문이다. 그렇지 않으면 결국 거친 세상에서 거칠게 사는 자만이 살아남을 뿐이기 때문이다.

여기, 돈과 권력과 명예욕으로 충혈된 눈을 가진 현대인들에게, 아니 우리 시인들에게 주는 한 편의 시가 있다.

한 십년 살다 보면 가난도 길이 들어
열두나 다랭이가 죽죽 금이 가도
당신이 웃는 동안은 靑山 위에 달이 뜬다.

장마루 놀이 지면 돌아올 낭군하고
조금은 이즈러진 윤이 나는 항아리에
제삿날 울어도 좋을 菊花酒나 빚어야지

아직은 두메산골 덜 익은 가을인데
사랑이 응어리로 터져 오는 밤이 오면
보리를 쌀이라 해도 묻지 않는 羊이어라.

이 작품은 이우종 시조시인의 1966년 8월에 지은 「山妻日記」 전문이다. 오늘날, 젊은이들이 읽으면 다소 생소한 글이 될지도 모르겠다. 그러나 두 번 세 번 자꾸 읽으면 읽을수록 맛이 나는 시다. 그 이유를 따져보기 전에 젊은이들이 느낄 수도 있는 그 생소성에 대해 먼저 짚고 넘어갈 필요가 있을 것이다. 그것은 성장기의 가정적, 사회적, 문화적 배경이 달라져 버린 데에서 오는 현상으로, 우선 언어가 바뀌었고, 사랑의 표현과 그 방식이 바뀌었고, 또 그들의 관심과 미의식 등 가치관이 바뀌어 버린 결과로 풀이할 수 있다. 쉽게 말해, 60년대의 농경문화권에서 살고 있는 사람들의 그것이 이미 달라져 버린 이질성에서의 생경함이다.

이 작품의 내용으로 국한시켜 말하더라도, 오늘날 젊은이들은 대개가 ①가난을 모르고 ②제삿날이 그렇게 중요하게 여겨지지도 않을 것이며 ③보리를 쌀이라 해도 믿어주는 순박성과 아량을 지닌 심성이 이미 아니다. 그래서 그들은 '다랭이' '낭군' '제삿날' '보리' '쌀' 등 일련의 시어들을 통해서도 그렇게 절실히 느끼는 바가 없거나, 느낀다 하더라도 그 파장이 그리 크지는 않을 것이다. 게다가, 세상을 웬만큼 살아보아야 느낄 수 있고 알 수 있는 삶의 이치를 어떻게 알겠는가. 굳이 예를 들자면, 첫수 초장의 진술에 대해서도 실감하기란 그리 쉽지 않을 것이다. 바로 이런 연유로 오늘날의 젊은이들에겐 이 한 편의 시가 그리 요긴하지도 않을 뿐더러 감동원이 되지 못할 수도 있다.

그러나 한 번쯤은 새겨 보시라. 차분히 마음을 가라앉히고 무엇이 우리의 마음을 편하게 하며, 무엇이 궁극적으로 우리의 바쁜 삶을 보상해 주는가를. 그에 대한 답이 바로 시 속에 있다. 이 시가 읽을수록 맛이 나는 까닭이기도 하다.

바로 그 직접적인 이유를 새기기 전에, 우선 분명하게 다가오는 사실부터 말하면 눈으로 읽는 것보다는 소리 내어 읽는 편이 훨씬 낫다는 점이다. 그것도 적당한 호흡의 길이와 음의 폭과 세기를 부여하면서, 시가 담고 있는 의미와 감정의 파장을 같이 타고 넘으면 자연스럽게 읽힐 뿐만 아니라 그 의미도 훨씬 자연스레 파고든다. 이는 3, 4조의 외형률이 가지는 언어의 탄력성도 있지만 그보다는 시란 그릇에 담긴 알맹이, 곧 꾸미지 않는 진실에 있을 것이다. 곧, 가난 속에서도, 다랑이 논에 가뭄이 들어 땅이 쭉쭉 갈라져도 웃을 수 있는 심성하며, 제삿날 제주로 쓸 국화주를 정성스레 담그는 일하며, 보리를 쌀이라 해도 믿어 주는 산골 아낙의 순박성은 우리로 하여금 많은 것을 생각게 한다. 가난하지만 웃음이 있고, 믿음이 있고, 정성이 있고, 사랑이 있으니 어찌 부자가 아니랴.

[도표]

	첫 수	둘째 수	셋째 수
소재	다랑이, 가뭄, 가난	菊花酒 제사	보리를 쌀로 믿어 주는 羊 → 山妻
주제	웃음·여유(敬天思想)	조상숭배(孝思想)	믿음, 사랑(夫婦之情)
짜임새	초 장	중 장	종 장

이 작품을 굳이 분석하자면, 위의 도표와 같이 풀이할 수 있을 것이다. 곧, 가난이란 생활고 속에서도 웃을 수 있고, 조상을 섬기는 孝사상이나 인간에 대한 신뢰를 바탕으로 하는 부부지정도 다 하늘天을 가까이 하는, 다시 말하면 자연과 인간을 아끼고 사랑하는 우리의 생활철학에 뿌리를 두고 있지 않나 싶다. 바로 이 같은 사실을 밑 받쳐 주는 사실이 첫 수 종장에 "당신이 웃는 동안은 靑山 위에 달이 뜬다"라는 절창絶唱과 셋째 수 종장 "보리를 쌀이라 해도 묻지 않는 羊이어라"라는 절창에 있다.

그렇다면, '당신이 웃는 동안은 靑山 위에 달이 뜬다' 라는 표현이 왜 절창인가? 사람의 웃음과 靑山 위의 달이라 했는데, 사실은 이들 두 요소는 아무런 상관관계가 없다. 그런데 시인은 억지 관계를 맺어놓고 있다. 당신이 웃는 동안은, 당신이 웃기 때문에, 웃을 수 있기 때문에 그 동안만은 청산 위로 달이 뜬다는 것이다. 그렇다면 청산 위에 뜨는 달이란 우리에겐 무엇인가? 어쩌면 그것은 분명 희망이요, 꿈이요, 바람이요, 그 대상 자체일 지도 모른다. 달도 그냥 달 하나만이 아니다. 청산 위에 떠 있는 달이다. 그러니까, 청산과 달이 어우러진 관계로서의 달이다. 모르긴 해도 오랜 농경사회 문화권에서는 이런 자연적 요소를 생활 가까이에 두고 혹은 가슴에 품고 살아서 그런지, 자신의 감정을 표현할 때에도 이처럼 자연스럽게 끌어들이고 있는 것이다. 단순한 감정이입이 아니라 자연적 요소들 간의 관계, 곧 어우러짐, 혹은 더불어 삶, 혹은 조화로운 세계를 끌어들이고 있다는 사실에 더 큰 의미가 있지 않나 싶다.

그리고 '보리를 쌀이라 해도 묻지 않는 羊이어라'에서 羊은 바로 山妻를 비유하는 말인데, 이 양은 그냥 양이 아니라 보리를 쌀이라 해도 묻지 않는, 의심하지 않는 양이라는 것이다. 사람의 말이라면 곧이곧대로 믿는 순박한 사람을 두고 우리는 돌로 메주를 쑨다고 해도 믿을 사람이라고 빈정거리기도 하지만은 이 가난한 산골에서 농사를 지으며 살아가는 남자의 아내로서 남편이 보리를 쌀이라고 말해도 되묻지 않는, 남편에 대한 믿음을 가진 여자로서의 羊이다. 그 믿음을 어리석다고, 이해할 수 없는 일이라고 오늘날의 대다수 사람들은 의아해 하며 말할지 모르겠지만 어쨌든, 그 힘은 논리와 명석한 판단보다도 크다 아니 말할 수 없을 것이다. 물론, 이는 살면서 체득되어지는 진리임에 틀림없다.

이처럼, 짤막한 이 한 편의 시는 오늘날 너무나 달라져 버린 우리에게 자연이 무엇이고, 산다는 것이 무엇이고, 사랑의 참뜻이 어디에 있는지를 애써 말하지 않으면서 선명하게 보여주고 있는 수작秀作 가운데 수작이다. 아뿔싸, 이 작품을 건네 줄 이 없으면 홀로 무릎을 치면서, 옷깃에 스미는 바람에게나 주어봄이 어떨지? 바로 그런 시인의 흥이요, 멋이요, 외로움이 묻어있는 이 작품의 비밀을 그대는 알까 모를까.

말장난을 즐기거나 모래성을 쌓는 시인과 정치인들을 멀리하라.
그들에겐 세상을 살거나 사람을 속이는 기교가
있을지 몰라도 진실이 결핍되어 있기 때문이다.
-이시환의 아포리즘 aphorism 6

23

서정주의 「新婦」
허구의 미학, 꿈

新婦는 초록 저고리 다홍치마로 겨우 귀밑머리만 풀리운 채 新郎하고 첫날밤을 아직 안장 있었는데, 新郞이 그만 오줌이 급해져서 냉큼 일어나 달려가는 바람에 옷자락이 문 돌쩌귀에 걸렸습니다. 그것을 新郞은 생각이 또 급해서 제 新婦가 음탕해서 그 새를 못참아서 뒤에서 손으로 잡아다니는 거라고, 그렇게만 알곤 뒤도 안돌아보고 나가 버렸습니다. 문 돌쩌귀에 걸린 옷자락이 찢어진 채로 오줌 누곤 못 쓰겠다며 달아나 버렸습니다.

그러고 나서 四十年인가 五十年이 지나간 뒤에 뜻밖에 딴 볼일이 생겨 이 新婦네 집 옆을 지나가다가 그래도 잠시 궁금해서 新婦방 문을 열고 들여다보니 新婦는 귀밑머리만 풀린 첫날밤 모양 그대로 초록 저고리 다홍치마로 아직도 고스란히 앉아 있었습니다. 안쓰러운 생각이 들어 그 어깨를 가서 어루만지니 그때서야 매운재가 되어 폭삭 내려앉아 버렸습니다. 초록 재와 다홍 재로 내려앉아 버렸습니다.

-작품 「新婦」 전문

위 작품은 한 시대를 풍미한, 복이 많은 시인 서정주의 산문시 「新婦」전문이다. 말머리에서부터 굳이 복이 많다고 말한 것은 그의 실재하는 작품세계의 정곡을 찌르는 평보다 적지 아니한 시인, 문학평론가, 학자들이 솜씨를 경쟁하는 화려한 포장술에 힘입는 바 크다는 내 불만의 표출이기도 하다. 물론, 이 같은 판단엔 사실 여부를 확인하고 입증하는 별도의 글이 있어야겠지만 어쨌든, 여기에서는 시인의 상상력이 가지는 아름다움과 그 깊이가 있는, 그러면서도 그의 시 짓기의 중요한 한 방식을 보여주는 시 한 편을 읽고 그 비밀을 확인해 보고자 한다.

여기, 소개한 작품만을 떼어 놓고 볼 땐 특별히 뛰어난 문장력이 반영된 것은 아니다. 그러나 두 번 세 번 읽노라면 우리의 마음을 뭉클하게 한다. 현실적으로 볼 때 도저히 있을 수 없는, 상식과 논리를 초월하는, 그야말로 허구적인 이야기를 전개시켜 놓고 있는 단순한 작품임에도 불구하고 말이다. 그렇다면, 이 작품의 무엇이 우리의 마음을 사로잡는가?

물론, 감각기관으로 느끼고 확인할 수 있는 사실만을 추구하고 믿는 사람들이 볼 때는 유치한, 어린 아이들에게나 얘기해 주면 그런대로 재미있을 법한 동화童話 정도로 생각할 수 있다. 그러나 우리의 통상적인, 논리와 상식과 사유의 한계를 뛰어넘을 때 코끝이 찡하게 되는 감동이 있다. 그 이유인 즉은 첫째, 결혼 첫날밤에 달아난 신랑을 4, 50년이 지나도록 그 때 그 자리에서 그 모습 그대로 앉아 있는 신부의 자태 속에서 숨 쉬고 있는 마음이다. 일편단심 민들레야 하며 남편만을 믿고 기다리는 여인의 지극한 마음의 순수가 우리의 가슴을 뭉클하게 하는 것이다.

둘째, 우연히 지나치는 길에 혹시나 하고 들여다보니 초록저고리에 다홍치마를 입고 앉아 있는 모습은, 첫날밤 그 때 그 모습 그대로여서 순간, 안쓰럽다는 생각이 들어 어깨를 어루만지자 초록재와 다홍재가 되어 폭삭 내려앉았다는 진술에 있다. 만지는 순간 사람이 재가 되어 무너지는 것도 그렇거니와, 재는 재로 되 초록재와 다홍재라는 진술이 참 우리의 상상력을 무한히 자극하면서 그 날개를 마음껏 퍼덕이게 한다. 중요한 것은, 이런 상상을 시인이 했다는 것인데, 그것은 시인의 마음속의 마음이, 신부의 몸은 사라져도 그 마음은 변하지 않는다는, 상식을 초월하는 믿음과 그런 기대를 품고 있었기 때문이라는 사실이다. 간단히 말해, 시인이 바라는, 혹은 꿈꾸는 세계가 비록 현실적으로 이루어질 수는 없지만 마음속에서나마 실현시키고 있다는 점이다.

  셋째, 신부가 재로 무너져 내리는 순간 신랑이 맛보아야 하는 이상야릇한 기분, 곧 '매운재' 라는 말속에 다 들어가 있지만, 그래서 우리는 그것으로써 암시받지만, 놀람과 자책과 허무가 뒤범벅이 되어 우리의 코끝을 찡하게 하는, 그 슬픈 사연에 어려 있는 분위기도 분위기지만, 더욱 간절한 애틋함이 있다. 비록, 4, 50년이 지나서야 나타난 신랑이지만 그가 자신의 어깨를 어루만져 주어서야 비로소 무너져 내릴 수 있었다는, 다시 말해, 기다리고 기다리다 지쳐 이제는 생명까지 다해 버린 그 끝까지 와서야, 그것도 신랑의 손길에 의해서만 무너져 내리는 신부의 정념情念 때문일 것이다.

  그런 가운데 이 작품에서 약간의 재미를 아울러 느낄 수 있는 것은, 모두 시 행간에 숨어 버렸지만 결혼 첫날밤의 신랑 신부의 긴장이라든가, 어색한 태도 내지는 부끄럼 타는 대화 등을 연상할 수 있고, 또 두 사람의 인생을 완전히 바꿔놓고 마는 신랑의 행위와 일방적인 판단에 있다. 곧, 바짝 긴장한 나머지 오줌을 참고 참다가 더는 못 참아서 말도 못한 채 갑자기 문을 열고 뛰어나가는 동작이라든가, 달아나다 그만 옷자락이 문 돌쩌귀에 걸려 옷이 찢어지는 것을 느끼면서 그 새를 못 참아서 잡아당기는 신부의 음탕한 끼로 순간적인 오해를 하고, 그 길로 그냥 줄행랑을 치는 대목은 대단히 익살스럽기까지 하다.

  오늘날의 젊은이들이 결혼 첫날밤을 생각한다면 도무지 납득할 수 없는 일들이겠지만 과거 우리 민족의 혼례풍속(조혼, 복장 등)이나 가옥의 구조, 또 성性에 대한 가치관을 고려한다면 믿기지 않는, 이 이야기에 생동감이 더 살아날 것이다. 이것은 불과 3, 40년 전만해도 그랬는데 앞으로 3, 40년이 지나면 또 어찌 변할지 궁금하다.

  여하튼. 이 작품은 이야기를 하듯 일상적인 말로 진술하더라도 이야기 자체가 가지는 인간 심성에 대한 환기력과, 또 읽는 이들의 상상력을 자극하는 허구의 – 물론, 허구라도 사람들의 순수한 바람이나 희망이나 이상을 담아내면서 적절한 긴장과 흥미가 있을 때 이야기지만 – 세계가 바로 시적 공간으로 넉넉히 자리 잡을 수 있다는 사실을 보여 주고 있는 뛰어난 역작力作임에 틀림없다.

24

문충성의 서사시「자청비」
허구虛構 속의 리얼리티

①하늘과 땅 사이 이승과 저승을 마음대로 오고 갈 수 있는 아득한 옛날 ②웃녘의 김정국과 아랫녘의 조진국이 결혼하여 행복하게 살아가지만 나이 50이 넘도록 ③자식이 없자 이들은 명산을 찾아가 제단과 제물을 쌓고 석 달 열흘 동안 기도를 하여 한 계집아이를 낳는데, 그가 바로 이름하여 '자청비'라. 천하일색인 자청비는 열 살에 대장간 일을 배워 ④청대집을 짓고 출렁이는 바닷물과 청대잎 소리에 귀가 트이는 하늘을 바라보며 살아간다. 그러던 어느 날, 그녀는 ⑤뒷 천당 연하못에 빨래를 하러 갔다가 때마침 글공부하러 가던 하늘 옥황 문곡성 문선왕의 아들인 문도령을 만나 첫 눈에 반하게 되는데, 그 때부터 그녀에겐 새로운 삶이 시작된다.

자청비는 꾀를 내어 문도령과 함께 3년 글공부를 하러 집을 떠나 거무선생 밑에서 공부를 하는데, 3,000여 선비 가운데 단연 으뜸이라. 거무선생은 문도령과 동숙하는 자청비의 자태가 의심스러워 그녀의 옷을 벗겨보려고도 하지만 자청비의 뛰어난 말솜씨를 당해내질 못한다. 그러자 거무선생은 문도령과 씨름, 달리기 등을 시켜보기도 하지만 거뜬하게 이겨내고 마는 자청비가 아닌가.

　문도령이 아버지의 편지를 받고 급히 글방에서 떠나게 됨을 알자, 어머니가 중병에 걸려 급히 귀가하라는 거짓 편지를 거무선생에게 내 결국 문도령과 함께 글방을 나와 연하못에 다다른 자청비. 그녀는 문도령을 꾀어 목욕을 하지만 눈치없는 문도령은 자청비가 자신을 사랑하는 계집임을 모른다. 이에 자청비는 스스로 여자임을 드러내 보이고, 드디어 문도령과 함께 자기집에서 석잔 술에 부부가 됨을 약속하는데, 문도령은 머리빗 반쪽과 복숭아씨 두 망울을 주고, 자청비는 먹구슬나무 씨를 주어 서로 징표로 삼고, 꽃피고 열매가 익어갈 때 다시 만나자고 언약하기에 이른다.

　그러나 ⑥봄·여름·가을·겨울이 흐르고 흘러 꿀물이 도는 복숭아가 열렸지만 만날 수 없는 문도령. 그에 대한 그리움만 자꾸 깊어가는데 그러던 어느 날, 자청비는 머슴인 정수남이에게 화풀이라도 하듯 나무를 베어오라고 하지만 소·말·도끼 등을 모두 잃고 돌아와 거짓말을 하는 정수남이, '굴미굴산에서 나무를 하는데 문도령이 일천궁녀 거느리고 놀고 있다'고 한다. 뜻밖의 소식에 놀란 자청비는 정수남이를 구슬려 굴미굴산에 들어가는데 정수남이의 거짓과 꾀로 수모를 당하게 된다. 그러나 영특한 자청비는 다시 그를 꾀여 잠든 틈을 이용하여, 왼쪽 귀에서 오른쪽 귀로 살을 놓아 죽이고 만다. 놀라 쫓기듯 말을 타고 숲속을 달리는 자청비는 세 신선의 도움으로 무사히 귀가하기에 이르고, 집에 돌아온 자청비는 머슴 정수남이를 죽였다는 이유로 어미로부터 심한 꾸중을 듣고 농사일을 직접 하게 되는데 하필, 그녀는 멸망일에 좁씨 석 섬을 뿌렸다는 이유로 그것을 다시 주워 모아야 하는 고초를 겪는다. 그러나 놀랄만한 능력으로 무사히 위기를 넘기는 자청비이지만 어머니의 미움을 산 그녀는 끝내 집 밖으로 쫓겨난다.

집을 나온 ⑦자청비는 청태국 마귀할망의 양녀가 되고, 마귀할망의 주선으로 문도령을 만날 수 있는 기회가 주어지는데, 문구멍으로 내민 문도령의 손가락을 바늘로 찔러 피가 나게 하는 실수를 하고 만다. 화가 난 문도령은 돌아가 버렸고 마귀할망의 말을 듣지 않은 자청비는 또 다시 쫓겨나 끝내는 거지행세로 하늘 옥황 문곡성 문도령집을 홀로 찾아 나섰다.

먹구슬나무가 자라고 있는 문도령집 마당에 당도한 자청비는, 동냥을 구걸하며 노래를 부르는데 복숭아나무와 먹구슬나무의 사연이 아닌가. 그녀의 노랫소리에 자청비임을 알아차린 문도령은 얼른 나와 그녀를 품어 안고 자신의 침방에 숨겨 놓는다. 병들어 야위어 가던 문도령은 갑자기 식욕이 돌고 이를 이상하게 여긴 그의 어머니는 아들을 감시하도록 한다. 결국, 모르는 여자와 동숙하고 있음을 알아낸 문도령의 어머니는 남편인 문선왕에게 간청하여 결단을 내리도록 촉구한다.

이에 문선왕은 깊은 구덩이를 파고 숯불을 피운 후 쉰댓 자 칼선 다리를 만들어 놓은 다음 맨발로 건너와 허배하고 돌아가면 며느리로 삼겠다는 시험을 하게 되는데 ⑧위기에 처한 자청비는 한울림께 기도하여 비를 내리게 한 다음 다리를 건너 허배를 드린다. 어찌할 수 없는 문선왕은 약속대로 자청비를 며느리로 삼겠다고 선포하자 문도령의 약혼녀였던 서수왕의 막내딸은 자살을 하고, 이 나라 청년들은 문도령을 죽이려는 음모로 잔치를 베푼다. 이를 미리 알아챈 자청비는 문도령에게 행동지침을 주지만 잔칫집을 빠져나온 문도령은 뜻밖에 만난 늙은이가 권하는 한 잔 술에 그만 죽게 된다.

　이에 남편의 죽음을 자책하며 자청비는 남장을 하고 ⑨서천 꽃밭을 찾아가는데 우연히 만난 세 아이들의 부엉이를 사서 '꽃감관' 집에 쉬이 들고 때마침, 집안의 부엉이 한 마리를 잡아달라는 꽃감관의 말이 있자 한 밤에 부엉이 한 마릴 잡아 놓는다. 자청비의 뛰어난 무예에 탄복한 꽃감관은 막내딸과 결혼하여 사위가 되어달라는 완곡한 청을 하지 않았겠는가. 꽃감관의 청을 거절하지 못한 자청비는 100일 동안 그의 막내딸과 동숙은 하지만 신분을 밝히지 못하자 장인인 꽃감관은 '무슨 곡절이 있는가?' 묻지 않을 수 없었고, 이에 자청비는 과거시험 때문이라고 거짓말을 하게 된다. 상황이 이쯤 되자 막내딸은 헤어지기 전에 꽃구경을 시켜주겠다며 여러 가지 위력을 가진 꽃 하나, 하나를 일러주는데 놓칠세라, 자청비는 필요한 꽃들을 몰래 몰래 꺾는다. 환생꽃, 멸망꽃 등을 가지고 돌아온 자청비는 꽃의 힘으로 죽은 문도령을 살려내고 때마침 일어난 하늘나라 난리를 평정한다.

　이에 문선왕은 크게 기뻐하며, 자청비에게 한 가지 소원을 말하라 하여 들어주는데 그것이 곧 ⑩'제주섬 물 한쪽 땅 한쪽을 베어 주어 오곡씨를 주시면 이승에 내려가 농사법을 가르치고 만백성이 농사지으며 살게 하리라'는 자청비의 꿈이 아닌가. 그리하여 자청비는 사랑하는 문도령과 함께 농신農神이 되어 정수남이를 살려내고 칠월 보름날 제주 땅에 내려온다.

> *이 글은 「자청비」의 줄거리 요약이다. 작품의 전문을 이해하는 데에 도움이 되도록 적절히 요약하려고 애를 썼다. 그리고 ① ⑩까지 매긴 일련번호는 작품의 성격을 파악하는 데에 단서가 될 만하여 임의로 필자가 붙인 것임.

 제주도 무속신화 가운데 하나인 '세경본풀이'를 이처럼 하나의 얘기로 재구성해 놓고 있는 문충성文忠誠 시인의 서사시 「자청비」는, 서시序詩와 18개의 중간제목 아래 전체 76연 1,699행으로 짜여졌다. 서시는 작품의 전체적인 줄거리를 함축적으로 드러내 주고 있는 것으로서 5연 35행으로 이루어진다. 그리고 18개의 중간제목을 달고 펼쳐지는 몸통[本文]은 자청비가 하늘 옥황 문곡성의 문선왕 아들인 문도령을 만나 농신이 되기까지 그녀의 파란만장한 일대기를 그리고 있는 것으로써 이는 도표에서와 같이 전체 71연 1,664행으로 이루어진다. 그래서 이 18개의 중간제목만 차례로 읽어도 작품의 전체적인 줄거리가 어떻게 펼쳐지고 있는가를 어느 정도는 짐작할 수 있다.
 이 서사시 「자청비」1)는 읽는 이를 당황하게 하면서도 대단한 흥미와 긴장으로 사로잡는 힘이 있다. 우리를 당황케 하는 것은 매우 비현실적인, 그러니까 현재의 우리 이성적 판단과 논리[思考]로 볼 때 같이 느끼고 같이 생각해 줄 수 있는 힘(=작품의 형식적 리얼리티)이 약한 얘기라는 점이다. 간단히 말해, 샤머니즘적이면서도 하나의 완결된 또는 의도된 얘기를 만들기 위한 상상력에 바탕을 둔 허구세계가 작품의 근간根幹이 되고 있다. 예컨대, ①하늘과 땅 사이 이승과 저승을 마음대로 오고 갈 수 있는 아득한 날이 시간적 공간으로 설정되고 있다는 점이라든가, ②남다른 능력을 가진 사람으로 자청비가 등장하는 것도 그렇지만 그녀가 위기상황에 처할 때마다 우연히 아니면 작위적으로 그를 극복할 수 있는 어떤 계기[디딤돌]²⁾가 주어지고 있다는 점, 그리고 ③서천꽃밭의 꽃에 환생과 멸망 등의 갖가지 위력이 부여되고 있다는 점, ④하늘·한울림·북두칠성·신선 등이 이승 사람들의 기도 대상으로, 고사·기도 등이 행동양식으로, 그리고 인간·마귀·하늘나라 왕(서수·문선)들이 공존하는 것으로 설정되고 있다는 점 등이 그것이다.

[도표] 서사시 「자청비」의 짜임새 ▶▶▶

		연/행	사잇제목
서시(序詩)		5/35	
몸통(본문) 71/1,664	①	5/73	탄생(誕生)
	②	5/24	빨래를 하며
	③	3/65	해후(邂逅)
	④	4/96	글 공부를 가서
	⑤	5/72	귀가(歸家)길에
	⑥	3/47	별리(別離)
	⑦	8/424	정이으신 정수남이
	⑧	2/49	세경땅에 밭을 갈아
	⑨	4/70	청태국 마귀할망 양녀(養女)가 되어
	⑩	6/88	해후(邂逅)
	⑪	6/119	하늘 옥황에서
	⑫	3/73	불칼 위를 걸으며
	⑬	1/22	약혼녀(約婚女)의 죽음
	⑭	5/101	문도령이 죽다
	⑮	5/111	서천(西天) 꽃밭을 찾아
	⑯	4/48	문도령을 살려내고
	⑰	3/48	싸움터에서
	⑱	3/58	농신(農神)이 되다.
계		서시+18	76/1,699

이처럼 샤머니즘적 요소와 논리를 초월하는 사건전개는 합리적인 사고에 뿌리를 둔 현대인들의 현실감각과는 사실상 거리가 먼 성질의 것임에는 틀림없다. 그래서 대개는 동감하기 어려운 유치한 것으로 느껴질지도 모른다. 그러나 바로 그 점이 합리적 사고에 지쳐있는 우리들에게 오히려 흥미를 유발시키는 한 요인으로 작용할 수도 있다는 역설적인 현실을 애써 부인할 필요는 없을 것이다.

어쨌든, 형식적 리얼리티가 약한 제재를 가지고 하나의 완결된 구조를 갖는 얘기로 엮어내고 있지만, 바로 그 과정에서의 치밀성 곧 인간관계의 당위성과 그 자체의 설득력(본질적 리얼리티)은 읽는 이를 끝까지 묶어두는 힘으로 작용하고 있다. 물론, 자청비와 문도령 사이에서 발전되어 가는 사랑관계와 정수남이 사이에서 펼쳐지는 유혹과 속임수가 긴장과 흥미를 더해주고 있긴 하다. 그러나 '자청비'란 이름으로 설정된 미모의 한 여성이 보여주고 있는 대담성과 지혜, 그리고 적극적인 삶의 태도는 단순한 시차순의 것이지만, 빈틈없는 사건전개와 함께 우리를 더더욱 긴장시킨다. 게다가, 의성어와 의태어를 적절하게 부림으로써 언어의 탄력성을 높여주고 있는데 이는 살아있는 리듬으로써 과장 내지는 익살과 더불어서 독자들을 재미와 긴장 속에 묶어두는 힘이 되고 있다.

이미 전제했다시피, 자청비는 태어날 때부터 특이했지만 사랑하는 문도령과 함께 농신農神이 되어 제주 땅에 내려올 때까지의 파란만장했던 그녀의 일대기는 제주도 사람들의 의식의 뿌리[原型]를 넉넉히 확인시켜 준다. 곧 ①남녀 간의 사랑에서조차 자신의 의도대로 이끌어가는, 미모의 여성으로서 자청비의 적극성과 ②이루어질 수 없는 사랑, 그 이유야 자청비가 이승사람인데 비해 그녀가 사랑하는 문도령은 하늘나라 문선왕의 아들이기 때문이지만, 을 이루는 과정에서 겪는 숱한 고난과 역경을 이겨내는 그녀의 대담성과 지혜 그리고 ③소기의 꿈을 이루어 다른 것도 아닌 농신이 되어 제주 땅에 내려온다는 점 등은 제주도의 특이한 자연적 사회적 여건과 결코 무관하지 않으리라. 곧, 남성보다는 여성이 많은, 물론 오늘날이야 많은 변화가 있겠지만, 그리고 농경문화가 뿌리내리기엔 열악한 기상·토질 등의 환경 속에서 대를 이어 살아온 제주도 사람들은 남다른 고난과 고통을 이겨내야만 했을 것이다. 바로 그 과정에서 제주도 여성들만이 갖는 보상심리가 작용하여 그들만의 현실적 고통을 능히 이겨낼 수 있는 어떤 이상형의 인물을 창조해낸 것이 바로 자청비가 아닐까 싶다. 바꿔 말해, 자신들의 요구와 바람 등을 실현시켜 줄 수 있는 능력을 가진 인물을 마음속에 설정해 놓음으로써 그들은 현실적 고통을 정신적으로나마 이겨내고자 했던 것으로 보인다. 따라서 자청비는 제주도 여성들의 꿈과 희망을 실현시켜 주는 이상적 인물로 그들 가슴 속에 살아있는 대리인물로 보인다.

비록, 무가巫歌로 전해 내려오는 자청비의 일대기를 노래하고 있는 문충성의 서사시는 허구적인 세계이지만 이미 물신이 든 우리들의 메마른 가슴을 촉촉이 적셔 줄 것으로 기대되며, 이것은 우리의 옛것을 현대문학으로 재구성, 수용하는 데 있어 그 가능성을 시사해 주는 바 크다 아니 말할 수 없다.

1) 서사시 '자청비'는 1980년 11월25일 文章社에서 발간되었음.

2) 계기[디딤돌]의 예
①세 신선들의 가르침. ②부엉이를 사는 일의 우연성. ③한울님에 대한 기도. ④서천 꽃밭 꽃들에 부여된 힘 등은 자청비가 꿈을 실현하는 과정에서 위기를 극복하는, 그래서 새로운 상황으로 발전, 전환하는 데에 직간접적인 힘으로 작용하고 있음.

글이란 표현자의 인격이고,
인격은 그의 심성과 지성에 뿌리를 두어야 한다.
-이시환의 아포리즘 aphorism 7

25

김종삼의「북치는 소년」
적절한 생략도 효과가 있는 강조

내용 없는 아름다움처럼

가난한 아희에게 온
서양 나라에서 온
아름다운 크리마스 카드처럼

어린 양¥들의 등성이에 반짝이는
진눈깨비처럼

 이 작품은 김종삼(金宗三 : 1921~1984)의 「북치는 소년」이라는 제목의 작품 전문이다. 전체 3연 6행으로 짜여 있지만 완결된 문장은 하나도 없다. 주부主部와 술부述部가 완전히 생략되어 있기 때문이다. 물론, 주부야 이 작품의 제목인 '북치는 소년'이 되겠지만, 술부에 대해선 막연히 짐작하고 임의로 상상할 수밖에 없다. 그러니까, 이 작품은 북치는 소년에 대해 시인이 느낀 세 개의 보조관념으로만 표현되고 있는 셈이다. 곧, ①아름다움 ②크리스마스카드 ③진눈깨비 등이 그것인데, 분명한 조건들이 붙어 있다. 아름다움도 그냥 아름다움이 아니라 내용 없는 아름다움이고, 카드는 카드인데 가난한 아희에게 온 카드이고 서양나라에서 온 카드이다. 그리고 진눈깨비는 진눈깨비인데 어린 양들의 등성이에서 반짝이는 진눈깨비다. 우리는 이들 일련의 조건에 대한 음미 없이는 이 작품을 제대로 감상할 수 없다 할 것이다.

그렇다면, 내용 없는 아름다움이란 어떤 것일까? 특별한 주제나 의도는 없지만 그 자체로서 아름답다, 라는 생각을 갖게 하는, 꾸미지 아니한 아름다움이 아닐까 생각된다. 구체적으로 그 내용을 말하긴 어려워도, 규격에 맞추어 잘 포장되진 않았지만 흩어져 있는 그대로, 부서져 있는 그대로 반짝 반짝 빛나는 아름다움일 것이다. 왜냐하면, 가난한 아희에게 온, 때 묻지 아니한 순수한 마음이 그대로 전달되는 카드나, 어린 양들의 등성이에서 반짝이는 진눈깨비의 아름다움과 같은 것으로 판단되기 때문이다. 어쩌면 내용 없는 아름다움의 실제적인 예가 바로 이 두 가지가 되지 않을까 싶기도 하다. 서로 몇 가지 공통인수를 가지고 있기 때문이다. 곧, 양은 양이로되 '작은 양'이고, 진눈깨비는 진눈깨비이되 햇빛을 받아 '반짝이는' 진눈깨비이다. 작은 양이나 반짝이는 진눈깨비는 가난한 아희에게 보낸 때 묻지 않은 크리스마스카드의 순수함과 일맥상통하지 않은가. 이들 보조관념들이 환기시키고, 또 엮어 내는 심상이 바로 깨끗함, 순수함, 작은 것, 순간적인 것 등등으로서 말이다.

그렇다면, 한 가지 남는 문제가 있다. 그런 의미를 지닌 보조관념을 빌려 쓰고 있다 하지만, 그것들은 결국 '북치는 소년'을 드러내기 위한 것이 아닌가? 그러한 것들처럼 북치는 소년이 내 눈 앞에서 어른거린다는 말인가? 생략되어 버린 술부가 문제이다. 내용 없는 아름다움처럼, 그러한 카드처럼, 그러한 진눈깨비처럼 북치는 소년은 '어른거린다' 든지, '아름답다' 든지 뭔가 짚이는 바가 있어야 하지 않겠는가.

그리고 시인이 시제로 택한 '북치는 소년'도 어떻게 생긴 북을 어떻게 치고 있는 소년인지 알 수 없지만, 어쨌든 북치는 소년을 보고 느낀 시인의 주관적인 심상이 앞에서 말한 세 가지 보조관념으로 불완전하게 표현되고 있을 뿐이기 때문에 '북치는 소년'에 대한 숨은 정황도 임의로 상상할 수밖에 없다. 게다가, 그 세 가지 보조관념 자체도 한참 동안 생각해야 할 만큼 독자 나름의 상상을 요구하고 있고, 또 그것들은 막연하지만 순간적으로 반짝이는 아름다움이지 어떤 특별한 의도나 주제로 꾸며진, 그래서 실제가 드러난, 그런 아름다움이 아니다. 그저 작고 보잘것없는 것이지만 그 자체로서 인간의 순수하고 깨끗한 마음을 일게 하는, 그런 아름다움이라는 것이다. 그런 의미와 심상을 엮어 놓고 있는 세 가지 보조관념들로만 짜여진, 실제는 생략되었기 때문에 나열되어 있다고 말하는 편이 보다 적절하지만, 고단수 표현기법이 아닐 수 없다. 표현자 입장에서 보면, 굳이 말할 필요가 없었으리라고 말하겠지만 어쨌든, 생략된 부분에 대해 곱씹도록 함으로써 소기의 성과를 거두고 있는, 그런 기교가 돋보이는 작품임엔 틀림없다.

그러나 한 가지 분명한 것은 생략省略이 능사가 아니라 동원된 세 가지의 보조관념들에겐 쉽게 인지되는 공통인수가 있고, 그 공통인수가 정작 드러내고자 한 '북치는 소년'을 간접적이지만

충분히 그려주고 있다는 사실이다. 그리고 그 공통인수가 순간
적이지만 분명하게 존재하는, 아름다움 그 자체로 누구나가 공
감할 수 있는 것이기에 소기의 성과를 거둘 수 있었다는 사실이
다.

현실 속에서는 시적詩的인 것이 시를 죽이고,
모방이 진정한 아름다움을 빼앗는다.
-이시환의 아포리즘 aphorism 8

26

김춘수의 「눈물」
미적 요소와 모호한 상상의 결합

남자와 여자의
아랫도리가 젖어 있다.
밤에 보는 오갈피나무,
오갈피나무의 아랫도리가 젖어 있다.

맨발로 바다를 밟고 간 사람은
새가 되었다고 한다.
발바닥만 젖어 있었다고 한다.

-작품「눈물」전문

이 작품은 독자로 하여금 무언가 모호한 상상을 하게 한다. 그것의 일정한 방향이나 테두리마저도 없다. 그만큼 독자 나름대로 상상할 수 있는 여지가 크게 마련되어 있고, 결과적으로 자유로운 해석을 보장하고 있는 셈이다. 그 구체적인 장치와 시의 내용에 대해 분석, 확인해 보자.

이 작품은 전체 2연 7행, 4개의 문장으로 짜여 있다.

첫째 문장은 "男子와 女子의 / 아랫도리가 젖어 있다."인데, 바로 여기서부터 모호한 상상을 불러일으키고 있다. 곧, '아랫도리가 젖어 있다'라고만 말했다면 물에 빠져 허리 밑으로 옷이 젖어 있다는 것으로 직감되지만, '男子와 女子의'라는 말이 붙어 있음으로 해서 '아랫도리가 젖어 있다'는 말의 의미가 성적 교감에 의한 젖음이 아닌가하는 엉뚱한 상상을 하게 한다. 이게 아니라면, 분명히 알 수는 없지만, 시적 화자는 남자와 여자의 아랫도리가 젖어 있어야 할 그 어떤 이유나 계기를 설명하고 있지 않다. 어쨌든, 남자와 여자의 아랫도리가 젖어 있다는, 이 첫 마디가 독자들의 주의를 크게 환기시키고 있고, 상상의 날개를 펴도록 함에는 틀림이 없다.

둘째 문장은 "밤에 보는 오갈피나무, / 오갈피나무의 아랫도리가 젖어 있다."인데, 아랫도리가 젖어 있는 주체가 남자와 여자에서 오갈피나무로 바뀌어 있음을 알 수 있다. 오갈피나무의 아랫도리도 젖어 있다가 아니고 오갈피나무의 아랫도리가 젖어 있다고 기술되어 있음을 보면, 분명 남자와 여자가 곧 오갈피나무임을 알 수 있다. 혹, 하늘에는 흐린 달이나 별빛이 되어 오갈피나무의 윗부분은 그런대로 보였지만 어둠이 짙게 드리워진 밑부분은 어둠에 싸여 있어 남자와 여자의 모습으로 순간적이지만 떠올렸는지도 모를 일이다. 그게 아니라면, 화자가 보는 남녀의 아랫도리가 젖어있기에 오갈피나무도 젖어있다고 말함으로써 인간이나 나무나 할 것 없이 대자연 자체가 가지는 생식력을 암시하고자 했는지도 모를 일이다. 답은 없어 보인다.

셋째 문장은 "맨발로 바다를 밟고 간 사람은 / 새가 되었다고 한다."인데 첫째, 둘째 문장으로 이루어진 첫 연의 내용과는 전혀 다른 내용이 기술되고 있다. 갑자기 바다를 밟고 간 사람이 나오고, 또 그 사람이 새가 되었다고 하는 이야기를 전해 주고 있기 때문이다. 그렇다면, 맨발로 바다를 밟고 간 사람이 곧 아랫도리가 젖어 있던 남자와 여자란 말인가? 아니면 전혀 무관한, 별도의 내용인가 알 수 없는 노릇이다. 현실적으로 맨발로 바다를 밟고 갈 수야 없는 일이지만 어느 기존의 이야기 속에서나 보거나 들은, 시인의 간접적인 경험이 무언가 의미가 있다고 판단되어 순간적으로 빌려 쓰고 있는 경우가 아닌가 싶기도 하다.

넷째 문장인 "발바닥만 젖어 있었다고 한다."에서 보면 더욱 그런 심증이 간다. 맨발로 바다를 밟으면 물에 빠지지 않고 건너갔다는 누군가와 관련된 얘기로서 전문傳聞의 형태를 취하고 있기 때문이다. 그렇다면, 이 작품의 제1연의 '아랫도리가 젖어 있다'는 사실이 강조, 기술되고 있고, 제2연은 맨발로 바다를 밟고 간 사람이 있는데 그는 물에 빠지지도 않고 결국 새가 되었다는 얘기를 전하고 있다.

따라서 1연과 2연의 내용은 무관한, 별도로 존재하는 개별적인 얘기에 지나지 않는다고 보는 것이 옳을 것 같다. 어쩌면, 시를 쓴 시인은 그 개별적인 얘기 자체가 무언가로 독자들의 관심을 사고, 또 독자들이 나름대로 상상할 수 있는 여지를 제공해 주리라 믿었던 것 같다. 나아가, 그 개별적인 얘기들이 서로 작용하여 제3의 세계를 상상 속에서나마 구축할 수 있으리라고 기대했는지도 모를 일이다.

더욱 재미있는 것은, 이 작품의 제목이 '눈물'이라는 사실이다. 이 작품의 본문만을 놓고 볼 때에 눈물에 대한 직접적인 심상은 단 하나도 없다. 상상해 보면, 바다를 맨발로 밟고 간 사람이 눈물을 흘렸거나, 눈물겹게 살다가 새가 되었다는 의미에서 이 작품의 제목이 '눈물' 인지는 알 수 없다. 또, 아랫도리가 젖어 있다는 것이 눈물을 많이 흘렸기 때문이라는 의미에서 눈물인지 역시 알 수 없다. 특히, 1연과 2연의 관계에 대해 어떤 일정한 방향으로 상상하도록 하는 장치나 힘이 없기 때문에, 그리고 눈물과 1, 2연과의 관계에서 추론 가능한 단서조차도 전혀 없기 때문에 이들 세 요소가 각자 다른 위치에서 다른 말을 하고 있는 격이다. 눈물 따로, 제1연 따로, 제2연 따로 서서 각자의 분위기와 색깔과 의미를 보여주고 있을 따름이다.

  이처럼 일정한 주제를 꿰어 놓지 않으면서 그 무언가를 상상하게 함으로써 이 작품의 의미와 심미적 세계를 독자 나름대로 느끼게 하는 유형이 있다. 이런 현상이 시인의 표현력의 부족에서, 바꿔 말하면, 일정한 주제를 드러내려고 개별적 심상을 엮어 놓았지만 그 결과가 의도한 대로 되지 않은 경우일 수 있다. 그러나 이 작품에서처럼 개별적인 심상을 나열하고 관계 지음으로써 그 무언가를 느끼게 하는, 의도된 작품도 있다. 이 같은 계열에서는 의도한 바 소기의 성과를 거둘 수 있으려면 심상의 선택이나 심상 간의 관계 지음에 있어 시인의 감각적 능력이 요구된다. 이 작품에서처럼 최소한 남자와 여자의 아랫도리가 젖어 있다고 모호하게 표현함으로써 이중 삼중으로 해석이 가능케 하든가, 말 자체에 미적 요소가 내포되어 있어야 할 것이다. 이런 방법으로 시를 쓰는 일군―群이 있기에 이들도 현대시의 한 유형으로 간주해도 틀리지 않을 줄 믿는다.

27

차한수의「天刑」
상상력을 요구하는, 간결한 심상의 나열

그것은 빛이었습니다
어둠이 터지는 소리였습니다
눈물 같은 눈물이 반짝이는
황금의 손, 그것은
뜨거운 사랑의 손이었습니다

―작품「天刑」전문

　이 작품은 차한수車漢洙의「天刑」전문으로 '손·75'라는 부제가 딸려 있는 것이다. 손·1에서 손·75까지 부제가 딸린 시들로만 엮은 그의 다섯 번째 시집 『손』에 실린 끝 작품이기도 하다.
　이 작품은 3개의 문장이 5행으로 짜여 있지만, 쉼표 하나 이외엔 어떤 문장부호도 사용하고 있지 않다. 당연히 문장의 끝에 찍어야할 마침표마저도 전부 생략되어 있다. 아마도 그것은 시인이 동원하고 있는 말로 나타내고자 한 바를 한정짓고 싶지 않았기 때문일 것이다. 한 편의 시에서 문장부호 사용 문제를 어떻게 할 것인가에 대해서는 별도로 글을 쓰기도 하고, 본고에서는 이 작품이 가지는 의미와 의의를 중심으로 생각해 보기로 하겠다.

그러면 제목, 부제, 본문 순으로 천천히 읽어 보라. 바로 그랬을 때 첫 행 '그것은 빛이었습니다'에서 그것은 순간적으로 天刑, 아니면 손, 아니면 그 무엇이라고 생각되어질 것이다. 물론, 아직은 그에 대한 어떠한 단정을 서둘러 내릴 필요는 없다.

두 번째 행 '어둠이 터지는 소리였습니다'까지 읽게 되면, 문제의 그것이 곧 빛이고, 빛이 곧 어둠이 터지는 소리라고 생각되어질 것이다.

그런데 세 번째, 네 번째, 다섯 번째 행인 '눈물같은 눈물이 반짝이는 / 황금의 손, 그것은 / 뜨거운 사랑의 손이었습니다'까지마저 읽게 되면, 새로운 관념인 ①눈물 같은 눈물이 반짝이는 ② 황금의 손이 불쑥 튀어 나왔음을 인지하는 순간에 '그것'이라는 지시대명사가 지시하는 것이 '황금의 손'이자 '사랑의 손'임을 알아차릴 수 있다. 그런데 그 황금의 손은 손인데 '눈물 같은 눈물이 반짝이는' 손이라는 것이고, 사랑의 손은 손인데 '뜨거운' 사랑의 손이라는 것이다.

따라서 이 5행의 시 전문을, 우선 '그것은 빛이고, 빛은 소리이고, 소리는 손이고, 또 손은 손이다'는 것으로 정리할 수 있다. 다만, 소리는 소리인데 어둠이 터지는 소리이고, 손은 손인데 눈물 같은 눈물이 반짝이는, 황금의 손이고, 동시에 뜨거운 사랑의 손이다. 그렇다면, 첫 행의 그것은 과연 무엇일까? 물론, 일흔 다섯 번째로 시인에게 지각된 손임에는 틀림없다. 동시에 그것은 '天刑' 이기도 하다. 물론, 이 작품의 제목인 '天刑' 은 일흔 다섯 번째로 지각된, 손에 부여된, 최종의 의미인 셈이다.

 이와 같은 식으로 이 작품을 이해한다면, 시인이 생각하고 지각한 손에 대한 의미와 이미지를 어렵지 않게 우리는 읽어낼 수 있다. 다만, ①어둠이 터지는 소리 ②눈물 같은 눈물이 반짝이는 ③황금의 손 ④뜨거운 사랑의 손 등 일련의 보조관념들이 지니는 상상의 여지와 그 속에 있는 섬세한 감각적 판단에 이르기까지 공감이 있어야 만이 이 시의 제 맛을 느낄 수 있을 것이다.

 '손' 에 부여한 의미 변화와 관련, 조금 덧붙여 볼 필요가 있다. 곧 빛이, 어둠이 터지는 소리로 연계되어 인지된 것은 무리가 없이 자연스럽다. 하지만 어떤 형태를 가진 것도 아닌 어둠이 터지는 소리라고 함으로써 독자의 상상력을 요구하고 있다. 그리고 '눈물 같은 눈물' 이 문제인데, 이는 눈물은 눈물이로되 진실된 눈물이라는 의미로서 이런 모호한 표현을 하지 않았을까, 일방적으로 생각해 볼 따름이다. 눈물로서 가치가 있고 의미가 있는, 진실한 눈물, 그러니까 눈물다운 눈물이 반짝이는 황금이고, 바로 그 황금의 손이라는 것이다. '황금의 손' 이라는 것도 황금으로 만들어진, 값비싼 손일 수도 있겠지만 진실로 반짝이는 최고의 가치를 지니는 '황금' 이라는 것을 만들어 내는, 혹 그것을 있게 하는 것이 바로 손이라는 의미로 쓰였을 가능성이 있다. 그리고 그런 손은 뜨겁게 사랑하는 손이다. 사랑이라는 것의 손, 그러니까, 추상적인 손이 아니라 뜨거운 사랑을 하는 손일 것이다. 그래, 사랑을 하는 것도, 황금 같은 귀중한 것을 만들어 내는 것도 다 인간의 손이 하는 일이다, 라는 의미에서, 시인은 이런 표현을 하지 않았나 싶다.

다시 말하면, 시인은 손을 노래하면서, 손에 의미를 부여하면서 '황금'을 만들어 내는 생산적인 손의 기능을 떠올렸을 것이고, 또 뜨겁게 사랑을 하는 인간이란 존재의 손을 떠올렸을 것이다. 동시에 사랑이라는 것은 진실을 전제로 하는 것이지만 경우에 따라서는 눈물을 필요로 하는 것으로, 평범한 인간사 속에서 흔히 확인할 수 있는 바인데, 시인은 바로 그런 사랑을 떠올렸을 것이고, 또 인간의 진실한 사랑은 눈물을 필요로 하는 것이기에 그것은 곧 하늘이 준 벌로까지 생각하지 않았나 싶다.

자, 그렇다면 이 작품은 제목도 한 줄의 시가 되고 있음을 알 수가 있고, 각 행은 손에 대해, 시인이 느끼고 인지한 심상을 단순히 나열하고 있다는 것도 알 수 있을 것이다. 다만, 그 심상들 간에 긴밀한 관계가 있다는 점에서 단순한 넋두리가 아니지만 말이다.

어쨌든, 이 시는 대단히 간결하다. 그리고 깨끗하다. 그렇지만 나열된 심상 자체가 독자의 상상력을 요구하고 있기 때문에 간단한 진술이 그리 간단하지만은 않다. 그만큼 깊은 의미를 내포하고 있다는 뜻이기도 하다.

이처럼 어떤 대상에 대해 우리가 같이 상상하고 생각할 수 있는 범위 안에서 시인 개인의 심상과 의미를 부여하되, 그것을 단순히 나열하고 있는 현대시도 적지 않다. 이런 유형의 시에서는 무엇보다도 대상에 대한 시인의 주관적인 심상과 판단된 의미 자체가 깊고도 신선해야 하며, 동시에 그것의 공감도가 있어야 할 것이다.

28

서승석의「비밀」
드러내기와 숨기기

내가 사랑하는 것은
사막이었다

바람도
불꽃이 되는
사막이었다

-작품「비밀」전문

 서승석 시인의「비밀」이라는 작품 전문全文이다.
 이 작품은 전체 2연 5행으로 짜여진, 아주 짧은 시이지만 시작詩作의 비밀을 간직하고 있는 전형적인 작품 가운데 하나이다. 그래서 그 비밀을 풀어 헤쳐 놓고 싶은 욕구가 불현듯 생겼다.
 첫 문장 "내가 사랑하는 것은/사막이었다(.)"에서 - 괄호 속의 마침표는 원작에 찍히지 않았음. - '사막'이란 시어詩語는 원관념이 아니라 보조관념이라는 사실에 주의할 필요가 있다.

다시 말해, 작품 속에서 말하는 사람[話者]인 '내'가 사랑하는 것은 사막이었다, 라고 진술하고 있지만 사막 그 자체가 아니라는 뜻이다. 여기서 사막은 다른 그 무엇인가를 빗대어 숨기고 있는, 빌려 쓰고 있는 보조관념일 뿐이다. 그러니까, '내가 진정 사랑한 것이 무엇이었노라'라고 직접적으로 말하지 않고, '사막'이란 시어를 통해서 간접적으로 말했다는 뜻이다.

왜, 이런 판단이 가능한가? 문장의 의미가 지시하는 내용 그대로라면 시인은 굳이 그것을 '비밀'이라고 말할 이유가 없기 때문이다. 엄밀히 말해서, 화자인 '내'가 과거에 사랑했던 대상 곧 객체客體가 '사막'이라는 것인데, 그 사막이 구체적으로 무엇인지는 알 수 없다. 시인이 직접 표현하지 않았다는 뜻이고, 결과적으로 화자가 말하고 있지 않기 때문이다.

그런데 그 사막이 어떤 사막인가에 대해서 그 다음 문장에서 다소 보충 설명되고 있다. 그것은 곧, "바람도 불꽃이 되는"이라는 수식구이다. 그렇다면, '바람이 불꽃이 되는' 사막이 무엇을 뜻하는지에 대해서 우리는 다시 생각해 보아야만 한다. 단순히, 실재하는 사막의 무더움 내지는 뜨거움을 느낄 수 있는 태양으로 인한 열기와 바람을 과장한 표현일까? 아니면, 전혀 다른 의미를 숨기고 있는 것일까? 물론, 전자는 사막과 관련한 사실의 단순한 표현일 뿐이고, 후자는 그 사실에 부여되는 또 다른 의미일진대, 시인이 전자의 의미로서 사막을 사랑했다고, 그것이 자신의 비밀이라고 말할 필요가 있었을까? 나는 결코 아니라고 생각한다.

다시 그렇다면, 바람이란 그 무언가를 사랑하게 하는 생명체의 에너지 곧 동력으로서 화자 자신일 수 있고, 그것(바람)이 불꽃이 된다는 것은 그 에너지 혹은 자신을 다 연소시킨다는 뜻으로, 다시 말해, 아주 정열적으로 자신을 다 태워버릴 수 있는 성향과 상태를 말할 것이고, 동시에 자신을 다 태워버릴 수 있게 하는 대상을 뜻할 것이다. 이렇게 본다면, '사막'은 사랑의 대상이고, '바람도 불꽃이 되는 정황'은 사랑의 주체와 객체 사이에 존재하는 사랑의 성향과 상태에 대한 비유적 설명이라고 나는 생각한다. 나의 이런 판단이 옳다면 '사막'이라는 시어는 끝까지 사랑의 대상을 숨기고 있는 보조관념이고, '바람'과 '불꽃'은 사막이란 보조관념을 설명해 주는 원관념이 되는 셈이다.

따라서 이 작품은 '내가 사랑하는 것은 바람조차도 활활 불타서 불꽃이 되어버리는 사막과 같은 그 무엇으로서의 존재다.' 그러니까, 화자는 끝까지 사랑의 대상을 밝히지 않은 셈이다. 그래서 비밀이 성립되는 것이다.

이에 대해 작품해설을 쓴 김영무 교수는, '내가 사랑한 사막은 뜨겁게 타는 불모의 땅'이면서 동시에 '생명의 불꽃이 꺼지지 않고 타오르는 사나운 삶의 현장'이라고 했다. 그러면서 "시인이 고백한 비밀 즉 사막 사랑은 생명의 본질에 대한 사랑의 역설이다"라고 지나칠 정도로 관대하게 확대해석하였다. 솔직히 말해, 김 교수의 판단이 옳다면 이 작품의 표현상의 미숙이 먼저 지적되어야 할 것이다. 사막을 '사나운 삶의 현장'이라고 해석해야 할 어떠한 단서도 없기 때문이다.

이처럼 시작詩作에서 모호한 표현은 임의의 해석을 가능하게 하여 시 문장의 의미를 확대시키는 효과를 가져다주기도 하지만, 그래서 일종의 기교로 통하지만, 모호한 만큼 시인의 의도이자 작품의 주제가 분명하게 드러나지 않는다는 결정적인 흠도 있다. 따라서 시인은 '드러내기'와 '숨기기' 사이에서 적절한 균형점을 찾을 필요가 있다고 본다.

세상 사람들이 알고 있는 문학계의 진실과 실재하는
그것이 다름은 부정할 수 없는, 엄연한 사실이다.
-이시환의 아포리즘 aphorism 11

29

정숙자의「기적」
대상의 본질을 인식하는 한 방법으로서의 이미지 포착

　산수山水를 유람하던 중에 나는 어느 곳에선가 깎아지를 듯한 벼랑에 비켜 선 작은 소나무 한 그루를 만났다. 그 소나무는 매우 위태로이 서 있었지만 그래도 때 묻지 아니한 햇살을 듬뿍 받고 있었다. 아니, 햇살이 내리는 쪽으로 온 힘을 기울여 가지를 뻗고 있었으며, 그 뾰족뾰족한 잎들은 맑은 담녹색으로 반짝거렸다. 그것을 보는 순간, 내 가슴 속에서는 감탄사가 절로 만들어지고 있었다. 참으로 신기한 일이로구나! 저런 벼랑 끝에서도 소나무가 뿌리내리고 살고 있다니 자연은 그런 너를 포기하지 않는구나. 벼랑 끝에 선 너에게도 햇살을 내리고 바람을 주어 하나의 완벽한 생명체를 키우다니 알 수 없는 일이구나.

　이쯤에서 나는 메모를 했다. "절벽 위의 소나무 // 뻗은 손끝에 / 간절히도 전하는 / 햇빛 한 봉투"라고. 그리고 생각했다. 저런 벼랑 끝에서 푸른 생명이 뿌리를 내리고 산다는 것은 나로서는 도저히 생각할 수도 없었던 신기한 일이야…. 그래, 그것은 분명 기적이야, 기적…. 그런 다음, 나는 조금 전에 쓴 메모 위에 '기적'이란 말을 살짝 써 넣었다. 그리고 한동안 그 메모를 쳐다보며 기적이라는 말의 의미와 내가 보았던 그 진기한 풍경을 나란히 놓고 견주어 보기도 했다. 이리 보아도 저리 보아도 크게 부자연스럽지는 않는 것 같았다. 바위 벼랑 끝에 소나무가 매달리듯 살아가는 것은 분명 기적이고, 그 기적 또한 그런 상황 속에서 살아가는 생명의 환희 같은 것이라고 확신하기에 이르렀다. 그래, 나는 제목을 '기적'이라 하고, 그 메모를 시의 본문으로 하여 한 편의 시를 발표하기에 이른 것이다.

그렇다면, 여기서 다시 그 시를 음미해 보자.

절벽 위의 소나무

뻗은 손끝에
간절히도 전하는
햇빛 한 봉투

-작품 「기적」 전문

참으로 간결하다. 그리고 일방적인 제시, 곧 보여줌이 있을 뿐이다. 시인의 주관적인 느낌과 생각이 두 개의 보조관념으로 단순히 나열되고 있다. 물론, 전제한 상황 속에서 쓰여진 것이라면, 시인이 이미 경험한 바처럼 벼랑 끝에서 살고 있는 소나무를 보고 느끼고 생각한 바 그 의미나 심상을 '기적'이란 말로 표현하고 있는 셈이다. 그렇지 않고 시인이 기적이란 관념어를 머릿속에서 오래오래 생각해 오던 터에 순간적으로 벼랑 끝에 사는 소나무를 떠올렸다면 기적의 의미나 심상이 벼랑 끝에 사는 소나무와, 그 소나무가 햇살을 받는 자연적 상황으로 구체화 되고 있다 하겠다. 물론, 이처럼 형태가 없는 '기적'이란 관념에 '절벽 위의 소나무'와 '뻗은 손에 간절히도 전하는 햇빛 한 봉투'라는 구체적인 정황의 형태감각을 불어 넣는 표현을 두고 우리는 '이미지 조형'이라 부르기도 한다.

그러나 이 이미지 조형은 어디까지나 효과적으로 드러내기 위한 감각의 전이轉移현상의 일종이고, 이보다 더욱 중요한 것은 기적이라는 관념어에 대한 그 의미나 심상이 본문으로 나타났기 때문에 가능해지는 판단이지만, 본문의 두 개의 관념이 '기적'을 드러내기 위해 끌어들여진 보조관념이라는 사실이다. 물론, 'A는 B다'라는 등식이 성립하는 은유隱喩라는 표현기법에 전적으로 의존하고 있는.

그러나 이처럼 하나의 원관념에 대해 2개 이상의 보조관념만으로 단순히 나열되는 경우도 있고, 그 보조관념들이 문장 속으로 들어가 전혀 다른 의미를 만들어 내고 있는 경우도 있다. 이런 표현기법을 시적 표현의 본령으로 생각하고 많은 작품을 창작해 낸 시인으로 김춘수, 성찬경, 이건선 등을 들 수 있다. 이런 유형의 시들은 제목과 본문 사이의 관계가 어느 정도 객관적인 공감대를 형성하느냐에 따라 그 성패가 결정된다. 그리고 본문 속에서 얼마나 섬세하고 새로운 표현을 해내느냐가 시인의 능력으로 간주되기도 한다. 위 시에서처럼 절벽 위에 서 있는 소나무

잎이 받는 햇살을 '뻗은 손끝에 간절히도 전하는 햇빛 한 봉투'라는 말로 구체화시키기도 하고, 뭔가 다른 느낌을 가지도록 모호한 표현, 그러니까, 여기서는 사람이 한 통의 편지를 받아 뜯어보는 순간의 느낌처럼 햇살이 가득 봉투 안에 들려 전해지는 것으로 표현하고 있는 것이 그 적절한 예라면 예일 것이다.

여하튼, 이런 은유에 기초한 이미지 조형은 그것도 군살을 다 빼버리고 그 핵심만을 남겨 놓는 방식은 그만큼 속도감을 느끼게 하고, 또 그만큼 긴장감을 주는 심상 중심의 표현으로 현대시의 표현기법 가운데 중요한 하나임에는 틀림없다. 심지어, 이런 이미지 조형을 현대시의 본령으로 생각하고 주관적인 사유과정에서 나온 심상의 나열을 즐기는 시인들도 적지 않다. 물론, 그렇게 생각하는 데에는 대상에 대한 객관적 인식의 한 방법으로 여겨 왔기 때문이지만 말이다.

위 시는 똑같은 유형의 시 100여 편을 묶어 『감성채집기』라 하여 시집을 낸 바 있는 정숙자 시인의 작품이다. 정 시인의 이 같은 작품에 대해 김용직은 위트시즘[1]이란 말을 쓰고 있으나 그것은 이 시의 본질에서 벗어난 말이다. 정 시인의 작품에 나타난 이미지에 위트감각이 다소 서려 있기는 하나 그것이 주된 기법은 결코 아니기 때문이다. 오히려 어떤 대상에 대한 일련의 사유과정을 거치면서 그 본질을 드러냄에 있어 간접적인 다른 대상들을 끌어들여 빗대어 놓는 이미지 조형이 주된 방법론으로 쓰이고 있기 때문이다. 표현상으로 보면, 분명 은유가 으뜸으로 사용되고 있고, 의인 활유 등의 기법도 자주 사용되고 있는 특징을 갖는다.

전체적으로 보아 한 시인의 감각적 인식능력 – 바로 이것을 다른 시인들은 '감성'이라는 말로 받아들이고 있지만 – 이 어느 정도이고 어떤 경향성을 가지는지 확인할 수 있는 의미가 있다면 있을 뿐이다. 나는 개인적으로 이것은 어디까지나 좋은 시를 쓰는데 있어 기본적으로 요구되는 바이긴 하지만 그것이 시의 전적인 요소는 아니라고 생각한다. 온전한 시는 단순히 그것만을 요구하지 않기 때문이다.

---

1) 위트시즘 : 위티즘(witism)의 오기(誤記)가 아닌가 싶다.

30

오규원의 「들찔레와 향기」
특정 정황 포착과 재구성력

사내애와 기집애가 둘이 마주보고
쪼그리고 앉아 오줌을 누고 있다
오줌 줄기가 발을 적시는 줄도 모르고
서로 오줌 나오는 구멍을 보며
눈을 껌벅거린다 그래도 바람은 사내애와
기집애 사이 강물소리를 내려놓고 간다
하늘 한 켠에는 낮달이 버려져 있고
들찔레 덩굴이 강아지처럼
땅을 헤집고 있는 강변
플라스틱 트럭으로 흙을 나르며 놀던

-작품 「들찔레와 향기」 전문

상당히 많은 표현상의 기교가 부려진 작품이다. 그것의 실효성을 따지기 전에 이 작품의 무엇이 기교인지를 먼저 설명해야 할 것 같다. 혹, 적지 아니한 사람들이 이 작품의 기교를 기교로 인식하지 않거나 못할 수도 있을 만큼 그것이 분명하게 드러나지 않았기 때문이다.

첫째는, 시제詩題와 본문과의 관계가 묘함에 있다. 둘 사이의 관계가 묘하다는 것은 애매하다는 뜻이고, 애매하다는 것은 그 관계가 확연하게 드러나지 않고 있다는 뜻이다. 그래, 본문이 제목인 '들찔레와 향기' 그 자체를 노래하고 있는 것인지, 아니면 본문에서 다루어지고 있는 내용과 직접 혹은 간접으로 관련된 것에 대한 비유적인 표현으로 '들찔레의 향기'라는 제목이 붙은 것인지 선명하지가 않다.

실재로, 이 작품에서는 본문 속에서 '들찔레 덩굴이 강아지처럼 땅을 헤집고' 있다고 직접적인 묘사가 이루어지고 있기는 하다. 그렇지만, 그런 들찔레와, 사내아이와 계집아이가 쪼그리고 앉아 마주보며 오줌을 누는 행위와 동일시 혹은 은근히 빗대어 놓고 있지나 않을까하는 생각도 하게 된다. 바로 이런 점 때문에 기교로 보아지는 것이지만 필자 개인적인 판단으로는 본문 먼저 쓰이고 제목이 뒤에 붙은 경우로서 사실 큰 효과를 거두고 있지는 못한 것 같다.

둘째는, 이 작품은 전체 10행으로 3개의 완전한 문장과 1개의 불완전한 문장으로 이루어졌지만 마침표가 생략되어 있고, 첫 행과 마지막 행이 자리바꿈되어 있다. 물론, 여기에서도 시인의 숨은 의도가 있다. 숨은 의도라기보다는 시인은 나름대로 뭔가를 기대하고 그런 짜임새의 문장을 부렸다고 말하는 편이 더 적절할 것이다. 그 기대에 대해서 생각하건대, 문장이 끝났는데 마침표를 찍지 아니한 것은 작품 전체의 내용이 진행되는 상황으로, 그러니까 살아 움직이는 생명력을 가진, 특정된 유기체로 격상시키려는 의도에서 일 것이다. 그리고 첫 행과 마지막 행의 자리바꿈은 이야기가 계속되는 상황으로, 그러니까 이야기가 어느 지점에서 끝이 나지 않고 그 끝부분이라고 판단되는 부분이 다시 처음으로 돌아가 이야기가 계속 되풀이되는, '순환의 질서'를 타는 작품으로 그 의미를 부여하려 했던 것이 아닌가 싶다. 만약, 그런 의도와 의미가 전제되지 않았다면 시인의 표현상의 미숙성으로 간주해도 좋을 것이다.

셋째는, 내용 전개상, 10행의 이 작품은 확연하게 두 조각으로 갈라지고, 그 두 조각의 접속 상태가 우리의 흥미를 끌고 있다는 점이다. 먼저 두 조각 가운데 하나는 '플라스틱 ~ 껌벅거린다'까지로, 사내아이와 계집아이가 마주보며 오줌을 누는 광경을 묘사하고 있는 대목이고, 그 다른 하나는 '그래도 ~ 강변' 까지로 오줌 누는 행위자가 있는 주변의 자연 환경적 요소를 끌어들여 묘사하고 서로 관계를 맺어 놓는, 재구성의 대목이다. 물론, 내용상의 그런 확연한 구분보다는 그것들의 접속 상태가 우리에겐 더욱 중요한 관심의 대상이 됨에는 틀림없는 사실이다. 간단히 말해, 그러한 자세로 오줌을 누는 아이들의 행위 그 자체와, 바람과 하늘의 낯달·강변의 들찔레 덩굴 등이 놓이는 정황과의 접속 상태가 이 작품의 깊이를 결정해 준다 하겠다. 특히, 시인이 끌어들이고 있는 세 가지 자연적 요소가 어떻게 어떤 상태로 배치, 재구성 되었는지가 중요하다. 어찌 보면, 있는 그 대로의 정황을 말로 옮겨 놓은 듯하나 우연하게도 인간의 행위와 자연적 정황이 비유적인 관계로 묘사되고 있다. 어쩌면, 눈에 포착된 그것들을 가지고 시인이 재구성해 놓았다고 보는 편이 더 타당할지도 모르겠다. 곧, ①두 아이가 오줌을 눌 때 나는 소리를 '바람이 강물소리를 내려놓았다'고, ②오줌 줄기가 발을 적시는 생태를 '들찔레가 땅을 헤집고 있는 것'으로, ③사내애와 계집애가 서로 오줌 나오는 구멍을 보며 눈을 껌벅거리는 것을 '하늘 한켠에 버려진 낮달'로 빗대어 표현한 것으로 말이다.

그런데 시인이 끌어들여 재구성해 놓고 있는 자연적 정황과 아이들의 오줌 누는 행위는, '그래도'라는 접속부사로 관련시켜 놓고 있는데 이를 곰곰이 생각하면 이들 두 요소를 동일시하지는 않았다는 사실을 유추해 낼 수 있다. 다만, 아이들이 그저 그렇게 오줌을 누고 있지만 자연은 이러이러하다는 식의 '역접逆接'의 표현을 하고 있기 때문이다.

따라서 시인은 오줌을 누고 있는 아이들의 행위에 자연이 한몫 거들고 있다는 정도로, 바로 이런 관계설정에서 시인의 '눈'과 그것의 '깊이'를 확인할 수 있다. 이처럼 사실 아무런 관계가 없는 두 정황을 서로 관련시키고, 또 그럼으로써 새로이 존재하는 독립된 세계를 구축해 놓는 것이다. 곧, 아무것도 모르는 어린 아이들이 강변에서 장난감 놀이를 하다가, 서로 오줌을 누는 동작이나 상태를 호기심 어린 눈으로 바라보는 행위를 자연적 정황과 관계시킴으로써 인간과 자연이 유기적 관계 속에서 존재한다는 사실을 일깨워 주고 있는 것이다. 독자는 시인이 구축해 놓은 그 세계를 통해서 아름다움과 추함과, 진실과 거짓, 선함과 악함을 헤아리고, 또 그것에 따라 마음의 움직임을 스스로 가지면 그만이다.

여하튼, 이 작품은 전체적으로 보아 진실보다는 기교에 더 많은 비중을 두고 창작된 것이라고 말할 수 있다. 물론, 특정의 상황포착과 때 묻지 아니한 어린이들의 행위와 자연과의 관계 정립이 주된 기교라 할 수 있지만.

우리나라에서는 이른바 순수문학을 한다고 하는 적지 아니한 시인이나 평론가들은 시 작품의 우수성을 시인의 진실보다는 기교 쪽에서 찾는 경향이 있다. 엄밀하게 말해서, 기교로 포장된 작은 진실을 좋아한다고나 할까, 그렇다는 것이다. 사실, 그런 시들을 즐겨 쓰는 시인들이 갖는 표현의 한계와 상투성이 엄연히 존재하고 있음에도 불구하고 그런 시들을 좋아하는 것은 편식을 즐기고 있는 것과 같다. 물론, 여기에도 그럴만한 이유가 전혀 없는 것은 아니다.

여하튼, 이 작품은 1994년 7월 월간 「현대시학」에 발표된 오규원의 것으로서, 시인의 눈에 포착된 특정의 정황을 가지고 쉽게 시를 짓는 한 표본이 되고 있다 하겠다. 물론, 특정의 정황을 포착할 수 있는 눈을 가졌다는 것만으로도 시인으로서의 능력이 어느 정도 인정되는 것이지만.

31

이필녀의 「안개」
혜안慧眼과 심미안審美眼

　육중한 비행기의 발목조차도 완벽하게 묶어 놓는 공항 활주로의 짙은 안개, 몇 채 안 남은 시골집 사이사이로 짙게 깔려 있는 아침 안개, 혹은 자전거나 자동차로 산책을 겸하여 운전하기에 딱 좋은(?), 키 큰 가로수가 길 양쪽으로 길게 뻗어 있는 바로 그곳의 물기를 머금은 안개, 아니면 너른 호수면 위로 피어올라 가까이 있는 나무와 사람 하나, 하나를 삼켜가다가도 언제 사라지는지도 모르게 사라져 버리는 안개를 우리는 가끔 만날 수 있다.
　안개는 시인에게 뿐만 아니라 소설가에게도, 수필가에게도, 아니, 꼭 문필가가 아니더라도 대개의 젊은이들에게까지도 무언가 심상을 떠올리게 하는, 어찌 보면 상당히 매력적인 자연현상이다. 그래, 시에서 뿐만 아니라 소설, 수필 등 적지 아니한 작품들 속에서 안개는 곧잘 묘사되기도 하고 표현되기도 한다.

　그러나 한 가지 재미있는 현상은, 안개가 피어 있는 곳이 어떤 특정의 지리적 공간이고, 그 지리적 공간이 사람들의 활동무대가 되기 때문인지, 안개는 작품 속에서 어떤 분위기나 정황을 만들어주는 배경으로서 단순 묘사되는 것이 일반적이다. 이 같은 현상은 소설이나 수필과 같은 산문에서 더 많이 나타나고 있지만 사실은 시에서도 곧잘 나타난다. 특히, 과거로 거슬러 올라가면 갈수록 안개는 단순한 정황 묘사나 분위기 연출에 도움이 되는 한 소재에 지나지 않는다. 쉽게 말해서, 안개 그 자체에 대한 심상을 언어로 표현했다기보다는 단순히 안개가 시적 공간에 펼쳐진 배경 - 그것도 가시적인 형태로 나타나는 - 에 지나지 않다는 것이다.

그런데 근래에 들어서는 정황 묘사로서의 안개는 물론 안개가 주는, 안개를 통해서 새롭게 얻어진 시인들의 주관적인 심상이 표현되고 있기도 하다. 물론, 시인마다 달리 가지는 시각과 미적 감각에 따라 매우 큰 차이를 나타내고 있지만. 어쨌든, 그 많은 작품들 가운데에서 애써 뽑은 이필녀의 「안개」속을 한 번 산책해 보자. 그러다 보면 어느새 자신의 '안개'와 비교가 될 터이고, 또 그 결과에 따라 부끄러움이나 자부심을 느낄 수도 있으리라 본다.

늦가을 아침
햇솜 같은 안개가 몰려오면
이상도 하지
조금씩 뜨거워지는 무서운 내 피

목을 조이듯 서서히 모든 것을 삼킨다
삼킬 때는 아주 순간적이다
머리카락 끝에서부터 핥아 내리는

안개의 혀
그 완벽한 기교

내 관능은 여지없이 무너져서
안개와 몸을 섞는다

아이를 갖고 싶어. 흰 피의 계집앨
낳고 싶어. 안개 속 같은 세상 한 가운데
내 옹근 뿌리박고 싶어.

스스로 묶은 것 스스로 풀 줄도 안다
아무 것도 지나치지 않게

늦가을 아침
햇솜 같은 안개가 몰려오면
참 이상도 하지
조금씩 달아오르는 더러운 내 피
죄 짓고 싶어

-작품「안개」전문

    이 작품은 사실, 나의 어쭙잖은 말을 필요로 하지 않는다. 그만큼 있는 그대로 의미전달이 쉽게 이루어지고 있다. 물론, 그것은 문장의 구조가 복잡하지 않을 뿐 아니라 상상력의 진폭이 큰 비유가 있는 것도 아니기 때문이다. 고작해야 늦가을 아침에 생긴 안개이고, 그것이 햇솜 같다는 매우 단순한 비유가 있을 뿐이다.

그렇지만, 제2연에서 안개 속에 가려지는, 잠기어가는 사물들을 응시凝視하며 안개와 사물들과의 관계를, 시인은 인간의 성적 교합으로 빗대어 표현하고 있다. 그것도 자신의 성적 교합인 것처럼 시적 화자인 '나'를 끌어들여 긴장감을 증폭시키고 있다. 더욱이, 이 시를 깊게 하는 이유이기도 하지만 제3연에서 드러난 바와 같이 한 인간이 가지는 성적 에너지 곧 욕구가 꾸며지거나 왜곡되지 않고 본능적으로 나타나는 생명현상으로서 시인에게 받아들여지고 있다는 사실이다. 그렇지 않고서야 그런 자신의 내면세계를 솔직하게 드러내 놓지 못할 터이다.

그런데 그 표현이 예사롭지가 않다. '아이를 갖고 싶어. 흰 피의 계집앨 낳고 싶어. 안개 속 같은 세상 한 가운데 내 옹근 뿌리 박고 싶어.'라는 표현이 그것이다. 아이를 갖고 싶은 욕구나 계집앨 낳고 싶은 욕구는 매우 인간적인, 평범한 이야기일 수 있지만 '흰 피'를 가지는 아이라는 점과 '안개 속 같은 세상'이라는 표현은 여러 갈래로 우리의 상상력을 자극해 주기에 충분하다. 물론, 흰 피야 색깔이 하얀 안개와의 성적 교접에서 생긴 아이니까 '흰 피'라는 말을 쓸 수 있다 하지만 – 그것이 아니면 보통 인간의 생명체와는 다른 어떤 특별한 의미에서의 흰 피일 수도 있지만 – 내 뿌리를 박고 싶은 '안개 속 같은 세상'은 또 무엇을 의미하는가? 바로 여기에서 모순이라면 모순이고, 의미전환이라면 전환이지만 시인이 원하는 성적 교합의 대상이 '안개'에서 '세상'으로 갑자기 바뀌어 버렸다. 그런데 세상은 세상이로되 안개 속 같은 세상이라는 조건이 달려 있는 세상이다.

그렇다면, 안개 속 같은 세상이란 말을 우리는 어떻게 받아들여야 할 것인가? 나의 성적 요구를 자극하는, 그리하여 나를 무너뜨리는 안개와 같은 동일체로서, 아니면 그런 것들로 가득 차 있어 시인의 성적 욕구를 얼마든지 자극할 수 있는 현실세계란 말인가? 판단을 내리기란 쉽지가 않다.

그러나 작품의 전체적인 구조로 보아 '안개'는 시인으로 하여금 성적 욕구를 느끼게 하는 존재이고, 마침내 시인을 무너뜨리는, 성적 쾌감을 느끼게 하는 그런 대상이다. 그런 대상을 만날 때마다 시인은 '아이'를 갖고 싶은 본능적 욕구를 느끼는 관계 위에 있는 존재일진대 그 안개는 시인이 인식하고 있는 현실적인 어떤 대상, 아니면 세상 그 자체인지도 모른다는 추론을 가능케 하고 있다. 다시 말하면, 특정인일 수도 있고, 그런 생명현상 혹은 생명체 간의 관계를 품고 있는 자연계 그 자체일 수도 있다. 다만, 분명한 것은 어떤 것이든 시인이 인식하고 있는 실재적인 대상과 안개의 속성 사이에 유사성이 있기 때문에 그런 표현을 낳을 수 있었다는 사실일 것이다.

따라서 이 작품에서 '안개'는 작품의 직접적인 소재이자 어떤 대상을 암시, 비유해 주는, 어떤 객체라고 보아도 틀리지 않을 것이다. 제5연에서 되풀이 되고 있는 '~하면'이라는 조건절이 붙어 있는 언어 표현과 성적 욕구나 행위를 수반하는 자신의 생리적 변화에 대한 부정적인 인식이 간접적으로 입증해 주고 있다.

이처럼 시인은 어떤 대상의 본질이나 그 속성을 혹은 그들 간의 관계를 드러낼 때 인간 차원의 일로 빗대어 표현하기를 즐겨한다. 수사학에서야 의인법 내지는 활유법이라는 말로 말할 수도 있겠지만 이를 잘 부려야 훌륭한 시인이 됨에는 틀림없다. 시인이 무엇을 노래하고 무엇을 고민하든지 간에 그것은 궁극적으로 인간을 위함이기 때문이고, 또 인간사를 속속들이 굽어보지 못하는 이에게 그 같은 빗댐이 나올래야 나올 수 없기 때문이다.

 이 작품에서처럼 언어표현의 질감이 섬세하고 차분하게 가라앉은 상태에서의 진술이 가능했던 것은 그만큼 시인이 자신의 존재에 대해 꿰뚫어 볼 수 있는 눈 곧, 혜안이 먼저 있었기 때문이다. 이처럼 어떤 대상 – 여기서는 안개라는 자연현상이지만 – 의 속성이나 이미지를 드러내되 인간의 본질과 관련시켜 새로이 구축해 놓은 세계는 독자들을 적극적으로 끌어들이는 흡인력이 있게 마련이다. 사실, 이것을 잘 부리는 일은 시인에게 있어 기본이어야 한다. 그런데 오늘날 이 기본이 돼 있지 않는 시인과 작품이 넘쳐나는 통에 그 기본이 매우 귀하게 여겨지는 것임을 오늘날 대개의 시인들은 스스로 깨달아야 할 줄로 믿는다.

32

임명자의 「봄볕에 앉아」
주관적 정서의 객관화

　혹독한 추위로 겨울 내내 집안에서만 웅크려 부치고 지내온 한 여인이, 봄 햇살을 받으며 꿈을 꾸고 있다. 아니, 꿈을 꾸고 있는 게 아니라 자신의 몸속으로부터의 어떤 변화, 그러니까 막 기지개를 켜는 새로운 기운을 느끼고 있다고나 할까, 눈을 뜨는 자신의 성적욕구를 들여다보고 있다. 이 여자로 말할 것 같으면 웬만큼 세상을 살아 그런대로 알 것은 다 아는 이지만 그렇다고 남달리 세상사는 재미를 만끽하며 살지는 못한 것 같다. 정확히 말해, 반복되는 일상 속에서 그저 지루하고 나른한 권태를 떨쳐 버리기 위해 가끔씩은 화려한 외출을 시도할 수 있는, 40대 중반을 넘어서는, 그런 여자다.
　겨우내 소리 없이 자랐던 그녀의 머리칼은 제법 치렁치렁 어깨 밑으로 흘러내리고, 막 잠에서 깨어난 듯한 얼굴은 그런대로 요염한 기운이 감돌았다. 그런 그녀가 마루에 걸터앉아 온몸으로 봄 햇살을 받고 있다. 손만 벌리면 손바닥에 가득 쌓일 듯이 부서져 내리는 봄 햇살은 하얗게 드러낸 그녀의 길쭉한 두 다리와 얇은 실크 옷을 뚫고 노브라의 젖가슴 속을 파고들고 있다.

멀리 앞산에 보이던 희끗희끗한 잔설도 어느새 다 녹아 버렸고, 얼어붙었던 논두렁 밭두렁에도 연일 아지랑이가 피어오르는 사이, 마른 풀숲 밑으론 새순들이 파랗게 돋아나고, 조금만 더 있으면 뾰족하게 내민 그 새순들 사이에서 작은 풀꽃들이 눈망울처럼 터져 나와 훈훈한 바람에 한들거릴 것이다. 한결 가까워진 태양의 에너지를 받은 대지가 새로운 생명의 꽃들을 밀어내듯 지금 그녀의 몸은 간지러워지기 시작했고, 아랫도리부터 수기가 차 오르기 시작한다. 그런 자신을 들여다보며 그녀는 문득 산다는 것이 순간적이고 왠지 허전한 것임을 자각하고 있다. 그런 탓인지 지금 막 피어난 한 송이 풀꽃처럼 황홀하게 자신의 자궁 속을 온전히 점령할, 크고 힘 있는 남근男根을 소리 없이 부르고 있다. 정말이지 자기도 모르게, 그리고 간절하게…….

위 글은 임명자의 작품 「봄볕에 앉아」를 읽고 순간적으로 가능한 필자의 상상세계를 적어 본 것이다. 대체, 어떤 작품이기에 이런 상상이 가능해졌을까. 먼저, 작품부터 음미해 보자.

새순 돋는지 몸이 가렵다①
손톱 위로 들꽃 핀다②

매니큐어 냄새같이
후루룩 타버릴 봄날에는③
텅 빈 자궁 속에④
다알리아 뿌리 하나 심고 싶다.⑤

―작품 「봄볕에 앉아」 전문

 형식적으로만 본다면 전체 2연 6행 3개의 문장으로 짜여진 간단한 작품이지만 그 내용상의 깊이를 헤아려 본다면 그리 간단치만은 않은 것 같다. 이 짧은 시에는 다섯 개의 새겨 볼만한 시인의 판단, 곧 인식이 있다. 이미 그것들에 대해선 시 본문 속에서 일련번호를 매겨 놓았지만, 하나 하나 그 숨은 의미와 그것의 파장을 생각하지 않으면 안 될 것이다.
 '새순 돋는지 몸이 가렵다'라는 진술은, 겨울을 난 초목이 한 말이 아니다. 봄 햇살을 받으며 시인이, 곧 화자가 한 말이다. 그러니까, 햇살을 받음으로써 몸이 가려워진 것이고, 그 이유를 새순이 돋는 것으로 의심하고 있다. 물론, '새순'보다는 '새살'이 돋는다고 바꿔 말해야 보다 자연스러워지나 시인은 굳이 '새순'이란 말을 쓰고 있다. 엄밀히 따지자면, '새살'과 '새눈'의 의미는 완전히 다르다. '새살'은 손상된 부분에 대한 복원으로서 본래의 상태로 돌아가는 의미를 지닌다면 '새순'은 과거의 것은 다 사라지고 그것과 무관하게 새롭게 시작할 새 생명이란 의미를 지닌다. 이런 차이 때문에 시인은 '새살'이라는 말을 버리고 '새순'이란 말을 부자연스럽지만 빌려 쓰고 있는지도 모른다.
 그런데 이 '몸이 가렵다'라는 상태 인식의 말은 다음 행에서 '들꽃 핀다'라는 결과에 대한 인식으로 발전, 연계되어 있다. 간단히 말해, 몸이 가려운 것은 들꽃을 피우기 위한 조짐이요, 전제 조건이었다고 생각한 것이다. 여기서 한 가지 재미있는 사실은, 그 들꽃이 들에 피는 것이 아니라 '손톱 위로' 핀다는 것이다. 그렇다면, 시인이 인식하고 있는 '손톱'이란 과연 무슨 의미가 있는 것일까? 현실적으로야 손톱에 들꽃이 피어날 리도 없는데 무슨 의미로 이 같은 표현을 했느냐 말이다. 들꽃들이 피어나는 대지를 자신의 손톱으로 빗대어 동일시한 것인가. 아니면 실재하는 손톱의 표면에 대한 상태인식의 결과를 들꽃으로 빗댄 것인지 단정 지을 수는 없지만 앞의 것으로 해석해야 이 시가 보다 깊어질 것이다.

다음, 세 번째 판단인 '매니큐어 냄새같이 후루룩 타 버릴 봄날'에서는 시인의 봄에 대한 계절 감각이 반영되어 있다. 곧, 봄날이 타버린다는 것은 무언가 타 버릴 것이 있다는 뜻이고, 또 '봄날'이란 상태로 머무르는 시간이 매우 짧다는 인식이 내재된 것 같다. '봄인가 하면 곧 여름이다'라는 말을 우리가 흔히 하듯 봄이 봄으로서 머무르는 시간이 매우 짧게 인식되는 것을 드러내기 위해 시인은, 자신하고 가장 가까이 있는, 손톱에 바르는 매니큐어 속에 있는 휘발성 물질을 끌어 들이고 있는 것이다. 매니큐어 냄새같이 금방 사라져 버리는 봄날에 햇볕을 쬐며 시인은 문득 '텅 빈 자궁 속에 다알리아 뿌리 하나 박고 싶다'는 생각을 하게 된 것이다. 그러니까, 새순이 돋고 새로운 들꽃들이 만발하는, 그야말로 생명력이 약동하는 봄이지만 매니큐어 냄새처럼 빨리 사라져 버린다는 시인의 인식은 '생의 허무'라는 것으로 확대되고 있는 것이다. 그래서 허전하고 허무한 삶에 대한 시인의 인식이 텅 빈 자궁 속에 다알리아 뿌리 하나 심고 싶다는, 바꿔 말해, 섹스를 통한 새 생명을 내 놓고 싶다는, 혹은 새로운 희열을 느끼고 싶다는 엉뚱한(?) 욕구를 낳고, 그것을 드러내 놓고 있는 것이다.

이렇게 위 작품을 해석한다면, 이 시는 분명 여러 가지 의미를 부여 받을 수 있다. 위 시를 글자 그대로, 한 여인의 성애적性愛的 경향을 간접적으로 드러내 놓은 에로티카erotica로 보면 그만이겠으나 단순히 그렇지만은 않기 때문이다. 이 작품은 적어도 봄 햇살을 받는 가운데 생긴 자신의 성적 욕구를 솔직하게 드러내고 있으되 그 표현 자체가 뛰어난 수사에 의해 이루어지고 있을 뿐 아니라 한 인간의 체내에서 이루어지는 변화를 대자연의 변화, 곧 봄기운을 받아 대지 위에서 펼쳐지는 자연현상과 동일시하고 있는 거시적巨視的 안목이 반영되었기 때문이다.

그리고 지적해야 할 또 하나의 사실은, 과거에는 이처럼 극히 개인적인 얘기를 시 속에 담지 않았었다. 혹 담는다 하더라도 그것에 객관적 의미를 부여하여 조심스레 내용을 걸렀지만 요즈음 들어, 좀 더 정확히 말해 80년대 들어 양산된 시인들에 의해 다양한 경험에서 우러나오는 개인적인 삶의 정서가 시의 표면으로 드러나기 시작했다는 점이다. 그래서 오늘날의 많은 시가 시인들의 신변잡기는 잡기로되 수사가 곁들어져 쏟아져 나오고 있는 실정이다. 시에서 아무리 객관적 의미보다는 주관적인 정서가 알몸을 드러내 놓는다 하더라도 위 시처럼 최소한의 객관성을 확보해야 할 줄로 믿는다. 시란 시인이 홀로 써 홀로 읽는 게 아니라 만인에게 향유되고자 하는 진실이고 아름다움이기 때문이다.

33

강계순의 「山·3」
의인이란 기교의 힘

  보통 사람들에게 산山이란 존재는 어떤 의미로 다가서는가? 아니, 우리들은 산에 대해서 어떤 이미지를 갖고 있는가? 물론, 그것은 산이라고 하는 객관적인 대상을 바라보는 사람, 그러니까 그 사람의 지식이나 성격, 생활태도 내지는 환경 등에 따라서 달라질 수가 있고, 또 실재하는 산의 크기나 모양새 등에 따라서도 얼마든지 달라질 수 있다.

  그러나 일반적으로 '산'이라 하면 누구나 쉽게 떠올릴 수 있는, 또는 떠올려지는 각인된 인상이라 할까, 어떤 고정관념이라 할까, 이미지가 있을 것이다. 예컨대, 언제나 그 자리 그 모습을 지키고 서 있는, 물론 인간의 눈으로 볼 때 그렇지만, 산을 통해서 '육중함'이라든가 '과묵함' 등을 떠올릴 수도 있고, 또 높고 험준한 산세를 통해서 어떤 남성적인 기운이나 기개 등을 느낄 수도 있고, 또 일 년 내내 빙설로 덮여 사람이 쉽게 접근하지 못하게 하는 그런 산을 통해서 어떤 베일에 감춰진 자연의 신비나 경외감 같은 감정을 가질 수도 있을 것이다. 또한, 요즈음처럼 심한 대기오염에 시달리는 도시인들이 볼 때는 공기를 정화시켜 주고 피로를 덜어 주는 휴식처로 생각하여 생명의 보루로서 떠올릴 수도 있을 것이다. 어디 그뿐이겠는가? 산의 전체적인 모습에서 혹은 그 부분적인 모양새에서 전혀 다른 느낌과 생각을 가질 수도 있을 것이다.

  만약에 그대가 어떤 시기에 어떤 특정의 산을 보고 마음이 움직이는 바가 있어 그것을 바탕으로 하여 시를 짓는다고 한다면 그 산의 무엇을, 어떻게 드러내 놓겠는가? 우리는 시인의 작품에 나타난 그것을 분석해 보면 그 시인이 산을 통해서 얼마나 깊이 있는 생각을 했으며, 그 자체가 얼마나 설득력이 있는 것인가를 판단해 낼 수 있다. 바로 이런 점을 염두에 두고 그동안 읽은 산시山詩들을 되새겨 보면서 여기 필자가 선정한 산시 한 편을 음미해 보자.

    男子의 어깨에 매달리듯
    아침마다 나는
    내 집 앞을 지키고 있는 山의
    우람한 골격에 매달린다.

    궂은 날 어둠 속에서도
    살 붙이고 사는 男子의 오랜 심성을
    알고 있듯이
    山의 구석구석
    희끗희끗 벗겨져 나간 바위 모서리까지
    더듬듯이 환히 보인다.

마음보다 몸이 먼저 눈 뜨는
객기의 젊은 날에는
꽃들만 한 아름 피어 있던 山

그 뒤에 숨어 서서
방긋이 웃으면서 버티고 있던
끊을 수 없는 존재의
확실성

곳곳에 野合의 불 밝히고 누운
작은 골짜기를 내려다보면서
침묵 속에 서 있는 山의 얼굴

침묵의 자유로 날아와
내 심중에 큰 나무 하나 심고
아침마다 나를 지켜보는
거대한 男子의 골격
창 앞에 다가와서
나를 압도한다.

　-강계순의 작품「산·3」전문

　이 작품에서 우리가 쉽게 확인할 수 있는 한 가지 분명한 사실은, 한 여성의 눈에 비친 산이 우람한 골격을 가진 남자로 빗대어지면서 결국에는 동일시되고 있다는 점이다. 곧, 제1연과 제2

연에서는 '내'가 바라보는 남자와 산이 병치되어 나타나다가 제3, 4, 5연에 가서는 산에 인격성이 부여되기도 하고, 제6연에 가서는 완전히 남자와 동일시되고 있다. 결과적으로 시인은 산을 드러내기 위해 의인擬人의 비유를 쓰고 있는 셈인데 자신의 눈에 비친 남자에 대한 상像과 산의 그것이 유사하거나 같다고 생각되었기에 남자를 산의 위치에, 혹은 남자의 자리에 산을 놓고서 보고 있는 것이 아닐까 싶다.

그렇다면, 시인의 눈에 비친 남자의 빛깔은 과연 무엇일까? 바로 그것이 시인이 산에 부여한, 산을 통해서 느끼고 생각할 수 있었던, 바로 그 의미가 될 것이기 때문에 한번쯤 짚고 넘어갈 필요가 있다. 그것은 아침마다 내가 매달릴 수 있는, 혹은 매달리고 싶은 어깨를 가진 존재이면서 살을 붙이고 같이 사는, 그래서 그의 마음 구석구석까지가 다 내 눈에 들어와 보이는 존재이다. 그러면서도 거대한 골격을 가진 존재이다. 그러니까, 한 마디로 말해서, 시인에게 있어서 남자란 남편이나 사랑하는 사람처럼 가까이 있는, 그러면서도 상대적으로 큰 외형과 내형을 동시에 가진 존재이다. 외형적으로야 말 그대로 큰 골격에 센 힘이 되겠지만, 내적으로 크다 함은 여성의 마음이나 욕구 등을 너그럽게 포용해 줄 수 있는, 그래서 의지하고 싶어지는, 그런 존재로서의 남자의 '그릇', 다시 말해 '능력' 문제일 것이다. 이쯤 되면, 시인이 느끼고 생각하고 있는 산이 어떤 의미의 산인지 넉넉히 헤아릴 수 있을 줄 믿는다.

그러나 필자를 의혹스럽게 하는 한 가지의 사실, 그것은 과연

이 작품이 산을 노래하기 위해 남자를 끌어들인 것인지 아니면, 남자를 노래하기 위해 산으로 위장했는지 확실한 판단이 서지 않는다는 점이다. 사실, 지금까지는 전자를 전제로 논리를 전개시켰지만 그런 나의 태도에 의혹을 속 시원하게 떼어 버리지 못하게 하는 요소가 있다. 그것은 제3, 4, 5연에서의 모호한 언어 표현 때문이다. 곧, '마음보다 몸이 먼저 눈 뜨는' '객기의 젊은 날에는' 이라는 표현이 내포하고 있는 속뜻을 생각한다면 산의 어떤 특성이나 그에 근거를 둔 이미지를 드러내 주는 말로서 치기엔 다소 거리감이 느껴진다. 마음보다 몸이 먼저 눈을 뜬다는 것은 정신적인 교류나 교합이, 그러니까 이성적인 판단이 있기보다는 육체의 욕구나 행동이 먼저 앞선다는 뜻으로 판단되고, 그런 욕구 충족 중심으로 살던, 그러니까 자제하지 못했던 욕구 충족의 경향을 '객기의 젊은 날'로 표현한 것이 아니냐 하는 판단이 서게 되는 것이다.

그리고 아직까지도 해독되지 않는 구절이지만 '곳곳에 작은 골짜기들이 野合의 불을 밝히고 누웠다'고 하는데 이 '野合의 불'이 의미하는 바가 무엇인지 궁금하지 않을 수 없다. 혹, 주관적인 판단을 허용한다면, 야합의 불이란 적당히 눈이 맞아 같이 지낼 수 있는 남자와 여자와의 관계를 뜻하는 것이 아닌가 싶기도 하다. 그래서 '작은 골짜기'란 그런 상대로서의 여자를 의미하는 말이며, 침묵 속에서 그것을 바라보며 서 있는 '산'은 바로 남자가 되는 것이다.

이런 관계로 위 작품을 대한다면, 이 시는 분명 산을 노래하고 있는 것이 아니라 남자를 노래하고 있고, 시제인 산이란 한낱 남성을 상징하는 비유어에 지나지 않으리라는 판단이 가능해지게 된다. 사실은 이렇게 해석해야 제4연의 모호한 표현이 해독되기도 한다. 곧 젊은 날의 객기 뒤에 숨어 서서 방긋이 웃으면서 버티고 있던, 끊을 수 없는 존재의 확실성이란 인간 본성으로의 부정할 수 없는 고유성이자 실체를 의미하는 것으로서 말이다.

여하튼, 이 작품은 궁극적으로 드러내고자 한 남자에게 산이란 이름의 커다란 위장막을 씌워 놓고 있으나 그것은 오히려 의미의 확대해석에 기여하고 있기 때문에 기교 차원으로 받아들여도 좋을 성싶다. 이런 의미에서 기교가 뛰어난 작품이라고 단정 지어도 틀리지 않을 것이다. 더욱이 그런 기교라는 것도 한 여성으로서 남성을, 그리고 산을 바라보는 익은 눈이 없다면 도저히 이루어질 수 없는 일이기 때문이다. 결과적으로 남자와 산을 바라보는, 혹은 동일선상에 놓고 볼 수 있는 시인의 깊은 안목이 전제된 작품으로 의인擬人의 기교가 어떤 효과를 내고 있는지를 잘 보여주는 전형으로서 부족함이 없다 할 것이다.

34

이근식의 「山行」
청탁淸濁에도 깊이가 있어야 한다

마음을 비우고 산을 오른다.
단석산 골짝, 그 맑고 허허로움
산을 오르면 마음이 맑아진다.
三月 초순 바람끝은 온기가 돌고
담록색 가락을 머금고 우는 가지에
봄기운이 어린다.
마음을 비우면
가지처럼 청아한 소리로 울 수 있을까.
그리운 사람이 보고 싶을 때
산으로 간다.
말 없는 산과 한 몸이 되어
살을 섞으며
어둡고 아픈 마음을 풀고
비어서 맑고 아름다운 하늘을
닮을 수 있을까.
빈 것의 숭엄함.

단석산 신선사 절벽에 앉은 마애불도
三冬의 참선에 들었다 눈을 뜨고
山寺에 사는 스님의 얼굴에도
맑은 봄기운이 일렁인다.
산과 어울린 빈 것의 순결함.
일상에 찌든 마음을 열고
오늘은 산에 오른다.

　　-작품「山行」전문

　이 작품은 이근식의「山行」전문이다. 연 구분 없이 전체 23행으로 짜여 있다. 연 구분이 없다는 것은 내용 전개상 비약飛躍이라든가 전환轉換이라든가, 함축과 생략 등이 없이 시상전개가 단순히 이어지는 진술陳述에 가깝다는 뜻이다. 그래서 특별히 생각하거나 상상하기 위한, 쉬는 공간이 필요 없다. 그 쉼이 필요 없다고 판단되기 때문에 오늘날 연 구분 없는 시들이 많이 창작되고 있는 것도 사실이다.
　이 작품은 3월 초순 태양의 따뜻한 빛과 열에너지를 받아 새순이 움트고, 얼어붙었던 땅이 풀리면서 땅 속에 묻혀 있던 갖가지 씨앗이나 뿌리에 수분이 흡수되면서 이루어지는 생화학적 반응으로서의 새 생명이 움트기 시작하는 초봄의 산행을 소재로 하고 있다. 그러니까, 산은 산이로되 3월 초순의 산이요, 산행은 산행이로되 3월 초순의 봄기운을 느낄 수 있는 산행을 글감으로 취했다는 뜻이다.
　이 산행에서 시인이 직접 체감하고 생각한 바 특기할만한 내용은, ①산을 오르면 마음이 맑아진다는 것, ②봄기운을 받아 담녹색의 새순이 돋는 산골짜기는 맑기도 하지만 허허롭다는 것, ③ 그런 산과 어울려 살고 있는, 혹은 존재하는 '하늘'과 '마애불'과 '스님' 등은 비어있어 순결하다는 것 등이다. 결국, 이것들은 이 작품의 주된 내용으로 시인의 눈에 비친, 혹은 시인이 생각할 수 있었던 사유세계일 뿐이다. 그것을 줄여서 간단히 말하면, '마음을 비우고 텅 빈 상태로 살고 있는 것들은 맑고, 허허롭고, 순결하고, 숭엄하기까지 하다'는 시인의 주관적인 판단과, '일상에 찌든 마음을 열고, 혹은 비우고, 오늘은 산을 오른다'는 산행의 이유로 요약된다.

이제, 한 행 한 행에 담긴. 혹은 숨은 의미와 그것이 어떻게 펼쳐지고 있는지를 살펴보자. (앞으로 나오는 O속의 숫자는 단순히 시의 행수임.)

① '마음을 비우고 산을 오른다'라. 여기서 마음을 비운다는 의미는 무엇일까? 그저 흔한 얘기로 말할 것 같으면, '인간으로서의 사심, 욕심 등을 버리고 '山'으로 비유되는 자연의 이치에 귀를 기울이며' 정도로 그 해석이 가능할 것이다.

그리고 ② '단석산 골짝, 그 맑고 허허로움'이라. 단석산이 어디에 있는, 실재하는 산이든 아니든 그것은 그리 중요한 것이 못된다. 다만, 시인이 오른다고 하는 그 산의 이름이 단석산이고, 그 산의 골짜기가 맑고 허허롭다. 그렇다면, 여기서 시인은 왜 산의 골짜기를 보며, 혹은 몸으로 부딪치며 '맑고 허허롭다'고 표현했을까? 그것이 예사롭지 않다. 그 단석산의 골짜기가 어떻게 생겼기에, 아니면 시인의 눈에 어떤 것이었기에 '맑고 허허롭다'고 했을까? 맑다는 것은 쉬이 이해되나 허허롭다는 판단은 선뜻 공감되지 않는다. 더욱이 산은 온갖 형태의, 온갖 빛깔의 생명(체)들이 살고 있는 자연 그 자체이기 때문에 그런 산 속에서 생명의 순수 혹은 원시성, 혹은 생명 자체를 느낄 수 있는데 왜, 허허롭다는 말을 했을까? 이는 일단 문제로 남겨두기로 하고 넘어가자.

③ '산을 오르면 마음이 맑아진다'라. 물론, 산의 골짜기가 이미 맑고 허허롭게 인지되었으니 그런 산에 오르면 마음이 또한 맑아지는 것은 당연지사가 아니겠는가?

④~⑥ '三月 초순 바람 끝은 온기가 돌고 / 담록색 가락을 머금고 우는 가지에 / 봄기운이 어린다'라. 3월 초순에 부는 바람 하고도 그 끝엔 온기가 돈다고 인식하고 있다. 그 감성적 판단은 상당히 예민하며, 그것은 다음 행에서 더욱 실감나게 확인할 수 있다. 곧, 그런 바람을 맞는 나뭇가지는 담록색 빛깔을 띠기 시작하지만 그런 자연 현상을 시인은 '담록색 가락을 머금고 우는' 것으로 인지하고 있으니 말이다. 그러니까, 담록색 빛깔을 담록색 가락이란 말로 바꿔 표현하고 있고, 바람에 흔들리는 나뭇가지를 '우는 가지'로 표현함으로써 생명체의 깊은 의미에 대해 인격성을 불어 넣어 상상하게 하고 있다. 어쨌든, 시인은 따뜻한 봄 햇살과 봄바람의 기운을 받아 담록색으로 빛깔을 드러내기 시작하는 나뭇가지를 통해서 봄의 기운을 확인하고 있는 셈이다.

⑦~⑧ '마음을 비우면 / 가지처럼 청아한 소리로 울 수 있을까'라. 여기서 말하는 가지가 구체적으로 무슨 나뭇가지인지는 알 수 없으나 어쨌든, 봄기운을 받고 있는 가지는 청아한 소리로

운다고 느낀 것인데, 그 같은 현상에 대단히 긍정적인 의미를 부여하고 있는 듯싶다. 왜냐하면, (나도) 마음을 비우면 그렇게 될까, 라고 묻고 있는 것으로 보아 그 같은 판단이 가능하기 때문이다.

⑨~⑩ '그리운 사람이 보고 싶을 때 / 산으로 간다' 라. 제9행에 들어서 갑자기 산으로 가는 시기나 그 이유가 진술되고 있다. 곧, 그리운 사람이 보고 싶을 때에 산으로 간다는 것인데, 그것은 왜일까? 그 이유가 무엇보다도 중요하다. 그 이유가 곧 시인이 '산' 이란 대상에 부여하고 있는 의미이기도 하기 때문이다.

⑪~⑮ '말없는 산과 한 몸이 되어 / 살을 섞으며 / 어둡고 아픈 마음을 풀고 / 비어서 맑고 아름다운 하늘을 / 닮을 수 있을까' 라. 그러니까, 산은 시인에게 말이 없는 존재이고. 그것은 동시에 나와 살을 섞어서 한 몸이 되기도 하는 존재이기도 하다. 그래, 산은 그런 내 마음을 풀어 줄 것이고, 또 풀린 내 마음은 텅 비어져서 '맑고 아름다운 하늘' 을 닮을 수 있을까, 라고 긍정도 부정도 아닌 질문을 던지고 있다.

⑯ '빈 것의 숭엄함' 이라. 산골짜기가 맑고 허허롭듯이, 내가 마음을 비우면 자연스레 산이 되듯이, 텅 비어 있다는 것은 숭엄하기까지 하다는 인식이다.

⑰ ~ ⑳ '단석산 신선사 절벽에 앉은 마애불도 / 三冬의 참선에 들었다 눈을 뜨고 / 山寺에 사는 스님의 얼굴에도 / 봄기운이 일렁인다' 라. 17행에 와서 시적 화자가 오른다는 단석산 절벽에 세워진 마애불과 산사에 사는 스님이 등장하는데, 마애불은 '참선에 들었다가 눈을 뜬다' 는 의미를, 그리고 스님은 '얼굴에 맑은 봄기운이 일렁이는' 의미를 각각 부여받고 있다.

그렇다면, 여기서 봄기운을 '맑은' 것으로 인지하고 있다는 점은 사실, 좀 더 깊이가 있는 설명을 요구한다. 마치, 둘째 행에서 생명으로 가득 찬 산골짜기가 왜, 허허로운 것으로 인지되었느냐는 질문과 함께 말이다. 단순히 새순이 보여주고 있는 담녹색에 대한 주관적 정감일까? 아니면, 생명의 신비 자체를 맑은 것으로 인지한 것일까? 그리고 그런 생명으로 가득 찬 골짜기를 허허롭게 인식한 것은 인간의 생명현상보다 산에 사는 생명체들의 그것이 훨씬 맑고 깨끗하다고 인식한 탓일까? 아니면, 숱한 생명체도 결국 자리를 비워야 하고, 또 비우게 된다는 자연계의 원리를 전제하고서 허허롭다고 하였을까? 물론, 알 수 없는 일이다. 안다면 그저 추측일 뿐이다.

㉑ '산과 어울린 빈 것들의 순결함'이라. 여기서 빈 것들이라면 앞에서 나온 하늘, 마애불, 스님 얼굴, 산을 오르는 시적 화자 등이 포함될 것이다. 그런데 그것들은 이제 '순결'이라는 의미를 부여 받고 있다. 그러니까, 맑은 것은 허허롭고, 허허로운 것은 순결하다는 식으로 의미의 전이轉移가 이루어지고 있는 셈이다.

㉒~㉓ '일상에 찌든 마음을 열고 / 오늘은 산을 오른다'라. ① 행부터 ㉓행까지는 이미 풀이한 대로 봄기운을 받아 담녹색의 새순이 돋는 나무들로 가득 찬 산골짜기는 맑다 못해 허허롭기까지 하고, 또 그것들은 순결하기까지도 하다. 그런 산 속에 있는 마애불도 봄기운을 받아 눈을 뜨고, 산사의 스님 얼굴도 또한 봄기운을 받아 맑아 보인다. 바로 그런 생명이 꿈틀대는 산을 시적 화자는 마음을 비우고 오른다는 것이다. 그리하여 산과 더불어 호흡하며 산이 되고자 하는 것이다.

이런 인간적 의미부여, 다시 말하면, 산을 통해서 스스로 깨끗해지려는 인간적 노력이 배어 있어 이 시가 좋은가? 아니면 봄기운에 대한 섬세한 묘사가 돋보여 좋은가? 물론, 이 두 요소가 다 긍정적으로 평가되어 마땅하고, 또 그렇기 때문에 세상 사람들에겐 이 작품이 필요한 것이 되고 있는 것은 아닐까. 그러나 내가 볼 때는 너무나 인간적일 뿐이다. 아니, 인간적이라기보다는 통속적이다. '봄기운'이란 말로 빗대어지고 있는 생명의 근원적 힘이 무엇이고, 또 생명이란 것이 본질적으로 무엇인가에 대해 인지했다면 앞서 내린 '인간적이다' 라는 말이 얼마나 적절한 평가인가를 이해할 수 있을 줄로 믿는다.

인간의 예술 활동이란 자연의 모방이거나 그것의 변용에 지나지 않는다.
-이시환의 아포리즘 aphorism 13

35

박종해의 「別賦」
영혼의 빛깔과 환생

앞으로 2시간 후에 멀쩡한 내가 죽는다면, 나는 그 죽음에 대해 무슨 생각을 할 수 있을까? 과연, 그 죽음이 다가오기 전에 나는 무엇을 할 수 있으며, 또 그것을 어떻게 받아들일지 궁금하기 짝이 없다.

인간의 죽음에는 여러 빛깔이 있다. 크게 보면 자의自意냐, 타의他意냐에 따라서 그 빛깔이 다르고, 타의에 의한 죽음이라 하더라도 자연사自然死냐, 아니면 어떤 질병이나 사고에 의한 것이냐에 따라서 그 빛깔이 또한 달라진다.

인간의 죽음이라는 문제는 생명공학이나 의학을 전공한 이들 못지않게 시인이나 철학자들에게도 상당한 관심거리였지만, 일찍이 그것으로부터 완전히 벗어난 사람은 없다. 바로, 그런 죽음이 있기 때문에 자연 생태계가 유지되고 있고, 새 생명의 탄생에 의미가 부여되는 것이다. 그렇다고 죽음을 위해 생명이 있다는 억지를 부릴 필요는 없지만 어쨌든, 그것이 있기 때문에 생명이 더욱 값진 것이고, 그 생명의 꽃을 잘 피운 자만이 죽음에 이르러서도 편안한 마음으로 그것을 받아들일 수 있음에는 틀림없다. 바꿔 말하면, 죽음에 끌려가는 사람에겐 그것이 한사코 두려운, 피할 수 없는 대상이 되겠지만 그것을 스스로 맞이하는 사람에겐 스스로 걸어 들어가는 담대함 내지는 평안이 있을 것이다. 물론, 그럴 수 있다는 것 자체가 자연의 질서에 대한 인식이요, 그에 대한 순응이지만, 더욱 분명한 것은 죽음에 대해 인식을 어떻게 하느냐에 따라서 생명과 삶에 대한 인식이나 태도가 달라진다는 사실이다. 때문에 우리가 죽음을 소재로 쓴 시 한 편을 통해서도 시인의 생사生死에 관련된 가치관을 확인할 수 있다.

여기, 박종해의 「別賦」는 죽음과 생명에 대해, 나아가, 세상을 사는 기본적인 태도 등을 엿볼 수 있는 좋은 작품이다. 물론, 더욱 중요한 것은 죽음을 받아들이는 태도와 그 이면에 뿌리 내리고 있는 그의 가치관에 있다.

내가 저 어두운 하늘 한 끝으로 가는
검은
수레를 타고 떠나는 날엔
비바람도 숨을 죽이고
새 한 마리도 울지 않으리니

고요하고 고요하게
바다 기슭엔
아주 낮은 목소리로

흰
물결이 혼자 울다 가고
작은 나비 한 마리
노오란
달맞이꽃에 숨어 자고 있으리니
그것은 혹 나의
푸른
영혼이라 이름지어도 좋으리

슬픔은 어디에서 와서
무슨 색깔로 이 땅을 물들이는가
서녘 하늘
진홍의 노을이 칠흑의 어둠을 데리고
나의 문전을 기웃거릴 때
나는 아무 말 없이 돌아가리라
오랜 세월을 기다려 온
친근한 나그네처럼.

―작품 「別賦」 전문

이 작품은 전체 3연 24행으로 짜여 있는데 매우 자연스럽게 의미 전개가 되고 있다. 의미 전개상의 기본원리인 기승전결이란 틀에 입각하여 죽음에 대한 생각과 태도, 그리고 그 결과 등이 피력披瀝되고 있다. 때문에 그에 대한 의미 판단도 어렵지 않다. 그러나 죽음에 대한 인식과 그것을 받아들이는 태도는 '초월자超越者' 내지는 '도인道人'에 가까운 범상치 않은 면이 있다.

제1연에서는 '어두운 하늘 한 끝'과 '검은 수레'라는 시어詩語가 죽음이란 것을 암시하고 있는데, 죽음의 나라에 가는 날에는 비바람도 숨을 죽이고, 새 한 마리도 울지 않을 것이라는 화자話者의 기대가 실려 있고, 감정이 이입되어 있다. 덧붙이자면, 죽음은 '어두운 하늘 한 끝'에 자리 잡고 있는 세계이고, 그곳에 가려면 '검은 수레'를 타고 가야 하지만, 실제로 가는 날에는 적막寂寞에 휩싸인다는 것이다. 결과적으로, 죽음은 '어둠'의 세계이고, '검은' 빛깔과 연관되어 있음을 확인할 수 있다.

제2연에서는, 죽음의 결과에 대한 인식 곧, 육신은 없어지더라도 '푸른 영혼'은 남아 '아주 낮은 목소리'로 혼자 울다가는 '바닷가의 흰 물결'과, 노란 '달맞이꽃' 속에 숨어서 자고 있는 '작은 나비' 한 마리라는 것이다. 그러니까, 물결의 흰색과, 달맞이꽃의 노란 색이 영혼의 푸른색과 서로 연관을 맺고 있는 셈이다. 간단히 말해서, 영혼은 푸른색이고, 그 영혼이 깃든 환생물還生物은 낮은 목소리로 울다가는 바닷가 흰 물결이고, 노란 달맞이꽃 속에서 숨어서 자고 있는 아주 작은 나비라는 것이다. 게다가, 영혼의 비유어인 '물결'과 '나비'가 관련된 일련의 시어 곧, '낮다', '작다', '운다', '숨는다' 등에서 느낄 수 있듯이, 화자는 자신이 환생하는 제2의 존재에 대해서 아주 가냘프고, 미미한, 그렇지만 순수하고 깨끗한 존재이기를 바라는 소망을 갖고 이런 비유를 했던 것 같다.

제3연은, '슬픔은 어디에서 와서 무슨 색깔로 이 땅을 물들이는가'라는 물음으로써 시작되는데, 물론, 그 답부터 말하자면 '서쪽'에서 '진홍의 노을빛'이다. 그런데 바로 여기에서 화자는 죽음을 받아들이는 감정변화를 잠시 일으키고 있다. 대다수 사람들의 생각처럼 죽고 사는 문제가 자신에게도 커다란 슬픔을 안겨주는 것처럼 죽음에 대한 인식 내용을 뒤집어 놓았다. 그러나 죽음이 내 곁 가까이 다가왔을 때에 나는 아무런 말없이 그곳으로 담담하게 '돌아가겠다'는 - 이 '돌아간다'는 시어 때문에 천상병의 「歸天」을 떠올리게도 되지만 - 초월자적 심경으로 곧 회복된다.

전체적으로 보면, 인간 존재는 죽을 수밖에 없고, 죽는다는 것은 결국, 본래의 고향으로 돌아감[回歸]이고, 그래서 죽음 앞에서도 친구가 찾아온 것처럼 담대하게 받아들일 수 있다. 그리고 육체는 죽어 사라지지만 영혼은 다시 환생한다는 불가佛家의 기본적인 믿음이 반영되어 있음을 확인할 수 있다. 다만, 죽음과 그것의 슬픔, 영혼과 그것의 생명력을 비유법과 빛깔로서 선명하게 표현하고 있다는 점이 퍽 이채롭다. 곧, 슬픔은 진홍의 노을빛으로 다가오지만 죽음은 서쪽의 어둠으로서 검은 색이며, 영혼은 푸른색이고, 그것의 생명력은 흰색이나 아주 노란 색이라는 것이다.

이에 대한 공감의 여부와 정도 문제는 차치하고, 여기서 시를 쓰는 사람으로서 분명하게 짚고 넘어가야 할 것이 하나 있다면, 그것은 시인 자신의 감정·생각 등을 표현하기 위해서 무관한 주변 사물들에게 그것을 이입移入시킨다는 사실이다. 그렇다면, 시인은 왜, 자신의 감정과는 사실상 무관한 대상對象들에 자신의 감정과 생각을 일방적으로 불어넣어야만 하는가?

　예를 들어 쉽게 설명하자면, 슬픈 사람에게는 나뭇가지에 앉아 있는 새 한 마리도 슬프게 보일 것이고, 하늘에 떠있는 달과 별조차 슬퍼 보일 수 있다. 물론, 사람이 슬프다고 그런 일련의 대상들이 다 슬픈 것은 아니다. 다만, 그것들이 사람의 감정과 아무런 관련이 없음에도 불구하고 사람이 스스로 그렇게 인식할 뿐이다. 왜 그럴까? 사람은 본능적으로 자기중심적으로 생각하고 판단하는 속성을 가지는데, 그것은 자기 합리화를 통해서 자기가 언제나 유리하도록 해야 하는 생명체로서 기본적 욕구가 작용하기 때문이다. 그러니까, 슬픔에 휩싸인 사람은 아무런 상관이 없는 새 한 마리를 보고서도 자신처럼 슬플 것이라고 생각하거나 아니면, 저 새가 나의 슬픔을 위로해 주는 것처럼 여기는 것이다. 그럼으로써 스스로 위안을 삼고 위로받기 때문이다. 그래서 어떠한 시를 보아도 시인의 감정이 이입되고 투사投射된 문장들을 흔히 볼 수 있다. 이런 의미에서 본다면, 우리가 시를 감상하는 것도 따지고 보면 사람마다 다르게 이입된 감정 생각 등을 읽는 것이나 다를 바 없다.

36

혼다히사시 本多寿의 「火の棺」
생명의 근원으로서의 불과 그 사다리

불속으로
그대를 안치하고 더욱 세게 불을 당긴다.
불은 그대의 머리카락을 태우고
살과 뼈를 태우고
끝내는 가슴위로 모아진, 기도하는 모습의
그대를 태워 풀어헤친다.
그대가 불로 돌아가는 동안
불길 속에서 소리를 내며 무너지는 것은
그대가 천 개의 시구詩句로 구축했던
한 편의 시이다.
아니, 피어오르다 무너져 내린
불의 사다리이다.

그러나 재속에 무너져 있는 것은
아무것도 없었다.
이미 불씨조차 다하여

다시 타오를 기력도 없었다.
식탁 주위에서 앞을 다투던 사람들은 없었지만
우리들은 젓가락을 들고
그대의 뼈를 줍는다.
조그만 항아리에 담아
그것을 양손으로 감싸 안으며
조심스레 나무상자에 넣는다,
마치 그대의 유골에 어떤 의미라도 있는 듯이.

그로부터 4년
그대가 버릴 수 없었던
여자로부터 온 편지를 태우고 옷가지를 태우자
타오르는 불길 속으로
사다리를 내리는 자가 있고,
그 사다리를 타고 불길 속으로 내려오는
그대가 있다.
황혼이 있다.

위 작품은 일본의 혼다히사시本多寿의 「火の棺」전문이다. 원작은 그의 다섯 번째 시집인 『火の棺』(1983. 本多企業)에 실린 것으로 전체 3연 21행의 자유시이다.

사실, 이 작품은 광복50주년 기념으로 한국과 일본에서 동시에 발간한 100인 시인선집 『푸른 그리움』에 실려 있는 것으로 한성례 시인이 번역한 것에 필자가 다소 손을 보태고 시행 구분을 임의로 필자 호흡에 맞추어 재구성한 것이다.

비록, 번역에 의존하여 감상할 수밖에 없는 외국인의 작품이지만 우리의 마음을 움직이게 하는 어떤 힘이 있음을 쉽사리 부인하지 못할 것이다. 바로 그 힘의 정체를 밝히는 것이 필자에게 주어진 몫이지만 말이다.

이 작품은 화장火葬의 상례喪禮가 시작詩作의 직접적인 모티브가 되고 있는데, 다시 말해, 우리와 비슷한 화장 풍속이 중요한 소재가 되고 있다. 그렇다고 상례 그 자체에 어떠한 의미를 부여한다든가, 그것에 초점을 맞춘 것은 아니다. 물론, 제1연에서는 불에 타면서 시신의 형태가 사라진다는 사실이 기술되고 있고, 제2연에서는 뼈를 수습하는 장면이 묘사되고 있고, 제3연에서는 4년이 지난 후 죽은 자의 유품을 태우는 상례 풍습이 드러나 있긴 하다. 이런 일련의 사실묘사나 진술이 이 작품을 시답게 만드는 일에 결정적으로 기여하지는 않았다. 온전한 시가 될 수 없는, 있는 그대로의 사실 묘사나 진술을 가지고 어떻게 감화력을 지닌 시로서 태어나게 했는가? 그것은 제1, 3연에 나타나 있는, 논리를 초월하는 시인의 감각적 인식 곧 직관에 있다. 곧, 불길 속에서 소리를 내며 무너지는 것이 인간의 몸이 아니라 천 개의 시구로 구축해 놓은 한 편의 시 또는 그 세계라고 인식했던 점이라든가, 아니면 피어오르다 무너져 내리는 것이 다름 아닌 '불의 사다리' 라고 지각한 점이라든가, 불길 속으로 사다리를 타고 내려오는 이가 다름 아닌 4년 전에 죽은 사람이요, 그가 곧 황혼으로 환치되는 대목 등이 그것이다. 이들은 현재의 우리가 가지는 이성적 판단능력으로 쉽게 설명되지 않는, 그래서 더욱 긴 설명이 요구되는 초논리적 초자연적 세계임에 틀림없다. 가능한 범위 내에서 설명을 덧붙이자면 이러하다.

곧, 평생 시를 쓰다가 죽었거나 그만큼 시를 가까이 하며 살았던 사람의 불타는 주검 앞에서 몸이 타는 게 아니라 시가 탄다고 말할 수 있다. 가을철 과일이 무르익는 것을 보고 가을이 익어간다고 말하듯이 말이다. 그리고 '그대가 불로 돌아간다' 는 표현과 '사다리를 타고 불길 속으로 내려오는' 이가 4년 전에 죽은 자者라는 인식에서 우리는 한 가지 새로운 사실을 유추해 낼 수 있는데 그것은 곧, 인간이 불에서 나왔고, 다시 불로 돌아간다고 하는 화자의 판단이다. 이런 시인의 개인적 직관을 비논리적이고 사실이 아니라고 속단하고 싶지는 않다. 사실, 그것이 그렇게 중요한 것은 아니다. 그것은 어디까지나 시인에게 순간적으로 지각된 내용으로서 그것이 진실이든 거짓이든 관계없이 시인의 사유세계 속에서 이미 존재했던, 엄연한 현실이자 진실로 받아들이면 그만이기 때문이다.

그런데 시신이 타면서 불이 되는 것은 '불의 사다리'를 통해서이고, 또 불길 속에서 죽은 자가 내려오는 것도 그것을 통해서이다. 그렇다면, 이 '불의 사다리'는 무엇일까? 어쩌면, 불을 불이게 하는 그 본질로서 불 그 자체일 것이다. 인간이 죽어서 불이 되고, 죽은 인간이 다시 살아나는 것도 그 불로부터이다. 결과적으로, 시인에게 불은 생명의 시작이요, 끝으로 이해되고 있다. 우주가 빅뱅으로부터 시작되었고, 종국에는 무한한 팽창으로 인한 빅립big rip이라는 데, 만물을 가득 품고 있는 우주가 에너지 운동임을 전제한다면 틀린 말도 아니다. 이러한 심오한 진실을 담고 있는 이 작품이 그래도 생경하지 않은 것은 사다리를 타고 내려오는 자를 황혼과 동일시하고 있다는 사실 때문이다.

이처럼 한 인간이 죽어 시신을 불태우고 **뼈**를 줍는 단순행위로부터 인간존재의 의미와 생사의 본질에 대해서까지 생각게 함으로써 우리의 상상력을 확장시켜 주고 있다.

혼다 히사시 : 1947년 출생, 시집으로 『불의 관』, 『과수원』, 『피뢰침』외 다수가 있으며, 제42회 H씨 문학상 수상함.

지극히 아름다우면 그 자체로서 진실하고,
진실하면 그 자체로서 아름답다.
-이시환의 아포리즘aphorism 15

37

박곤걸의 「을숙도」
정황묘사를 위한 작위적 표현의 부자연스러움

구름 몇 마리 놓아 기르는
을숙도 갈대밭에
내 마음 죄다 방목放牧해 놓고
고삐 하나 없이 목을 들면
하늘은 낙동강에 내려 온몸을 적시고
낚시줄로도 건져 올리는
퍼덕이는 하늘빛이
움켜쥐면 살빛에 스미는
물빛이다가 햇살이더니
눈이 시리도록 높이에서 출렁이어
물과 하늘 사이
거기에 내 사랑의 새떼를 놓아
헤아릴 수 없이 날려대며
갈대밭을 헤쳐 가는 내 허리에
가을이 휘청대고
갯모래에 찍힌 발자국마다 따라오며

갈대꽃이 목을 들고 피어
머릿발을 날리고 있다.

낚시줄 : 낚싯줄의 誤記.
갯모래 : 갯가 +모래=갯가의 모래(?)
머릿발 : '털뿌리'의 방언(?) 아니면 머리털(?)

 일부의 시인들이 박곤걸 시인의 대표작으로 치는 「을숙도」라는 시 작품 전문全文이다. 보다시피, 이 작품은 18행이 연聯 구분 없이 1개의 불완전한 문장으로 짜여 있다. 때문에 문장의 구조는 대단히 복잡하지만 작품 자체는 지극히 단순하다. 이 단순성은, 시인의 주관적인 정서나 사상을 판단하는 일보다 시인이 언어로 그려 놓은 특정의 정황을 그림 보듯 보는 것으로써 만족되는, '던져진' 작품이기 때문이다. 다시, 여기서 '던져졌다'라는 것은, 표현자인 시인의 의도를 직접적으로 노출시켜 독자들의 판단을 제한하지 않고, 시인이 문장으로써 구축한 정황을 보는 것으로 숨겨진 그것을 독자들이 나름대로 느끼고 판단하는 자유와 융통성을 크게 부여했다는 뜻이다. 그리고 이 시에 동원된 문장이 복잡하기 때문에 그것의 구조를 분석하는 일에 익숙하지 않은 사람들에겐 자칫 '장님의 코끼리 만지기' 식의 말들만 무성해질 수도 있을 것이다. 이 점을 경계하면서 작품의 구조를 먼저 분석하고, 표현상의 작위성作僞性을 확인해 보고자 한다. 그럼으로써 이 작품의 실상을 체감 판단하도록 할 것이다.

*

　18행으로 짜여진, 하나의 긴 문장 속에는 2개의 중요한 조건절節이 들어있다. 곧, '고삐 하나 없이 목을 들면(제4행)'과 '퍼덕이는 하늘빛이 움켜쥐면(제7~8행)'이 그것이다. 이 두 개의 조건(절)은 다음에 나오는 제14행의 '내'에 모두 걸린다. 다시 말하면, 그 '내'의 동작이나 상태(제12~14행)를 낳는 원인이자 전제조건으로서 시의 도입부 구실을 한다.
　그렇다면, 제8행 다음부터 기술되는 '내'의 동작과 상태가 더 중요하게 다가오는데, 그것은 지극히 당연하다. 곧, '새떼를 놓아 헤아릴 수 없이 날려대며'와 '갈대밭을 헤쳐 가는'의 두 가지 동작을 취하는 '내'로 시선이 쏠리게 되어 있기 때문이다. 물론, 이보다 더 중요하게 판단되어야 하는 두 개의 주절主節이 작품 말미에 대기하고 있지만 말이다. 따라서 1행에서 14행까지에서는 두 가지 동작을 보이고 있는 '내'가 가장 중요하고, 그런 나의 동작을 가능하게 하는 조건으로서의 정황, 곧 '을숙도'라는 갈대밭과 그곳의 강물과 하늘과 구름 등의 요소가 전제되고 있다는 사실에 대한 인식이 중요하다.
　18행의 긴 문장에서 가장 중요한 2개의 주절은, '가을이~휘청대고(제15행)'와 '갈대꽃 ~ 날리고 있다(제17~18행)'이다. 그런데, 휘청대는 가을은 가을인데 1행에서 14행 사이에 걸쳐 묘사된, 그렇고 그런 '내'의 허리에(서) 휘청대는 가을이다. 그리고 갈대꽃이 머릿발을 날리고 있는데 그것(갈대꽃)은 목을 들고 피어 있으면서 갯모래에 찍힌 발자국마다 따라오는, 그런 갈대꽃이라는 것이다.

그렇다면, 시인은 이 작품을 통해서 궁극적으로 말하고자 한 바가 무엇이었을까? 갈대와 새떼와 강물과 하늘이 어우러져 있는 을숙도의 정황 그 자체인가? 아니면, 그런 을숙도에 와 있는 시적 화자의 유유자적함인가? 아니면, 그런 을숙도와 나와의 관계로서 양자 간의 조화 곧 그 어우러짐인가? 물론, 나는 두세 번째 후자로 판단하지만 그것을 드러내기 위해서 시인이 동원한 문장의 수사修辭는 흡사 잔가지와 나뭇잎들이 너무 무성하여 줄기와 뿌리를 분간하기 힘든, 그런 비정상적인 나무를 보는 것만 같다. 그리하여 바람이 불면 뿌리가 뽑혀 쓰러지고 말, 웃자란 나무의 무성한 잎처럼 수식어가 덕지덕지 달라붙어 있어 먼저 곧고 바르게 서 있어야 할, 다시 말해, 먼저 파악되어야 할 줄기와 뿌리를 지각하기가 쉽지 않다.

게다가, 표현을 위한 표현을 습관적으로, 혹은 작위적으로 즐기는 시작법 상의 전형을 보는 것 같아 시인의 익숙해진 기교는 읽을 수 있지만 전제되어야 할 시인의 진실은 오히려 빈약하다는 판단을 가능케 하고 있다. 뿐만 아니라, 오류의 어법도 있어 정확한 의미 판단에 혼란을 가중시키기도 한다. 이런 일련의 현상을 반영하고 있는 구체적인 예를 들어서 설명해 보면 이러하다. 곧, '퍼덕이는 하늘빛이 움켜쥐면(제7행)'에서 '하늘빛이' 아니라 '하늘빛을'로 바뀌어야 앞뒤 문맥상 의미가 자연스레 통한다. 오기誤記인지 아닌지는 알 수 없지만 퍼덕이는 하늘빛을 (내가) 움켜쥐면 그것(하늘빛)이 살빛에 스미는 물빛이 되기 때문이다. 만약, 그렇지 않고 원문대로 받아들이면 '퍼덕이는 하늘빛이' 움켜쥐는 목적어가 빠져 있기 때문에 여전히 불완전한 상태로 남게 된다. 그리고 '구름 몇 마리 놓아기르는(제1행)'의 표현은 자연스레 받아들일 수 있지만, 시적 화자의 마음이 자유스럽고 홀가분한 상태를 드러내기 위해서 '내 마음 죄다 방목放牧해 놓고 고삐 하나 없이 목을 들면'이라고 표현한 것은 오히려 자신의 마음이 그렇지 않다는 뜻이고, 그런 표현은 한낱 작위적作僞的인 것이라는 사실을 뒷받침하는 예라 할 수 있다. 왜냐하면, 진실로 자연과 동화되어 하나가 된 상태에 있는 인간의 편안한 입에서 나오는 언어란 그렇게 꾸미지 않기 때문이다. 그리고 '하늘은 낙동강에 내려 온몸을 적시고(제5행)'라는 표현은 자연스레 받아들일 수가 있다. 낙동강 물에 비친 하늘과 구름을 어렵지 않게 상상해 볼 수 있기 때문이다. 그러나 '낚시줄로도 건져 올리는 퍼덕이는 하늘빛이(제6~7행)'라는 표현은 '물고기' 대신으로 삽입한 '하늘빛'인지는 모르겠으나, 무언가 새로운 표현을 하기 위한 노력의 산물로 받아들여진다. 그리고 '눈이 시리도록 높이에서 출렁이어(제10행)'라는 표현은 주어도 분명하지 않을 뿐 아니라 자연스런 어법이 아니다. 차라리, '눈이 시린 높이에서'라거나 '눈이 시리도록 아주 높은 곳에서 출렁이어'라는 표현이 옳다는 생각이 든다.

*

전체적으로 보아, 이 작품은 시인의 언어 표현력을 경쟁이라도 하는 듯이 필요 이상의 말장난을 즐기고 있다고 나는 생각한다. 그런 말장난이 곧 작위성으로 인지되었고, 그 작위성으로 시인의 진실성이 의심된다는 것이, 이 작품에 대한 나의 떨칠 수 없는 판단이다. 물론, 나와는 전혀 다른 견해가 있을 수는 있다. 그러나 현 시점에서 내가 분명하게 말할 수 있는 것은, 이 작품이 언어로 그려놓은 그림과 같은 시라는 사실이다. 곧, 갈대꽃이 우거지고, 맑은 강물에 하늘과 구름이 비치고, 새떼들이 오르고 내리는, 거기에다 낚시꾼 한 둘 정도 보이는, 그런 갈대밭을 유유히 헤치며 걷고 있는 한 사내를 언어로써 그림을 그리듯 그려 놓았다는 것이다. 반면, 그 갈대밭을 내가 헤치고 걷기에 이따금씩 새떼들이 오르는 것을 '내 사랑의 새떼를 놓아 헤아릴 수 없이 날려대며'라고 표현한 것은, 있는 그대로의 정황이라기보다는 시인의 개인적인 생각이 비교적 짙게 반영된 곳으로 보인다.

여하튼, 언어로 그리는 그림 같은 시가 소위 이미지를 중심으로 한 현대시 작법作法이긴 하나 불완전한, 해독되기 쉽지 않은 문장으로 특정의 정황묘사를 통해서 독자들 앞에 내어 놓은, '던져진' 작품임에는 여전히 틀림없다고 본다.

이선숙의 「풍욕하는 여자」
주관적 정서의 범람과 포스트 모더니티

때로는
붉어진, 그의 섬유질 얼굴에 미끄러지기도 하지만

어둠이 내려가 앉는 창가
바람의 체온을 가르며
나는 옷을 벗는다
이름모를 별자리 깔며
검은 새를 부른다

살아 있음은
거기 그렇게 맞이하는 햇살의 눈부심일까
너와 내가 움켜 쥔 것은
바다로 가는 편도 승차표일 뿐

매저키즘의 사슬을 끄는
시간의 그림자

깃털이 숭숭 빠진 꿈
검은 새 숲을 흔든다.

―작품 「풍욕하는 여자」 전문

위 작품은, 이선숙의 「풍욕하는 여자」 전문이다. 이를 한두 번 읽고 이해했다면 그는 시를 감상하는 눈이 이미 보통이 아니라고 생각한다. 솔직히 고백하건대, 필자는 십 수 년 전 이 작품을 완전히 오독誤讀했었다. 지금 다시 읽고서 그 같은 사실을 깨닫고 보니 얼굴이 화끈거린다. 필자의 무지가 지각된 때문이다.

이 작품은 4연 15행으로 짜여 있는데, 여러 가지 면에서 퍽 재미있다. 먼저 이해하기 쉽게 전체적인 내용을 풀어 써보겠다.

화자話者는 아침이나 새벽이 아닌, 어둠이 내리는 밤에 창문을 열고 옷을 벗은 다음, 자리에 누워 피부를 자극하는 바람목욕을 한다. 그러다보니 밤하늘에 별자리가 보이고, 불현듯 상대相對와 함께 있었던 기억이 떠오르지만, 바람결은 혼자뿐인 자신의 온몸을 훑고 지나간다. 그 때마다 잠자던 성적 욕구가 자극되는데 애석하게도 열락悅樂의 세계(바다)로 가는 길에는 언제나 홀로(편도승차표)이다. 그럴 때마다 그는 자기 몸을 학대하듯 성적 욕구를 풀어야 했고, 그런 자신의 행위를 내려다보면 흡사 '깃털이 숭숭 빠진 꿈'에 지나지 않았다. 자신의 성욕을 만족시켜 줄 수 있는 상대인 '검은 새'를 부르고, 마침내 그 검은 새는 욕망의 덩어리인 '나'(숲)를 자극한다는 것이다.

필자의 위 해설이 옳다면 나는 그토록 난해하게만 여겨졌던 이 작품을 이제야 온전히 해독한 셈이다.(여러분, 시인에게 직접 물어보시기 바랍니다.)
이제, 왜 이러한 해설이 가능한가를 차례차례 풀어 보여야 할 차례다.

첫 연을 보자. "때로는 / 붉어진, 그의 섬유질 얼굴에 미끄러지기도 하지만"이다. 이 불완전한 문장이 한 개의 독립적인 연聯이 되었다. 그것은 말이 생략되었다는 뜻이다. '때로는'이라는 말은 '때때로'라는 뜻이고, '붉어진'이라는 말은 '부끄러워서 혹은 흥분되어서 상기된'이란 뜻으로 해석해도 무리가 없다. 그리고 '그'란 풍욕하는 화자의 기억 속에 있는 상대이다. 그 상대의 '섬유질 얼굴'이란 오동통하게 살이 찐 얼굴이 아니라 말라 보이는 얼굴일 것이다. 그리고 '미끄러지기도 하는'의 주체는 바람일 것이다.

둘째 연을 보자. "어둠이 내려와 앉는 창가 / 바람의 체온을 가르며 / 나는 옷을 벗는다. / 이름 모를 별자리 깔며 / 검은 새를 부른다."이다.
생략省略과 도치倒置, 그리고 해독해야 할 비유比喩 등이 있기 때문에 상당한 주의가 요구된다. 이 둘째 연을 정상적으로 다시 고쳐 쓰면 이러하다.

'어둠이 내려와 앉는 창가(에서) / (나는) 바람의 체온을 가르며 / 옷을 벗는다. / (나는) 이름 모를 별자리(를) 깔며 / 검은 새

를 부른다.'

물론, ( ) 속에 든 말이 생략되었다는 뜻이고, '이름 모를 별자리를 깐다' 는 것은 밤하늘의 별자리를 본다는 것이고, 검은 새를 부른다는 것은 성적 욕구를 충족시켜 줄 상대나 방법을 원한다는 뜻이다.

셋째 연을 보자. "살아 있음은 / 거기 그렇게 맞이하는 햇살의 눈부심일까. / 너와 내가 움켜 쥔 것은 / 바다로 가는 편도 승차표일 뿐…"이다. 독자를 다소 긴장시키는 표현이 가로막고 있다. '살아 있음은 거기 그렇게 맞이하는 햇살의 눈부심일까' 라고, 화자 자신이 자기 삶에 대해서 불현듯 되돌아보며 자평自評하고 있기 때문이다. 여기서 '거기 그렇게' 라는 말은 '풍욕하면서' 라는 뜻으로 받아들여도 무리가 없을 것이다. 그런데 화자는 곧바로 '너와 내가 움켜 쥔 것은 바다로 가는 편도승차표일 뿐…' 이라고 자신의 풍욕과 관련된 삶에 대해 최종 결론을 내리고 있다. 여기서 '너와 나' 는 알 수 없지만 부부관계이거나 아니면 특정인과의 관계로 풀어 볼 수 있다. 그리고 '바다로 간다' 는 것은 자신의 꿈이 펼쳐지는 이상세계 곧 삶의 목적지이기도 하며, 동시에 성적 욕구를 충족시켜 주는 열락의 장場이 될 것이다. 그런데 편도 승차표라는데 바로 이 점이 애석하다. 나란히 함께 가는 것도 아니고, 갔다가 다시 오는 것도 아닌, 서로 다른 길을 간다는 뜻으로 해석된다.

넷째 연을 보자. "매저키즘의 사슬을 끄는 / 시간의 그림자, 깃털이 숭숭 빠진 꿈, / 검은 새(는) 숲을 흔든다."이다.

매저키즘masochism이란 피학대음란증으로 학대를 받으면서 성애를 느끼는 생리적 양태를 말한다. '매저키즘의 사슬을 끄는 시간의 그림자'는 '매저키즘의 증상을 보이는 화자의 기억 또는 그런 시간'으로 해석할 수 있을 것 같다. 그리고 '깃털이 숭숭 빠진 꿈'은 화자 자신의 그러한 삶을 빗대어 말한 것이다. 쉽게 말해, 깃털이 숭숭 빠졌다는 것은 몰골이 흉하기 짝이 없는, 보잘것없다는 뜻이다. 결과적으로 자신의 삶이 그런 보잘것없는 꿈에 지나지 않았다고 여기는 것 같다. 마지막 행인 '검은 새(는) 숲을 흔든다'는 말은 자신의 성욕을 만족시켜 줄 수 있는 상대가 성적 갈증을 느끼는 자신이라는 몸을 흔들어 깨운다는 뜻일 것이다. 여기서, '새'는 새인데 '검다'는 것이 마음에 걸리는데, 아마도 인간의 성적 욕구를 충족시켜주는 것이기에, 다소 부정적인 시각이 반영되어 '검다'라는 말을 사용했는지, 아니면 합법적인 섹스 파트너가 아닌 사람이기 때문에 '검다'라는 말을 사용했는지는 알 수 없다.

이처럼 어떤 특별한, 주관적 정서가 그대로 반영되어 있고, 또한 그것을 언어로 표현하는 방법과 기술면에서도 너무나 주관적이기 때문에 온전한 해독이 쉽지 않은 시들이 '현대시'라는 이름으로 발표되는 것이 우리 한국시단의 큰 흐름임에는 틀림없다. 오늘날, 대중화된 시인들에 의해서 양산되는, 그들의 주관적 정서가 다양하게, 그리고 어수선하게 표출되고 있는 문학적 현상을 두고 필자는 포스트모더니즘[1]이라 부르는데, 그들은 어떤 고정된 전형典型이 없으며, 있던 틀[形式]마저 깨어버리는 경향마저 있다. 여기에는 그럴 만한 이유와 배경이 있다. 그 근원부터 생각해 보는 기회를 가져보자.

  생명현상을 유지하고 고양시키기 위한 활동 곧, 인간의 욕구충족을 위한 끊임없는 노력은, 인지人知와 과학의 발달을 가져왔다. 그것은 인구증가를 비롯하여 활동의 모든 영역에서 질적 양적 변화를 가져 오기도 했다. 그 가운데에서도 직장조직과 생활환경의 변화는 인간 자체의 변화를 강요해 왔다. 그러니까, 성격과 기능이 다른 조직이 점차 많아지면서 비대해지고, 필요에 의해 만들어가는 생활공간은 자연의 빛깔에서 문명의 빛깔로 채색되어왔다. 그런 과정에서 우리들의 욕구와 관심, 능력과 사고방식, 나아가 행동양식과 가치관 등이 모두 다양하게 변화되어 왔다. 이런 현대사회는 우리에게 분업화되고 전문화된 능력을 갖추도록 요구하고 있고, 또 대다수의 사람들은 그런 요구에 부응하여 필요한 교육을 받으면서 노력하여, 각자 다양한 조직 속으로 자기 자리를 찾아가고 있다. 그렇게 오늘도 정신없이 살다보면 어느 날 문득 주위 사람과 다른 모습으로 내가 서 있고, 또 그가 서 있게 마련이다. 이런 '현대사회'라고 하는 커다란 수레바퀴는 수많은 크고 작은 바퀴들로 복잡하게 얽혀서 맞물려 돌아감으로써 움직여지는 것이다.

  따라서 너나 할 것 없이 그 어느 바퀴 속에서 일하든 없어서는 아니 될 사람들이 되어가고 있는 것이다. 그렇듯, 골목을 청소하는 이도 있고, 인공위성의 부품 하나를 만드는 이도 있고, 그림을 그리고 시를 쓰는 이도 있고, 노래하는 이도 있다. 이제, 이 같은 현대사회의 메커니즘을 자각한 이들이 점점 많아지고 있다. 소위, 깨어있는, 전보다 향상된 능력을 가진, 또 맡은 바 자기자리에서 제 몫을 다하고 있는 대중大衆이 바로 그들이다. 그들은 새로운 조직을 만들고, 그 조직의 힘을 빌려서 자신들의 권리를 확대해 가고 있다. 이렇게 현대사회라고 하는 바퀴를 굴리는 데에는 크든 작든 힘을 보태고 있는, 절대 다수의 사람들에 의해서, 유기적으로 혹은 탄력적으로 이끌리어 가는 것이다. 바로 이런 사회를 두고 필자는 '포스트모던 사회'라고 말하고 싶다.

   포스트모던 사회는 대단히 복잡하다. 구조가 복잡하고 그 양태가 복잡하다. 인구밀집과 도시의 대형화, 다양한 직종과 조직, 빠른 속도의 변화 등을 반영하는 각종 정보의 범람 등으로 더욱 복잡성을 느끼면서 살아야 한다. 특히, 경쟁의 원리를 사회발전의 원동력으로 삼고 있는 자본주의 사회에서는 개개인의 능력에 따라 다른 삶을 살아야 한다. 우리는 그간의 간단없는 노력으로 놀랄만한 문명의 빛나는 탑을 쌓아 올리는데 성공했다. 특히, 일상생활 속에서도 갖가지 문명이기를 사용함으로써 상상할 수 없을 만큼 편리한 생활을 하기도 한다.
   그렇지만, 그만큼 우리는 더 많은 일을 해야 한다. 인간의 수명도 전보다 많이 연장되었지만 다른 한 편으로는 많은 생명을 담보해야 한다. 그렇듯, 어느 정도 부를 축적한, 혹은 보장받은 사람들은 문명의 이기를 이용하면서 여유로운 인생을 즐기기도 하지만 그렇지 못한 사람들은 상대적 빈곤감과 지나친 경쟁의식으로 심리적 중압감에 시달리며 살아가야만 한다. 또한, 발달된 정보통신기기와 각종 미디어는 우리로 하여금 평생 새로운 것을 배우도록 암묵적으로 강요하고 있다. 잠시라도 눈을 돌리면 시대의 변화에 뒤떨어져 버리고 마는 무서운 결과를 낳기도 한다. 또한, 그것들은 쉽게 우리들의 행동이나 의식을 통일하는데 결정적인 힘을 발휘하기도 한다. 그러나 그것들을 수단으로써 활용하여 많은 것을 알게 되는 사람들은 극도의 개인주의와 이기주의적인 사고와 행동으로 무장하기도 한다. 하루가 무섭게 변하는 세상 가운데에 살면서 매일매일 급류를 헤엄쳐 나오기라도 해야 하는 것처럼 긴장하거나, 아니면 자포자기 상태로 떠밀려 가야 한다.

어쨌든, 생활공간이 복잡하고, 의식이 복잡할 수밖에 없는 세상이 바로 포스트모던 사회인데, 복잡하면 복잡할수록 우리는 '무식한 능력자'가 되어 작은 부품으로 전락한다. 그리하여 문명의 역사라고 하는, 보다 큰 바퀴를 굴리는데 마르고 닳도록 쓰이고 있다. 이것이 부인할 수 없는 현대사회의 메커니즘인데, 그 속에서의 개개인의 순응, 혹은 대응양식도 다양할 수밖에 없는 것이다.

그러므로 시를 쓰는 사람들의 직업도 가치관도 다양해지고, 그런 만큼 시에 거는 그들의 바람과 기대도 이미 달라져 버렸다. 전에는 시가 시를 짓는 당사자의 마음을 편하게도 했지만 동시에 시를 읽는 독자들의 입장을 크게 고려하였었다. 하지만 요즈음엔 시를 쓰는 자신의 문제로 국한시켜, 무엇보다도 자신을 위해 시를 쓰는 경향이 짙어졌다. 어떠한 이유에서든, 시라도 써야만이 견딜 것 같은 상태나 상황에 놓여있는 사람들이 많아졌다는 뜻이고, 또한 그들이 직접 시를 쓰고 있는 경우가 많아졌다. 그들은 대체로 남들의 반응에 대해서는 크게 관심을 갖지 않는다.

그들의 그런 작품들을 보면 대체로 문장이 거칠고, 문법적인 요소들이 곧잘 파괴되고, 내용은 지나칠 정도로 사적인 것이며, 동시에 아주 구체적이거나 특수한 정황의 이야기를 담고 있는 경우가 많다. 그러니까, 시인의 주관적인 정서가 품위 있게 옷을 갈아입고 나타나는 것이 아니라 있는 그대로 드러내어진 상태다. 이런 현상은 초현실주의와 투사投射시론 등 몇몇 사조와 시론의 영향 등과 무관하지 않지만, 표현의 욕구가 커지고, 또 그 욕구를 쉽게 실현시킬 수 있는 현실적 여건의 성숙과 맞물려 있기도 하다. 곧, 능력이 향상된 대중과, 복잡한 현실사회 환경의 변화가 상호작용한다.

따라서 오늘날은 복잡 다양한 사회 환경 속에서 살아가기 위한 '순응' 혹은 '대응양식'으로서 시작詩作을 필연적인 삶의 일부로 받아들이고 있는 이들이 끝까지 남아서 시를 쓴다. 그들은 대체로 자연환경 속에서 마음의 여유를 갖고 사는 사람들보다 도시 물질문명 속에서, 혹은 자신만의 특수한 상황과 여건 속에서 심리적 중압감을 느끼며 살아가는 사람들이다. 그리고 정신적으로 건강한 사람보다 그렇지 못한 사람이 많고, 정서적으로 안정된 사람보다 그렇지 못한 사람이 많다. 그리고 논리적 사고를 하는 사람보다 감정적 동요가 많은 사람들일 가능성이 높다. 시가 세인世人들로부터 외면 받는 이유 가운데 하나임에 틀림없다.

1) 포스트모더니즘postmodernism이란 20세기 후반에 나타난 서양 철학사조로서 회의주의·주간주의·상대주의적 특징을 보이며, 이성에 대한 총체적 의심이자 정치·경제적 권력을 유지·주장하는데 필요한 이데올로기의 역할에 대한 새로운 인식이라고 할 수 있다. 그러나 예술계에서는 기존의 모더니즘이 확립해 놓은 도그마, 원리, 형식 등에 대한 거부이자 반작용으로 일어난 창작상의 경향을 지칭하는데 한 마디로 정의내리기가 쉽지 않다. 특히, 1960년 전후의 미국·프랑스 소설의 실험적 작품이나, 구조주의 이후의 전위적 비평을 이른다. 그 대표자로는 바스(Barth, J.), 호크스(Hawkes, J.), 베케트, 뷔토르(Butor, M.), 로브그리예(Robbe Grillet, A.) 등이 있다. 한국사회 문학 분야에서의 포스트모더니즘이란, 거대도시생활, 조직의 다양화와 전문적인 지식 향상, 대중들의 위상제고와 사회적 역할 증대, 여가생활과 민주 자유 의식 발전 등의 새롭게 조성되는 사회 환경 속에서 살아가는 대중들에 의해서 모든 가치가 결정 평가되는 사회가 포스트모더니즘인데, 바로 그 주체인 대중이 창작의 주체로 등장함으로써 생기는 여러 가지 경향을 포스트모더니티라 할 수 있다. 곧, 특별한 주의 주장이 없이, 개개인의 서로 다른 주관적 관심 사연 정서 중심으로 이야기 하되 기존의 어떠한 형식에도 매이지 않으려 한다. 따라서 역사의식도 없고, 공통적인 관심사도 없으며, 오로지 '우리'라는 개념보다 '나'라는 개념이 지배한다. 때문에 시문학에서는 걸러지지 않은 주관적인 정서가 범람하게 되고, 형식적 문제에 있어서도 어떤 고정된 틀이 없다. 이것은 기존의 문예사조와 시 문장에 대한 특수성 등에 대한 무관심 무지의 반영이기도 하다.

39

이계설의 「그녀를 소각한다」
상황 묘사만으로 독자들에게 던져지는 작품

이미 세상을 떠나버린 사람을 지워가듯
오늘도 조금씩 그녀를 소각한다(.)

애증의 칼날을 세우는
그녀 혀끝에 하나씩 베어지는 몸뚱이(.)
팔도 다리도 가슴도 잘리고
이제는 드러나지 않았던 부분마저
모두 도려지고(…)

꽃을 말리듯
물기 젖은 생각들을 말린다(.)
그저 그곳에 있으므로
무심코 하루가 건성으로 서있다(.)

언제부터인가 나는
그녀의 현미경 속에 눈금이 매겨져 있었다(.)

아침부터 잠자리에 드는 순간까지(.)
어느 눈금에서 마음껏 깃을 치는
새가 될 수 있을까(.)

또 그녀를 소각한다(.)
그러나 나사처럼 조여오는 그녀(.)

　　-이계설의 「그녀를 소각한다」 전문

*( )속의 문장부호는 의미 판단을 위해서 필자가 임의로 붙인 것임.

　이 작품은 전체 5연 19행으로 각종 문장부호가 생략된 불완전한 9개의 문장으로 짜여있다. 몇 몇 시어의 낯설음과 모호한 표현은 다분히 작위적이면서 건조하게까지 느껴진다. 이것이 현대시의 한 특성이 아닌가 하는데, 아니, 현대시의 그것이 아니라 현대인의 심성 반영이 아닌가 하는 생각마저 든다. 하지만 필자의 눈에만 그럴 뿐 같이 변하는 독자들에게는 전혀 그렇지 않을 수도 있음을 배제하고 싶지는 않다.

　첫째 연을 보자. "이미 세상을 떠나버린 사람을 지워가듯 / 오늘도 조금씩 그녀를 소각한다(.)"이다. 여기서 가장 중요한 표현은 '그녀를 소각한다'는 표현인데, 이 말이 과연 무슨 뜻일까? 불태워 없애 버린다는 '燒却'인지, 아니면 지워서 없애 버린다는 '消却'인지, 물론, 당연히 후자일 것이다. 왜냐하면, 살아있는 사람을 불태운다는 것은 있을 수 없기 때문이고, 앞의 행 '이미 세상을 떠나버린 사람을 지워가듯'과 연관시켜 해석해야 하기 때문이다. 그럼에도 불구하고 왜 불태워 없애버린다는 '燒却'으로 읽히는지 모르겠다. 그것은 아마도, 개별적으로 달리 사용되는 언어의 빈도수 탓이 아닐까 싶다. 쉽게 말해서, 소각한다면 불태운다는 뜻으로 흔히 사용하지, 기억에서 사람을 지운다는 뜻으로는 잘 사용하지 않는다는 뜻이다. 그런데 시인은 왜 이런 모호한 표현을 골라 했을까? 어쩌면, 일종의 '낯설게 하기'라는 표현기법으로 사용하지 않았나 싶다. 하지만 그것은 별 의미가 없다. 충격은 줄 수 있어도 근원적인 감동을 주지 못한 채 오해만 불러일으킬 뿐이기 때문이다.

둘째 연을 보자. "애증의 칼날을 세우는 / 그녀 혀끝에 하나씩 베어지는 몸뚱이(.) / 팔도 다리도 가슴도 잘리고 / 이제는 드러나지 않았던 부분마저 / 모두 도려지고(…)"이다. 화자가 조금씩 소각한다는 '그녀'는 혀에서 나오는 애증의 칼날로써 화자의 몸뚱이를 자르고, 나아가서는 보이지 않는 부분까지 도려낸다는 것이다. 그렇다면, 그녀의 혀에서 나오는 애증의 칼날이란 그녀의 말[言]일 것이고, 자르고 도려낸다는 것은 의심疑心 모독冒瀆 재단裁斷한다는 뜻일 것이다.

셋째 연을 보자. "꽃을 말리듯 / 물기 젖은 생각들을 말린다(.) / 그저 그곳에 있으므로 / 무심코 하루가 건성으로 서있다(.)"이다. 첫째, 둘째 연보다 더 난해한 표현이다. 곧, '물기 젖은 생각'은 무엇이고, 그것을 말린다는 것은 또 무슨 뜻인가? 그리고 '하루가 건성으로 서있다'는 말은 또 무슨 의미인가? 이런 의문들이 명쾌하게 해소되지 않으면 분명 문제가 된다.

'물기 젖은 생각'이란 '그녀'의 것인지, 아니면 화자인 '나'의 것인지 분명하지 않다. 일방적인 상상력을 발휘하여 추측하자면, 애증의 말로써 나를 의심하고 모독하고 재단하는 그녀의 말인 것 같은데, 온갖 감정과 눈물과 하소연 등으로 얼룩진, 그런 말이 아닐까 싶기도 하다. 문제는 그 말을 화자가 꽃을 말리듯이 말린다는 것이다. 결과적으로, 오래오래 생각하며 곱씹는다는 뜻으로 해석된다. 그런 관계를 유지하며 사는 화자 자신의 삶이 특별한 의미 없이 이어질 뿐이라는 판단의 반영인 듯싶다.

넷째 연을 보자. "언제부터인가 나는 / 그녀의 현미경 속에 눈금이 매겨져 있었다(.) / 아침부터 잠자리에 드는 순간까지(.) / 어느 눈금에서 마음껏 깃을 치는 / 새가 될 수 있을까(.)"이다. 여기서 '현미경'이라는 것은 그녀의 감시망이요, 의심의 눈임에는 틀림없다. 그리고 '새'라는 것은 구속받지 않고 날아갈 수 있는 '자유' 내지는 '해방'을 상징한다. 그렇다면, 이 넷째 연은 '나'라는 존재가 '그녀'의 감시망에 놓여 있는 현실이 어느 상태인가를 간접적으로 드러내놓고 있다 하겠다. 그러면서 내가 언제나 그녀의 감시망으로부터 자유로울 수 있을까, 라고 스스로에게 묻는다.

다섯째 연을 보자. "또 그녀를 소각한다(.) / 그러나 나사처럼 조여오는 그녀(.)"이다. '그녀'의 감시망에서 벗어날 수 없는 '나'는 그녀를 잊으려 노력한다. 그러나 그럴수록 그녀는 나사처럼 조여 온다는 것이다.

이제, 이 작품을 전체적으로 들여다보면, '그녀'와 '나'와의 관계를 그리고 있음에 틀림없다. 그 관계는 좋은 관계가 아니다. 그녀는 나를 의심하고, 감시하고, 말로써 인격을 난도질하지만, 나는 그녀를 불에 태우듯이 기억 속에서 지우려 노력한다. 증오하기 때문이다. 그럴수록 그녀는 나를 옥조인다. 그런 그녀와 나 사이의 일상은 아무런 의미도 없이 되풀이되고 있을 뿐이다.

이것이 이 작품의 주된 이야기이다. '그녀'와 '나' 사이에 존재하는 부정망상不貞妄想이 작품의 중요한 소재이고, 그것의 실상을 그려내고 있다. 따라서 시인이 궁극적으로 독자들에게 전해주고 싶은 메시지 곧 작품의 주제는 부각되지 않고, 상태 묘사에 치중되고 있다. 왜 그럴까? 바로 오늘날 대중화된 시인들에 의해서 양산되는 작품들의 두드러진 특징 가운데 하나인데, 매우 주관적인 정서나 사연들이 소재가 되어 쓰이기 때문이기도 하고, 또한 시인이 애써 주제를 부각시키지 않고, 상황이나 상태 묘사만으로도 독자가 임의로 그것을 짐작할 수 있도록 '던져 놓은' 작품이기 때문이다. 마치 영화에서 결말을 직접적으로 보여주지 않고 스스로 알아서 상상하도록 처리하는 것과 같이 말이다. 바로 이 점도 포스트모더니즘의 한 가지 특성이기도 하다.

40

송상욱의 「승천하는 죄」
인간에 대한 절망, 절대적 무無로 초극

땅 속 뿌리 끝에
혼줄 흘리는 피리소리
꽃상여 허물벗는 하늘이 저긴데
벌거숭이 무리들아 어디로 가느냐
오동나무 죽은 달 속에
속살 흥건한 옷을 벗어 놓고
땅밑이 부끄러운
죽음을 앓는
비단구름 속에 숨어 사는 사람들아
언덕에 비추인 햇살이 전설처럼 고와도
검은 산 그림자에 나무들도 검어
까마귀 산마냥
까마귀들만 사는 마을에
영혼과 육신의 집은
하늘과 땅 사이 아무 곳도 없는데
저 사람 입은 옷이 밤중만한 걸레 같아

더럽기만 하구나

−송상욱의 작품 「승천하는 죄」 전문

　문장부호를 사용하지 않고, 짜임새가 불완전한 문장이 적지 않기 때문에 정확한 의미 판단은 결코 쉽지가 않다. 게다가, 동원된 언어가 표시적 일상적 의미로서가 아니라 내포적 비유적 의미로 쓰이고 있기 때문에 더욱 그러하다. 이런 객관적 사실을 전제하고 가능한 범위 내에서 작품분석을 시도해 보고자 한다.
　첫 문장은 "땅 속 뿌리 끝에 / 혼줄 흘리는 피리소리 / 꽃상여 허물벗는 하늘이 저긴데 / 벌거숭이 무리들아 어디로 가느냐"이다. 이 문장을 이해하기 쉽게 문법적 요소를 고려하여 고쳐 쓴다면 "땅 속 뿌리 끝(으로) / 혼줄(을) 흘리는 피리소리(가) 있고 / 꽃상여가 허물 벗는 하늘이 저긴데 / 벌거숭이 무리들아(,) 어디로 가느냐(?)"가 될 것이다. (괄호 속의 말이나 문장부호는 생략된 것으로 알고 표기해 넣은 것임.)
　그렇다면, 이 문장에서 중요한 낱말을 순서대로 적는다면 ①벌거숭이 무리들 ②하늘 ③꽃상여 ④피리소리가 된다. 여기까지 확인했다 해서 문제가 다 해결된 것은 아니다. 왜냐하면, 이들 중요한 낱말은 '어떠한'이라는 조건이 붙어있어 그 조건들을 반드시 확인해야 하기 때문이다. 곧, '땅 속 뿌리 끝으로 혼줄을 흘리는 피리소리'라는 말이 무엇을 뜻하는지, '꽃상여가 허물 벗는 하늘'이라는데 이 또한 무슨 의미로 쓰였는지, '벌거숭이 무리들아, 어디로 가느냐?'고 묻고 있는데 벌거숭이 무리란 무엇을 의미하는지 등등에 대한 이해와 공감이 전제되어야 한다.

이 첫 문장에 대해서 필자의 주관적인 상상력을 동원하여 해석한다면 이렇게 말할 수 있을 것 같다.{독자들은 괄호 속에 있는 말들을 주의 깊게 읽어야 한다. 그것들이 원관념 곧 속뜻이기 때문이다.} 곧, 땅 속으로 뻗어있는 뿌리(기존의 생명체)에 혼줄(새로운 생명체)을 불어넣는 피리소리(어떤 존재)가 있고, 주검을 치장하고 있는 꽃상여조차 허물을 벗는(결국 불태워지는) 하늘(시인이 생각하는 본질 또는 진리)이 바로 우리 인간들 머리 위에 있는데 벌거숭이처럼 초라한, 헐벗은 무리들(인간들)아, 어디로 가고 있느냐? 너희들은 잘못 가고 있다, 라는 의미로 쓰이지 않았나 싶다. 물론, 필자의 이런 주관적 판단이 맞고 맞지 않음에 대해서는 이 시를 쓴 시인만이 알 것이다. (필요하다면, 그 시인에게 직접 물어보시라.)

둘째 문장은 "오동나무 죽은 달 속에 / 속살 홍건한 옷을 벗어 놓고 / 땅밑이 부끄러운 / 죽음을 앓는 / 비단구름 속에 숨어 사는 사람들아"로 끊어 볼 수밖에 없다. 문장이 너무 길 뿐만이 아니라 다음 절과도 자연스런 관계를 맺고 있지 않아 사실상 불완전한 문장이기 때문이다. 이 문장 또한 문장부호가 생략되고 수식어가 많아 자칫 그릇된 판단을 내릴 수 있다. 이를 바로잡아 다시 고쳐 쓰면 "오동나무(가) 죽은 달 속에 / 속살(이) 홍건한 옷을 벗어 놓고(,) / 땅 밑이 부끄러운 / 죽음을 앓는(,) / 비단구름 속에 숨어 사는 사람들아(,)"가 될 것이다. 그렇다면, 이 문장에서 중요한 낱말들은 역시 사람들, 비단구름, 죽음, 옷, 달, 오동나무, 속살 등이 될 것이다. 이 둘째 문장을 해석하는 데 중요한 한 가지 사실은 '사람들'이라는 말 앞에 있는 모든 말들은 결국 그 '사람들'을 설명하기 위해 쓰이고 있다는 점이다. 바로 그 렇기 때문에 쉼표가 반드시 붙어야만 한다.

참고로, 대다수 시인들이 문장부호를 사용하지 않는 것은, 그 요령을 이해하지 못한 데에 있고, 둘째는 의미를 정확하게 한정시키고 싶지 않기 때문일 것이다. 물론, 후자는 표현의 기교로서 받아들여야 하지만 이 양자 사이의 구분이 불가능한 것은 아니다. 이중적으로 해석이 가능하게 함으로써 독자들의 시적 상상력을 불러일으키고, 또한 실제로 존재하는 시의 의미를 확대시키기 위해 있어야 할 부호를 생략했다면 반드시 그런 기대효과를 달성해야 기교로서 받아들일 수 있기 때문이다. 이 문제는 시인들 스스로가 판단해야 할 일로 여겨진다.

어쨌든, 문제의 이 둘째 문장을 고친 것으로 해석한다면, 이렇게 가능할 것이다. 곧, 오동나무가 죽은 달 속에 속살이 흥건한 옷을 벗어 놓는 이도 사람들이고, 땅 밑의 부끄러운 죽음을 앓는 이도 사람들인데 그 사람들은 비단구름 속에 숨어 산다는 것이다. 그렇다면, 여기서 다시 구체적으로 해독되어야 할 말들이 있다. 그것은 ①오동나무가 죽은 달 ②속살이 흥건한 옷을 벗어 놓는 일 ③땅 밑의 부끄러운 죽음 ④비단구름 속에 숨어산다는 말 등의 의미에 대한 이해일 것이다. 그래서 이 네 가지 어구에 대한 해석이 필요한 것이다. 곧, '오동나무가 죽은 달'이라는 것은 인간에게 더 이상 희망도 꿈도 신비도 아닌 달이라는 의미로 쓰이지 않았을까 하는 추측이 가능하다. 그리고 그 달에 '속살이 흥건한 옷을 벗어 놓는다'라는 것은 속살 곧, 인간의 욕심, 욕망을 추구하기 위한 삶을 뜻할 것이다. 그리고 '땅 밑의 부끄러운 죽음'이란 인간이 죽으면 결국 땅 속에 묻히게 되는 것이 일반적인데 그 같은 절차를 밟는 인간들의 삶이 부끄럽다는 뜻으로 이해된다. 그리고 '비단구름 속에 숨어 산다'는 것은 비단구름이 바로 인간의 욕구와 욕망을 채워주는 직접적인 매개물 내지는 수단임으로 그저 자신들의 욕구와 욕망을 채우기 위한 수단 방법을 가리지 않는, 비열한 삶으로 풀이할 수 있다. 그렇다면, 이 둘째 문장은 그렇고 그런 사람들아, 혹은 인간족속들아, 라고 다음 말을 하기 위해서 부르고 있는 첫 소리에 지나지 않는다. 그런데 그 인간들이 어떤 부류인가를 설명하다보니 앞에 장황하게 수식어가 붙어있을 따름이다.

셋째 문장은 "언덕에 비추인 햇살이 전설처럼 고와도 / 검은 산 그림자에 나무들도 검어 / 까마귀 산마냥 / 까마귀들만 사는 마을에 / 영혼과 육신의 집은 / 하늘과 땅 사이 아무 곳도 없는데 / 저 사람 입은 옷이 밤중만한 걸레 같아 / 더럽기만 하구나"인데, 이를 세 개의 문장으로 끊어서 보면 이해가 쉬워진다. 곧, ① '언덕에 비추인 햇살이 전설처럼 고와도 검은 산 그림자에 나무들도 검어' ② '까마귀 산마냥 까마귀들만 사는 마을에 영혼과 육신의 집은 하늘과 땅 사이 아무 곳도 없는데' ③ '저 사람 입은 옷이 밤중만한 걸레 같아 더럽기만 하구나' 등으로 말이다.

사실, 이렇게 하나의 문장을 셋으로 구분한다는 것은 의미 해독 상 편리하게 하는 행위일 뿐이다. 실제로는 할 수 없게 되어 있다. 왜냐하면, '검어'에 마침표가 없기 때문에 '검기 때문에'로 해석해야 하고, '아무것도 없는데' 역시 말줄임표가 없기 때문에 '아무것도 없는데 ~하다'는 문장구조로 해석해야 하기 때문이다. 만약, 필자가 지적하고 있는 대로 해석한다면 이 셋째 문장은 논리적으로 맞지 않는 오류가 생긴다. 그렇다면 무엇이 오류인가? 그것은 '~해도(고와도) ~한다. (나무들 검어)'라는 구조에서 앞 뒤 말이 반대의미로 접속되어야 하는데 조사 '도' 때문에 어색하게 되어 버렸다. 그리고 '~한데(없는데) ~하다(하구나)'라는 구조에서도 역시 주절과 종속절의 내용이 반대로 연결되어야 하는데 전혀 그렇지 못하다. 간단히 말해, 앞뒤가 맞지 않는, 부자연스러운 문장구조라는 것이다. 때문에 부득이 필자는 세 개의 문장으로 잘라서 그 의미를 해독해 보고자 하는 것이다.

그 첫 문장 '언덕에 비추인 햇살이 전설처럼 고와도 검은 산 그림자에 나무들도 검어'는 '언덕에 비추이는 햇살이 전설처럼(처음처럼) 고와도(깨끗하고 맑아도) 검은 산(세상)의 그림자 때문에 나무들(사람들)이 검구나.'로 풀이할 수 있다.

그 둘째 문장 '까마귀 산마냥 까마귀들만 사는 마을에 영혼과 육신의 집은 하늘과 땅 사이 아무 곳도 없는데…'는 '까마귀(전제된 욕망을 추구하기 위해 살아가는 사람들)들만이 모여 사는 마을에는 영혼과 육신(시인이 꿈꾸는 깨끗한 영혼과 깨끗한 육신)이 쉴만한 집이 하늘 땅 어디에도 없다.'는 뜻으로 풀이할 수 있다.

그리고 셋째 문장인 '저 사람 입은 옷이 밤중만한 걸레 같아 더럽기만 하구나'는 '저 사람(여기서는 어느 특정인 한 사람을 뜻하는 것이 아니라 전제된 사람들을 대표하는 사람임)이 걸치고 있는 옷은 걸레처럼 더럽기 짝이 없는데 그 정도가 한 밤중만큼 크고 심하다'는 뜻으로 풀이할 수 있다.

따라서 이 작품은 철저하게 '인간'에게 그 초점이 맞추어져 있다. 그런데 그 인간은 죽어 땅에 묻힐 수밖에 없지만, 욕망의 노예가 되어 사는 존재다. 그래서 '벌거숭이 무리'요, '비단구름 속에 숨어사는' 더러운 '까마귀' 같은 존재로 빗대어지고 있다. 더욱 중요한 것은, 시인이 꿈꾸고 생각하는 영혼과 육신의 집은 하늘과 땅 그 어디에도 없다고 인식하고 있는 것으로 보면 인간에 대한 절망을 확인할 수 있고, 또 시인은 그 절망을 절대적인 무無로 초극하려는 것이 아닌가 싶다. 이 절대적 무는 모든 존재의 근원이요, 종착점으로 시작과 끝인 셈이다. 물론, 이것은 어디까지나 필자의 주관적인 추론일 뿐이다.

지금까지의 필자의 논지가 다 옳다 하더라도 아직 해결되지 아니한 문제 하나가 있다. 그것은, 이 작품의 내용과 시 제목과의 관계이다. 제목이 다름 아닌 '승천하는 죄'이기 때문이다. 굳이, 관련을 지운다면 그렇고 그렇게 살다갈 수밖에 없는 인간의 운명을 '죄'라고 여기는, 또 하나의 시인의 의식을 지나쳐선 안 될 것이다. 그리고 '승천하는'이라는 말의 의미에 대해서도 편견을 가져서는 안 된다고 생각한다. 지은 죄를 모두 용서 받는다는 의미에서가 아니라 모든 죄가 죽음으로써 모두 없어진다는 의미에서 '승천'이라는 말을 빌려 쓰고 있지 않나 싶다. 만약, 그렇지 않고 하나님의 나라에 가 모든 죄를 용서 받고 다시는 죄짓는 일이 없어진다는 의미를 내포하고 있다면 이 또한 모순이 되기 때문이다. 다시 말하여, 영혼과 육신의 집이 하늘과 땅 그 어디에도 없다는 말과 상충된다.

따라서 이 작품에서 죄는 기독교 사상에서 말하는 원죄原罪와는 성격이 다르다. 그리고 이 작품은 시인의 무의식無意識의 세계도 아니다. 철저하게 비유적 체계를 갖춘 이성적 활동으로서 의식의 세계를 다루고 있다. 다만, 그 비유체계가 보통 사람들이 가지는 사유의 진폭보다 넓고 깊음으로써 생기는 낯설음이 있을 뿐이다. 이런 의미에서 본다면 이 작품은 일부의 문학평론가나 시인들이 말하는 것처럼 초현실주의 작품이 아니다. 그 내용면에서나 기법 면에서나.

눈물은 인간의 심신을 맑게 씻겨주는 묘약이다.
-이시환의 아포리즘 aphorism 17

41

이추림의 「나비의 일생」
해독되어지기를 꿈꾸는 날 언어

算術에 열중하던
숲
속의 꽃나무들
都市의 무당처럼 삽시에 늙어 버렸다

漂泊하다 껴맞춰질 듯
껴맞춰질 듯만 하다가
깨어지는 굳은 입천정
直線 좀 높이에 두개골의 깊은 눈구멍으로 쌓이는
灼熱하는 沙漠倫理
모래알들이 수습할 수 없었던 음험한 言語事件

軍勢가 경고 없이 박살나는
의미의 왜곡이 가져온 發話 행위의 엄청난 비극
꽃나무 위의 함박눈은
나비의 짧은 인생처럼 녹겠지만

가시돋친 풀의 일용할 字義
어제
오늘의 꽃나무가 아님은 믿어줘야 하겠느니
악당 취급의 그녀여 내 앞을 나타나거라

불길 밖의
잇닿던 빛도 갑작스리 끊는
하늘 같은 새의 모습으로
노동예정표 앞에 망실한 내 안으로

—이추림 작품「나비의 일생」전문

위 작품은 이추림의「나비의 일생」전문으로 전체 5연 22행으로 짜여 있다. 나는 이 작품을 통해서 현대시의 한 유형을 생각해 보고, 실제로 그것이 어떻게 읽혀지는지 분석해 볼 것이다. 먼저, 시제詩題가「나비의 일생」이기 때문에 이 시는 당연히 나비의 일생에 대한 시인의 사유 결과와 그 과정에서 생긴 감정이 표현의 주 대상이 되지 않았을까 생각하면서 본문 첫 연부터 살펴보고자 한다.

첫 연은 4행이지만 문장은 하나다. 그 4행을 한 줄로 쓰면 "算術에 열중하던, / 숲 / 속의 꽃나무들(이) / 都市의 무당처럼 삽시에 늙어 버렸다(.)"가 된다. 이 문장 안에서는 문장부호와 조사가 생략되었기 때문에 완전한 문장이라고는 할 수 없다. 그 완전하지 못함은 해석상의 혼돈을 가져오기도 한다. 이 때 이중으로 해석이 가능케 하여 시의 의미를 넓고 깊게 할 수도 있는데 그렇지 못한 경우도 있다. 물론, 전자는 표현상의 기교로, 후자는 표현상의 미숙으로 봄이 옳을 것이다. 그렇다면 이 작품에서는 어떤가?

'算術에 열중하던'의 주체가 숲인지, 아니면 숲 속의 꽃나무들인지 반점(,)이 없기 때문에 정확한 판단을 내리기가 어렵다. 물론, 시에서의 행 구분이 반점의 기능과 같은 것으로 간주한다면 여기서는 그 주체가 숲이 되겠지만, 숲을 설명, 보완할 필요는 없었을 것이다. '도시의 무당처럼 삽시에 늙어 버렸다'는 말의 주체인 '꽃나무들'을 묘사했을 것이다. 이렇게 불필요한 분석이나 논쟁을 없애기 위해서는 정확한 문장부호를 시에서도 사용할 필요가 있지 않나 생각된다.

만약, 이 작품에서 행 가름이 곧 반점의 효과를 가지는 것으로 보고 이 문장을 해석한다면, 산술에 열중하던 것은 숲이 되고, 그 숲 속의 꽃나무들은 도시의 무당처럼 삽시에 늙어 버렸다고 해석해야 할 것이다. 그러니까, 숲 속의 꽃나무들이 삽시에 늙어 버렸다는데 어떤 숲이고 어떻게 늙었는가를 보충, 보완해주고 있는 말이 곧 '산술에 열중하는'과 '도시의 무당처럼'이 되는 것이다. 그렇다면, 이 두 꾸밈말이 가지는, 또는 환기시켜주는 속뜻도 중요하게 여겨야 할 것이다. 물론, 이 두 꾸밈말은 시인 자신의 주관적 판단이요, 정서이기 때문에 다른 사람들이 얼마나 공감할지는 모른다. 때문에 이 같은 표현은 이 시를 읽는 이들이 그 두 꾸밈말에 대해 갖고 있는 개개인의 정서적 판단에 맡길 수밖에 없다. 바꿔 말해, 독자가 가지는 눈의 성능대로 보고 판단하면 그만이라는 것이다. 이를 굳이 필자의 주관적 정서에 기대어 뜻을 풀어보자면, 숲은 자연현상을 유지, 고양시키기 위해 부단히 머리를 쓰고 몸을 움직여야 하는 인간처럼 개체가 모여 있는 집단으로 인간사회나 국가와 같은 것이다. 도시에 무당처럼 별 쓸모없이 쫓겨나거나, 남아 있어도 초라하게 명맥만을 유지하는 꽃들은 몰락하는 인간 군상들이 아닐까? 인간 생명의 유한성과 현실 사회 속에서 명멸되어가는 숱한 인간존재의 의미를 이런 식으로 빗대어 표현한 것은 아닐까 싶다. 이 같은 나의 추측은 맞아도, 틀려도 실은 아무런 문제가 되지 않지만 시인만은 알고 있을 것이다.

둘째 연은 6행으로 되어 있지만 3개의 낱말을 단순히 나열시키고 있을 뿐이다. 곧 ①입천정 ②沙漠倫理 ③言語事件 등이 그것인데 중요한 것은 이들이 앞 연에서 말한 '삽시에 늙어버린 꽃나무'와 어떤 관계 위에서 진술되는 것인가, 이다. 하지만 이에 대한 판단은 유보해야 할 것 같다. 둘째 연까지 다 읽어도 어떤 추론도 불가능하기 때문이다. 그리고 이 연에서 나머지의 말들은 전부 이들 세 개의 낱말을 꾸미고 있는 수식어에 지나지 않는다. 그러니까, 어떠한 입천정이고, 어떠한 사막윤리이고, 어떠한 언어사건인지를 보충 설명해주는 말에 지나지 않는다.

②표박하다 껴맞춰질 듯 껴맞춰질 듯만 하다가 깨어지는, 굳은 ②직선 좀 높이에 두개골의 깊은 눈구멍으로 쌓이는, 작열하는 ③모래알들이 수습할 수 없었던, 음험한 등이다. 이 3개의 꾸밈말들 속에서도 공히 반점을 찍지 않았는데 그 이유 또한 알 수 없다.

그런데, 또 하나 중요한 것은 세 개의 낱말과 이들이 꾸미고 있는 꾸밈말들 사이에는 과연 납득할만한 관계나 어떤 당위성이 있는 것인가. 이에 대해 어떤 논리적 판단을 내리기도 쉽지가 않다. 다만, 독자 스스로 생각해 보고 상상해 볼 일인 듯싶다. 역시 필자의 주관적인 상상력으로 덧붙이자면 ①'표박하다 껴맞춰질 듯 껴맞춰질 듯만 하다가 깨어지는, 굳은'에서 '표박하는' 입천장은 풍문처럼 떠돌아다니는 말일 것이고, '껴맞춰질 듯 껴맞춰질 듯만 하다가 깨어지는' 입천장은 뭔가 조작하려다가, 혹은 굳게 침묵을 지키다가 마침내 입이 열린다는 뜻일 것이다. '굳은'은 그렇지만 술술, 사실대로 털어놓지 않는 사람들의 입을 뜻하지 않을까, 상상이 된다.

셋째 연은 4행으로 되어 있지만 2개의 불완전한 문장이 끊겨 있다. 그리고 반점이 있어야 하는데 생략된 것인지 아닌지를 판단하기조차 어렵다. 곧, '軍勢가 경고없이 박살나는, 의미의 왜곡이 가져온 발화행위의 엄청난 비극'을 해석함에 있어 반점이 생략된 것으로 간주하여 군세가 경고없이 박살나는 것이 곧 발화행위의 엄청난 비극이라는 것으로 보아야 하는지, 아니면 별개의 것으로 해석해야 하는지 알 수 없다는 뜻이다. 아마도, 발설행위가 의미를 왜곡시키고, 그것은 결국 군세를 경고도 없이 박살나게 하는 비극으로 해석해야 할 것 같지만 이것은 어디까지나 추론일 뿐이다. 설령, 이것이 옳다 하더라도 그 비극이 구체적으로 무엇을 의미하는지는 알 수 없다. 이 또한 독자의 주관적 상상이나 판단에 맡길 수밖에 없는 노릇이다.

그리고 '꽃나무 위의 함박눈은 나비의 짧은 인생처럼 녹겠지만'이라는 말이 앞의 문장과 도치된 것인지, 필자의 생각처럼 별

개의 문장이 완결되지 못한 채 진술되고 있는 것으로 판단해야 할지 또한 알 수 없다. 문장의 구조보다는 의미 전개상으로 보아 숲이 인간사회라면 꽃나무는 인간들일 것이고, 그 꽃잎 위에 내린 함박눈은 '비극'으로서의 마음의 상처를 주는 어떤 사건이 아닐까 생각된다. 인간들 가슴 속에 난 상처와 아픔은 쉬이 사라지겠지만 어쨌든 인간의 발설행위가 엄청난 비극을 가져왔다는 현실에 대한 시인의 인식이 아닐까 싶기도 하다.

지금까지의 필자의 추론이 맞는다면 이 작품의 시제는 아주 잘못 붙은 것이라고 판단을 내려도 옳을 성싶다. 나비의 일생은 단지 꽃나무 위에 내린, 혹은 쌓인 함박눈이 빨리, 쉬이 녹는다는 사실을 드러내기 위해 끌어들인 보조관념에 지나지 않기 때문이다.

넷째 연은 4행으로 되어 있지만 의미해독이 거의 어려운 2개의 문장으로 짜여져 있다. '가시돋친 풀의 日用할 字義'라는 말에서 풀이 매일 사용하는 글자의 뜻이라는 것이 무슨 의미인지, 또 이면에 무슨 의미가 깔려 있는지 알 수 없다. 시인만이 생각하고 있는 '가시돋친 풀의 日用할 字義'가 뒤에 나오는 말이라는 것인지에 대해서도 판단을 내리기 어렵다.

'어제 오늘의 꽃나무가 아님은 믿어줘야 하겠느니, 악당취급의 그녀여, 내 앞을 나타나거라'에서, 여기에 나오는 '꽃나무'가 앞에서 나오는 '꽃나무'와 동일한 것이라면, 이 구절은 사람은 어제 오늘의 사람이 아니다. 바꿔 말해, 우리는 오랜 역사를 지닌, 뿌리가 있는 백성임을 믿어줘야 한다. 그럼에도 불구하고 악당처럼 취급하여 온 그녀여, 내 앞을(에) 나타나거라, 라고 명령

하는 것으로 그 해독이 가능하기 때문이다.

　다섯째 연은 4행으로 이루어졌는데 이는 다시 2개의 꾸밈말로 짜여지고 있는데 이들은 앞의 연의 '나타나거라'라는 말에 대한 상태 혹은 자격이거나 처소를 밝혀주는 단서에 지나지 않는다. 그런데 시인은 연 가름을 통해서 도치시켜 놓고 있다. 만약, 이런 것이 아니라면 독자는 결코 해독할 수 없는, 시인의 주관적인 의식의 조각들일 것이다. 후자로 보지 않는다면 ① '불길 밖의 잇닿던 빛의 갑작스리 끊는, 하늘같은 새의 모습으로 내앞에 나타나거라', 라는 의미 하나가 있고 ②노동 예정표 앞에(서) 망실한 내 안으로 나타나거라, 라는 또 다른 의미 하나가 더 있는 셈이다. 물론, 이 두 개의 문장 안에 갇힌 진의에 대해서조차 별도의 해독을 요구하지만 말이다.

　그렇다면, 이 작품은 과연 시인의 의도한 바가 있으며, 그것이 있다면 일정한 질서 위에 표현되고 있다고 말할 수 있는가? 이런 매우 근원적인 질문을 던지게 하는 것도 사실이다. 보통 사람들이 가지는 논리적 판단력을 기준으로 할 때 이 작품을 해독하기란 결코 쉽지 않기 때문이다. 다만, 읽는 이들 나름대로 상상을 하고 막연하게 생각게 하는 것으로 족하다면 몰라도 말이다.
　어쨌든, 필자의 지금까지의 분석과 설명을 전제한다면 이 작품에 대해서 다음과 같은 추론이 가능할 것이다. 곧, 숲이 있고 그 속에 꽃나무들이 있다. 그리고 꽃나무 잎에 내린 함박눈이 있고, 그 함박눈은 쉬이 녹아버린다. 그리고 그 꽃나무를 악당처럼 업신여기는 그녀가 있다. 나는(시적 화자) 그녀가 내 앞에 나타나라,

고 명령한다. 그런데 꽃잎에 쌓인 함박눈은 곧 녹아버릴 수밖에 없는, 그러니까 쉬이 잊혀져버리는 비극이고, 그 비극은 입천장, 사막윤리, 언어사건 등의 말로 표현되는 그 무엇이다.

　이렇게 이 작품의 가닥을 잡는다면, 분명 이 작품은 시인이 어떤 사건이나 사태를 지켜보며 생각할 수 있었던 주관적 판단을 드러내 놓고 있는 비유적 언어표현으로 간주할 수 있다. 그런 만큼 현실적이다, 라고도 말할 수 있다. 다만, 빗대기 위해 끌어들여진 언어와 빗대어지기 위한 언어와의 관계, 곧 원관념과 보조관념 사이에 유추할 수 있는 당위성이 약하기 때문에 공감이 쉽지 않다는 사실을 부인할 수 없다. 특히, 상상력의 진폭이 작은 사람들에겐 이해되지 않는 언어영역으로 머물고 말 공산이 크다.
　그렇다면, 이 작품에 나타난 특성을 우리는 어떻게 말할 수 있으며, 그 특성은 왜, 나타나는가? 이 문제는 대단히 중요하다. 시라는 공기公器의 한 가지 존재양식을 말해 줄 것이고, 그것이 가지는 의미를 자연스레 생각게 하는 것이기 때문이다.
　이 작품에 쓰여진 문장은 지속적인 사유과정 속에서 나온 완전한 구조라기보다는 인지되는 내용을 순간적으로 진술하는 불완전한 형태에 가깝다. 그래서 문장에 도치가 많고, 어순이 기본 틀에서 벗어나는 경향이 있다. 또 시인의 의도, 곧 작품의 주제의식이 잘 드러나도록 어떤 긴밀한 관계 위에서 행과 연 구분이 이루어져야 하는데 그렇지도 않다. 이런 문장의 구조상으로, 그리고 의미 전개상으로 보아 지속적인 사유과정을 통한 의미부여 혹은 창조라기보다는 순간적인 진술, 토로 형태라고 말할 수 있다. 그렇다고 무의식의 세계라고는 할 수 없다. 그렇다면 시인은 왜, 그런 방법론에 의지하고 있을까? 아마도, 순간적으로 이루어지는 지각에 어떤 이성적 판단도, 다시 말해 인위적인 의미 부여를 배재함으로써 있는 그대로, 생기는 그대로를 보여주고 싶었기 때문일 것이다. 지각되는 순간의 것이 그대로 노출되어 독자에게 보여짐은 마치 익히지 않은 날 음식을 주어, 자연의 맛깔을 보게 하는 경우와 같이, 꾸미지 않아 보다 솔직하고 보다 자연스런 시인의 정신세계를 간접 체험케 되는 의미가 있을 것이다.

그러나 한 가지 문제가 있다면, 시의 대사회적 대인간적 기능을 전제한 이해와 공감의 힘이 약해 독자로부터 외면당하기 쉽다는 점일 것이다. 마치, 날 음식이 자칫 배탈을 유발하는 것과 같다.

인간의 무의식의 세계를 언어로, 가능하면 있는 그대로 표현해 내기 위해 갖가지 필요한 방법을 동원하는 초현실주의 작품들조차도 우리 문단사회에서는 철저하게 외면당하는 꼴을 보면 알 수 있듯이, 이해되지 않는 것들에 대해선 분석조차 꺼리는 실정임을 감안한다면, 이런 유형의 시도 시인 혼자 쓰고 혼자 만족해야 할 것이다.

그러나 한 가지 분명한 사실은 시인의 이 같은 진술을 통해서 우리는 시인이 처한 현실적 상황을 분석해 낼 수 있고, 또 시인의 관심, 미의식, 가치관, 성향 등을 분석해 낼 수 있다는 점이다. 그래서 이런 유형의 시는 세상을 바라보는 시인 특유의 눈을 살펴보는 의미가 있는 셈이다. 바로 그러기 때문에 정신과 의사에겐 이런 유형의 시가 시인의 정신세계나 심리의 경향과 특성 등을 파악하기 위한 좋은 자료 정도로 생각되어질 것이다.

42

로베르 데스노스의「무제」
무의식의 세계를 의식의 눈으로 읽어야 하는
또 다른 현실

그 누구도 주인으로 들어갈 수 없는 곳①
神들이 교미하고 있는 구체적인 도시②
우리의 눈앞에서 벌어지는 추상적인 음란행위들③
나무들, 죽은 손가락들을 창조해 내려고 神은 쩔쩔맨다.④

벌떡거리는 심장⑤ 우리는 거슬러 올라간다⑥ 변방의 공격으로
사람들이 들끓는 마을들⑦ 챔피언들로 터질 듯한 마을들⑧
야행성 혈관들의 흐름을 또 거슬러 올라간다 무감동한 심장에까지⑨
그 곳에는 우리의 기도들이 잠들어 있다.⑩

心室⑪ 깃발⑫ 여러 나라들의 나팔⑬
푸른 황새들이 대기 속에서 액체로 변해 버리면⑭
타조들에게 사랑받는 버릇없는 아이는
도리없이 죽고 말 것이다.⑮

떨려라 떨려라 내 주먹이여⑯(나는 파도를 삼켜야 한다)

내 아랫배 위에 찍혀 있는 흉측한 상처 자국⑰
거대한 장갑함대가 헛되이 수심측량기를 던지고 있고⑱
백색 바위들 그 가장자리에 익사자들은 웅크리고 앉아 있다.⑲

-작품「무제」전문

*○속의 일련번호는 의미 해독상 필요하다고 판단되어 필자가 붙인 것임.

　로베르 데스노스¹⁾(Robert Desnos, 1900~1945)의 작품「무제」전문이다. 그것도 1922년 9월 28일 저녁, 반수면 상태에서 '자동기술법'에 의해 쓰였다고 하는 작품이다. 과연, 우리 한국의 독자들에게 어떻게 느껴지고 판단이 되는지 궁금하다.
　이 작품을 서너 번 되풀이하여 읽으면서 필자가 느낀 대로, 생각한 대로를 밝히기 전에 전제한 '자동기술법'에 대해서 간단히 설명을 덧붙이고자 한다. '자동기술법'이란 인간의 무의식의 세계를 있는 그대로 드러냄으로써 이성의 억압으로부터 해방된다는 믿음을 추구했던 초현실주의 문학의 가장 중요한, 그러면서도 가장 기본이 되는 방법론이다. 이는 1924년 11월에 발표된 제1차 초현실주의 선언문 속에서 '마술적 기법'이라는 말과 '자동차 기술'이라는 말로 표현, 제시되고 있다. 그것의 핵심인 즉 자신의 내면세계를 들여다 볼 수 있는 가장 좋은 조건 속에 자신을 놓고, 바로 그것을 있는 그대로 언어로써 드러내 놓는 일이다. 그들이 말하는 내면세계라는 것은, 심리학자 시그문트 프로이드가 말한 '무의식' 또는 '잠재의식'이며, 가장 좋은 조건이란 ①정신집중을 하기에 좋은 장소와 ②가능한 한 자신은 수동적 상태이어야 하며 ③동시에 자극을 받기 쉬운 상태 등을 유지하는 일이다. 간단히 말하여, 자신의 무의식 세계에 들어갈 수 있는 외부 조건과 내부 상태를 갖추는 일이다.

바로 이런 연유에서 초현실주의자들은 반수면 상태에서 글을 쓰던가 아니면 무의식의 표출로 여겨지는 꿈, 최면상태에서의 진술, 독백, 망상 등을 의식적인 가감 없이 그대로 언어로써 표현하고자 했던 것이다. 그리하여 그들은, 꿈으로 표현되는 무의식이 현실로 표현되는 의식과 융합하는 '절대적 현실성' 곧 그들 말대로 '초현실'이란 것을 가정했으며, 바로 그곳에 도달하는 것을 목표로 삼았던 것이다. 여기서, 한 가지 주의해야 할 점은, 그들이 말하는 '초현실'이란, 현실 곧 의식세계를 단순히 뛰어넘는다 해서, 혹은 의식을 초월한 어떤 무의식의 세계를 추구한다 해서 초현실이 아니라는 점이다. 그것은 의식의 세계와 무의식의 세계가 하나가 되는 가정 속의 현실을 초현실로 표현하고 있기 때문이다.

이제, 수많은 초현실주의 작품들 가운데 하나인 위 작품 속으로 우리의 관심을 돌려보자. 이 작품은 「초현실주의 자서전」에 실린 것으로서 신현숙 씨가 번역했는데 겉으로 드러나길 전체 4연 16행으로 짜여 있다. 문장 하나, 하나의 구조 자체는 결코 복잡한 것은 아니지만 전체적인 문맥이나 시인의 의도 등을 판단하기란 그리 쉽지가 않다. 조금 있으면 그 이유가 설명 되겠지만, 이 작품을 놓고 문맥을 따지는 행위는 한 폭의 추상화 앞에서 무엇을 그렸느냐고 굳이 따져 묻는 것과 같을 것이다. 이 작품은 그저 추상화를 보듯이, 읽는 순간 느낀 대로, 생각된 대로 생각하면 그만이다. 의미가 있다면 그것들이 진정한 의미이기 때문이다.

　그런데 한 가지 분명한 사실은, 시인이나 화가는 자신의 무의식 세계를 드러내 놓고 있지만 그것들을 감상하는 절대 다수의 사람들은 의식의 눈으로써 본다는 점이다. '의식'이라는 현실적인 눈으로 보기 때문에 특정인의 비현실적 무의식 세계가 여러 모로 파격적일 수밖에 없지 않은가? 우리는 특정인이 갖는 무의식 세계에 대해 나름대로 상상을 해가면서 그 이질성으로부터 오는 심리적 충격, 곧 의식의 눈에 비친 무의식 세계의 파격적인 세계가 가지는 새로운 맛을 즐기고 있는 것이나 다를 바 없다. 어쨌든, 있을 법한 그들의 따가운 눈총을 의식하면서 이 작품에 대한 나의 사족蛇足을 그려 놓으면 이렇다.

　제1연은 4개의 충격적인 판단이 묘하게 진술되고 있다. 이들은 서로 간에 아무런 관계도 없이 단순히 나열된 것인지, 아니면 어떤 긴밀한 관계 위에서 진술된 것인지 정확한 판단을 내리기가 어렵다. 앞뒤 문맥이나 정황도 이에 대한 어떤 단서를 제공해 주지 않기 때문이다. 그러나 임의로 상상해 볼 수는 있다. 그 누구도 주인으로 들어갈 수 없는 곳이 곧 신들이 교미하고 있는 구체적인 도시이며, 바로 그 도시에서 나무들이나 죽은 손가락들을, 그러니까 별로 의미가 없는 것들을 창조하려고 쩔쩔매는 신들의 추상적인 음란행위들이 벌어지고 있다, 라고.

　필자의 이런 상상이 창작 당시 시인의 생각[잠재의식]과 일치하든 아니하든 간에 이들 표현은 많은 것을 생각게 한다. 그만큼 우리에게 문제를 던져 주고 있다 하겠다. 대체, 시인은 신神이란 존재를 어떻게 생각하고 있기에 '교미'와 '추상적 음란행위'라는 말로 그 의미를 격하시키며, '나무들'이나 '죽은 손가락'을 창조하려고 '쩔쩔맨다'고까지 말을 함부로 할 수 있었을까? 그리고 신들이 교미하고 있는 '구체적 도시'와 '추상적인 음란행위'란 말을 어떻게 받아들여야 할지, 그저 의문투성일 뿐이다. 이처럼 우리의 고정관념이나 편견을 뿌리 채 흔들어 놓거나 깨부수는 데에서, 그리고 그것들에 대한 나름대로의 의식적 상상을 펴 보면서 우리는 충격을 받지 않을 수 없는 것이다. 그것의 진위에 관계없이 말이다.

제2연은 6개의 판단(⑤~⑩)이 진술되고 있는데 이들 간의 관계는 비교적 분명하다. 벌떡거리는 '심장'은 생명과 욕구를 가진 '우리'이고, 우리는 거슬러 올라가는 행위 곧 공격을 한다. 곳곳에는 그런 싸움들이 벌어지고 승자들로 떠들썩하다. 그런 우리들의 공격적인 기질 혹은 본성, 곧 '야행성 혈관의 흐름'이 '무감동한 심장' 그러니까, 싸움과 직접적으로 관계하지 않는, 혹은 무관심한 양순한 사람들에게까지 뻗쳐 나간다. 그런 인간 삶의 현장에는 '우리의 기도', 곧 생명체들의 이율배반적인 바람 — 예컨대, 전쟁과 평화, 죽음과 삶 등에 대한 욕구 — 이 전제되어 있고, 또 내장되어있다. 그러니까, 필자의 이런 추론적 상상이 의식 활동의 산물이라면 작품 속 제2연은 한 개인의 무의식적인 세계라 할 수 있을 것이다.

제3연은 5개의 중요한 판단(⑪~⑮)이 있는데 심실心室과 깃발과 나팔은 그 본질에 있어서 같은 이미지로서 같은 세계를 드러내 주고 있는 시어들이다. 곧, 제2연에서의 '심장'과 같은 것으로, 생명과 욕구가 꿈틀대는 세계로서의 인간 존재에 대한 표상들이다. 그런데 갑작스럽게 '푸른 황새들이 대기 속에서 액체로 변해 버리면'이라는, 뭔가 심상치 않은 새로운 돌출상황이 제시된다. 그것은, 곧 하나의 전제 조건이 되면서 '타조들에게 사랑 받는 버릇없는 아이는 도리 없이 죽고 말 것이다'라는 불길한 예감을 떠올려 준다. 이런 일련의 상상을 제2연의 연속선상에서 보아도 큰 무리는 없어 보인다. 곧 '푸른 황새'란 생명과 욕구를 지니는 모든 생명체를 대신하여 드러내 주는, 그러기 위해서 끌어 들여진 관념으로서 인간일 수 있다. 그리고 그런 우리 인간들이 싸움을 계속한다면 '타조들', 다시 말해, '푸른 황새'나 다를 바 없는 인간들에 의해 그 새끼들이 죽음을 면치 못한다고 추론이 가능하기 때문이다.

제4연은 5개의 중요한 판단(⑯~⑲)이 있지만 상당히 난해하다. 그만큼 우리들의 논리적 해석을 허용하지 않고 있다. 바꿔 말하면, 상상 속에 내재되어 있는 논리 전개 과정이 많이 생략되어 그 추리가 쉽지 않다는 뜻이다. '떨려라 떨려라 내 주먹이여'는 앞의 1, 2, 3연에서 드러난 현실인식이 전재되어 나타나는 일종의 자기 존재 확인이고, 그에 따른 불안과 긴장심리가 노출된 표현이 아닌가 싶다. ( )속에 묶여 덧붙이고 있는 절박한 말도 현실 인식에 따른 시인의 의지 표명으로 이해하면 될 것 같다. 그러니까, 삼켜야 하는 '파도'라는 것도 생명과 욕구를 지녀 서로 싸울 수밖에 없는 운명적 필연으로 받아들이면 될 것 같다. 그리고 '내 아랫배 위에 찍혀 있는 흉측한 상처자국'은 싸움의 결과일 수 있고, 또 타고난 배꼽이 의식되면서 싸우면서 살 수밖에 없는 인간의 운명을 드러낸 것으로도 생각해 볼 수 있다. 그리고 '거대한 장갑함대가 헛되이 수심 측량기를 던지고 있고'에서는, 싸우면서 사는 인간의 현실성을, '백색 바위들 그 가장자리에 익사자들은 웅크리고 앉아 있다'에서는 싸움의 결과가 말 그대로 현실을 초월하는 또 다른 현실로 묘사되고 있다 하겠다. '백색 바위들'이라는 말에서 바위는 싸움터가 되겠지만 '백색'이라는 말은 싸움터에서 죽은 자들이 웅크리고 앉아 있는 저승과도 같은 또 다른 현실 세계를, 실재로는 없는 세계이지만, 드러내 주는 것으로 여겨진다.

　전체적으로 보아, 이 작품은 인간을 비롯하여 천지만물을 창조했다고 하는 여호와 하나님, 곧 신神에 대한 불신과 부정에서 출발하고 있음을 간과해서는 안 된다. 물론, 시인의 신에 대한 부정과 불신은 신의 피조물인 인간의 생명 파괴행위가 자행되고 있는 현실 직시에서 나온 것임도 두 말할 필요가 없다. 물론, 그동안 철저하게 신뢰해 온 인간의 이성에 대한 절망으로 대부분의 초현실주의자들은 인간의 그것을 외면·파괴하고, 무의식의 세계에 귀를 기울이는 새로운 노력을 경주하게 되었지만 말이다.

　이 작품도 인간의 이성적 산물로 여겨지는 전쟁과 살상이 자행되는 현실세계가 시인의 뇌리 속에 박혀 있음으로 해서 그것에 대한 공포와 해방을 꿈꾸는 잠재의식을 갖게 하여 어느 순간 언어를 통해서 그 모습을 드러낸 경우라 할 것이다. 이 작품에는 심장·공격·야행성 혈관·깃발·도시·나팔·파도·바위·황새·타조·장갑함대 등의 다양한 낱말들이 동원되어 쓰이고 있지만 이들은 전쟁을 피하지 못하는 인간의 속성을 직간접적으로 드러내 주는 것이라는 점에서 동일한 의미를 갖는다. 그리고 음란행위·죽음·상처자국·익사자 등의 시어들은 이성적 산물로서의 전쟁과 관련하여 그 의미를 드러내 주고 있는 것들이다.

　따라서 이 작품은 한 인간의 무의식적 세계를 순간적으로 여과

없이 드러낸 것이라 하지만 철저하게 현실이 전제된, 그만큼 현실적인, 주제와 성격을 갖고 있다 하겠다. 다만, 작품 속에서 언어로 갇힌 시인의 판단, 곧 시인의 사유세계 자체가 보통 사람들의 그것과 대단히 다른 성격을 가진다는 점에서, 바꿔 말하면, 시인의 잠재의식 자체가 우리의 의식의 눈에 비쳐 충격적이고 비논리적인 세계로 머물러 있을 뿐이다. 그렇듯, 시인의 잠재의식 세계는 우리의 감각기관으로 확인할 수 있는 현실은 아니다. 그것은 어디까지나 관념의 세계로 존재하며, 그 안에서의 논리적 당위를 갖는, 그러니까 현실이 아닌 현실로서 새롭게 구축된 독립된 세계인 것이다.

사실, 오래 오래 새길 수 있는, 시의 참맛이란 것도 바로 실재하지 않는 허구의 세계에 그 뿌리를 두고 있지만 그 세계 안에서의 존재 양식과 당위가 논리적 판단이 가능한 기반 위에 있을 때 그것이 주는 생동감은 우리를 새로운 세계로 이끌어 들어갈 수 있게 하는 것이라고 생각한다.

---

1) 신현숙의 데스노스에 대한 평가
①초현실주의자 중에서 자동기술법을 가장 자유자재로 구사했던 시인
②1930년 브르통에 의해서 초현실주의 그룹에서 제명처분을 받은 뒤 체계적인 망상표현 연습을 중단
③그의 시는 규칙에서 벗어난 단어들, 꿈의 분출, 경이의 폭로가 떠나지 않았다. 그리고 모든 것을 서민적이면서 정확한 언어로 표현하고자 했다.
④데스노스 스스로 말하기를, 시란 완전히 자유로운 상태에서만 모든 것을 말할 수 있다. 위대한 시는 오직 시인의 잠재의식 속에서 완성될 뿐 외부에 발표된 시들은 그 단편에 불과하다 등으로 정리하였다. (초현실주의, 신현숙, 1992, 동아출판사 153~154쪽)

> **참고문헌**
> 초현실주의, 신현숙, 1992년 9월 초판, 동아출판사, 서울.

43

김일엽·한용운의 「오도송悟道頌」
오도송의 비유적 표현의 한계

불가佛家에는 오도송悟道頌이란 게 있다. 오도송이란 글자 그대로, 수행 중에 있는 스님이 도道를 깨닫는 순간의 그 내용이나 마음의 상태 등을 말이나 글로써 표현해 놓은 것이다. 그런데 그것이 시조형태를 띠기도 하고, 또 시에서 기본적으로 동원되는 수사修辭가 부려짐은 물론 극도로 응축되어 표현된다는 점에서 시에 가장 가깝다. 그래서 선시禪詩와 함께 자주 논의되기도 하고 애송되기도 한다. 그 전형이라 여겨지는, 김일엽 한용운 두 스님의 오도송 각 한 편씩을 음미해 보자.

古人의 속임수에
헤매이고 고뇌한 이
예로부터 그 얼마련고
큰 웃음 한 소리에
雪裏에 桃花가 만발하여
산과 들이 붉었다.

-김일엽의 「오도송」 전문

　　男兒到處是故鄕
　　幾人長在客愁中
　　一聲喝破三天界
　　雪裡桃花片片紅

　　-한용운의 「오도송」 전문

　위의 작품은 김일엽 스님이 73세 되던 해, 1968년 7월 11일에 도道를 깨치면서 썼다는 글이다. 전체 두 개의 문장으로 짜였고, 구조상으로도 크게 복잡하지 않아 쉽게 그 의미가 파악된다.
　첫째 문장은 "古人의 속임수에 / 헤매이고 고뇌한 이(가) / 예로부터 그 얼마련고"라고 묻고 있는 말이다. 그러니까, 속임수에 헤매고 고민한 사람이 참으로 많다는 것을 드러내기 위해 설의법設疑法으로 간접 표현하고 있다. 많음을 '많다'라고 단정 짓지 아니하고 오히려 묻는 형태를 취함으로써 '많음'을 강조하고 있다는 뜻이다.
　그렇다면, '古人의 속임수'라는 것은 과연 무엇일까? 이에 대해선 어떠한 단서도 없다. 다만, 읽는 이가 나름대로 표현자의 입장을 고려하여 상상해 보거나 추론해 볼 수밖에 없는 노릇이다. 예컨대, 고인이란 김일엽 스님이 깨닫기 전, 다시 말해 이 오도송을 짓기 직전까지 자신에게 직간접으로 영향을 미쳤던 모든 사람이거나, 아니면 그 가운데에서도 스스로 깨달은 진리와 다른 가르침을 주었던 사람만을 일컬을 것이다. 그렇다면, '古人의 속임수'란 깨닫기 전의 앎[知識]으로 바꿔 말할 수도 있을 것 같다.

둘째 문장인 "큰 웃음 한 소리에 / 雪裏에 桃花가 만발하여 / 산과 들이 붉었다"에서는 두 개의 의문이 생긴다. 그 하나는 '큰 웃음 한 소리'라는 것이 무슨 의미인가, 이며, 그 다른 하나는 눈 속에서 어찌 복숭아꽃이 만발하여 산과 들이 온통 붉었다, 라고 말할 수 있느냐, 이다. '큰 웃음'이란 것이 깨달은 순간의 기쁨이라면 '한 소리'는 깨달은 내용을 내포하는 진리일 것이다. 만약에 그렇지 않다면 '큰 웃음'과 '한 소리'가 다 같이 스님이 깨달은 내용, 곧 진리 그 자체이거나, 아니면 깨달음의 기쁨을 반영하는 소리일 것이다. 어느 쪽으로 해석해도 크게 문제될 것은 없으나 앞의 것이 보다 가깝게 느껴짐은 부인할 수 없다.

그리고 눈 속에서 복숭아꽃이 만발하는 것은 현실적으로 있을 수 없는 일이다. 게다가, 복숭아꽃이 얼마나 많은지 산과 들을 다 뒤덮을 정도로 붉었다는 것이다. 간단히 말하여, 현실적 판단을 초월하고 있으면서 과장치고는 대단한 과장인 것이다. 그렇다면, 현실을 초월하는 것과 심한 과장으로 표현된 세계는 앞에서 언급한 '큰 웃음'과 '한 소리'의 의미에 따라서 자연스럽게 해석될 수 있다. 그러니까, 스님이 깨달은 진리가 무엇인지 구체적으로 알 수 없지만 그 깨달은 내용이 '큰 웃음'이나 '한 소리'로 비유되었다면 눈 속에 만발한 붉은 복숭아꽃은 깨달음의 결과로서 기뻐하는 스님의 마음 상태를 빗댄 말이거나 깨달은 내용 그 자체를 빗댄 말일 것이다. 아마도, '큰 웃음 한 소리에'에서 ~때문이라는 의미를 지니는 조사 '에'가 있기 때문에 '눈 속에서 만발한 복숭아꽃'은 어디까지나 결과로서 깨달은 내용 그 자체를 빗댄 말로 해석하는 것이 옳을 것 같다.

그러나 '눈 속에서 만발한 붉은 복숭아꽃'을 어떻게, 구체적으로 해석해야 하는지는 독자들의 판단에 맡길 수밖에 없다. 이 말은 비유어일 뿐이지 원관념 곧, 깨달은 내용 그 자체를 직접적으로 말한 것이 아니라는 뜻이다. 다만, '눈 속에서 만발할 수 있고, 산과 들에 붉었다'라는 말에서 우리는 시간과 공간을 초월하여 존재하는 진리는 진리일 것이라는 정도로만 판단이 가능할 뿐이다.

한시漢詩는 한용운 스님이 오세암五歲庵이란 곳에서 썼다는 글인데 이를 조금 운치 있게 의역하면 아래와 같다.

사내에겐 어디든지 다 고향이건만
얼마나 많은 사람들이 나그네 근심 속에서 벗어나지 못하는가?
한 소리로 삼천계를 깨우치니
눈 속에 핀 복숭아꽃 꽃잎이 붉다.

한용운의 위 작품에선 '사내'와 '고향'이라는 시어와, '나그네 근심', 그리고 '한 소리', '삼천계'라는 시어들의 의미와 그 비유체계를 이해하면 쉽게 숨은 의미를 밝힐 수 있다. 첫 문장에서 '사내'란 꼭 남성을 두고 말했다기보다는 도를 깨우치기 위해서 사색하고 공부하는 모든 사람을 말하고, 더 나아가서는 유한한 시공 속에 머무르는 모든 사람, 모든 생명체를 포괄한다고도 볼 수 있다. 그리고 '고향'이란 말이 사람마다 달리 태어나는 곳이

든 아니든, 이 작품에서 '고향'이란 모든 존재의 근원으로 확대 해석할 수 있다. 곧, 사람은 저마다 태어난 곳이 있고, 그 곳을 떠나 사는 동안은 늘 고향을 그리워하듯이, 인간을 포함하여 모든 생명체는 본래의 자리가 있게 마련이고, 결국 그곳으로 원하든 원치 않든 돌아가게 된다는 이치인데, 초월하여 살지 못하고, 생사에 매여 연연한다는 의미로 '나그네 근심'이란 시어를 특별히 사용한 것 같다.

그리고 둘째 문장에서 '한 소리'로 '삼천계'를 깨닫고 나니 눈 속에 복숭아꽃이 다 붉었다고 말하는데, 어쩌면 이렇게도 김일엽 스님과 똑 같은 소리를 할 수 있는지 모르겠다. '한 소리'는 김일엽의 오도송에서처럼 그 의미가 구체적으로 드러나 있지 않지만 '크고 유일한 소리'라는 뜻으로 진리를 일컬음엔 같다. 그리고 이 '한 소리'가 깨달은 내용이라는 사실엔 이의가 없지만 그것이 구체적으로 무엇인지는 알 수 없다. 어쨌든, 깨우친 진리로써 불교에서 말하는 삼천세계를 갈파喝破할 수 있었다는 것인데, 그것의 결과를 '눈 속에서 복숭아꽃이 꽃잎마다 붉었다'라는 말로써 표현하고 있다. 이 또한 김일엽 스님과 똑같다. 물론, 한용운(1879~1944) 스님이 김일엽(1896~1971) 스님보다 먼저 태어나 활동했으니 김일엽 스님이 한용운의 오도송을 공부했을지도 모를 일이다.

여하튼, 오도송에는 시에서처럼 비유적 표현이 불가피하고 역설과 모순어법 등이 다양하게 쓰이고 있다. 바로 이런 이유로 시와 동일하게 취급되는 경향이 있지만, 필자가 관심을 갖는 것은 수행 중에 깨달은 진리라는 것의 내용과 깨달음의 결과, 그리고 그것의 파급 효과 등을 구체적으로 말하지 않고 전제한 시적 표현을 쓰고 있다는 사실이다. 다시 말하면, 깨달은 자가 시를 좋아해서가 아니라 그런 표현을 불가피하게, 혹은 자신도 모르게 사용하는 이유가 무엇이냐이다. 이 문제는 다 같이 생각해 볼 수 있는 기회로 삼겠으며, 앞으로 궁리해 볼 필요가 있다.

너를 볼 수 있는 가장 훌륭한 거울이 바로 나 자신이다.
-이시환의 아포리즘 aphorism 18

44

조기천의 장편서사시 「백두산」
정치적 목적 달성을 위한 수단이었지만 성공작

 위대한 수령님의 영광 찬란한 혁명력사에서 가장 의의있는 사변의 하나인 력사적인 보천보전투를 시적 화폭으로 재현한 작품으로서 당의 유일사상이 철저히 구현되고 높은 사상 예술성이 보장된 기념비적 작품이다.[1]

 위대한 수령님의 빛나는 영상을 정중히 모실 수 있게 구성과 인간관계를 잘 조직하였으며 생략과 함축, 비약의 수법을 재치있게 구사하였다. 서사시는 높은 정치 사상성과 풍부한 생활적 내용, 서사적 사건의 웅건성과 주정토로의 철학성, 짙은 서정의 다양한 화폭들과 인물성격의 생동성, 기백있고 세련된 시적 표현들과 운율의 풍부성 등 높은 사상예술적 성과로써 해방 후 시문학의 눈부신 발전면모와 높은 수준을 뚜렷이 보여 주었다.[2]

 말머리부터 끌어들이고 있는 위 두 조각의 글은 북한에서 발행한 문학사에 기록된, 작품 「백두산」에 대한 가장 직접적인 평가라고 판단되는 부분이다. 우리의 시각에서 볼 때에는, 실로 우습기 짝이 없는, 필요이상으로 포장된 평이라 아니 말할 수 없다. 평 자체의 옳고 그름도 문제이지만 그보다도 작품의 의미나 가치를 재는 척도가 오로지 '당黨'과 '김일성'이라는 사실에 있기 때문이다.

본고에서 끌어들이지는 않았지만 ①이 작품의 창작자인 조기천은 여러 차례 김일성을 만나 교시敎示를 받았다는 사실과 ②이 작품에 대해 김정일이 지적한 내용 등을 소위 '문학사'라는 책에서 그대로 기술하고 있으니, 우리로서는 창작과 관련 그들의 가치관을 물론 이 작품과 그들의 문학사가 어떻게 쓰여졌는가를 미루어 짐작할 수 있다.

물론, 우리의 경우도 역대 대통령이란 자들이 자신의 경력과 세계관을 중심으로 직업적인 문인들을 시켜 홍보용 책자를 펴기도 했다. 그렇지만, 과거 '민정당' 당가黨歌를 지어주었다고, 영부인이었던 육영수 여사에 대한 글을 썼다고, 특정 대통령 취임을 축하하는 축시祝詩를 지어 일간신문에 발표했다고 관련 문인들이 적지 아니한 다른 문인들로부터 핀잔을 듣지 않았던가. 이것이 우리 문인들의 자존심이라면 자존심인데, 더욱이 이들 작품이 우리 문학사의 큰 줄기로서 기술되어짐을 상상이라도 할 수 있겠는가. 물론, 그럴 수는 없다. 이것이 바로 우리의 기본 시각이요, 우리 문단사회 내의 함묵적인 분위기이기 때문에 김일성이나 김정일이 운운되고 있는 문학사나 그들 작품을 대할 때면 편견 아닌 편견을 갖지 않을 수 없는 것이 사실이기도 하다.

여하튼, 작품 「백두산」도 특정인이 특정 목적을 달성하기 위해서 얘깃거리를 제공해 주고 시를 짓게 한 것이라고 하면 그만이다. 그러나 창작의 배경과 직접적인 동기, 목적 등이야 어찌됐든 이미 독자들의 가슴 속에서 객관적 실체로서 존재하는 이 작품의 빛깔과 향기, 그리고 그것의 깊이를 사실대로 밝혀 볼 필요는 있다고 본다. 작품 그 자체만의 객관적인 평가를 보장하고 나아가, 남북문학교류의 구체적인 방안모색에 작지만 실질적인 도움을 줄 수도 있기 때문이다.

작품 「백두산」은 조기천(1913~1951)에 의해 1947년에 쓰여진 것으로서 7개의 장, 맺음시 등으로 짜여진 1,571행의 장편서사시이다. 이 작품은 김일성을 대장(隊長)으로 하는 빨찌산 대원들의 홍산골 전투와 H시의 야간전투, 그리고 압록강 도하작전 등을 포함하는 항일투쟁을 그리고 있다. 그럼으로써, 1)빨찌산 대원들의 활동과 그 위상을 정당화하고, 2)지휘자로서의 김일성을 칭송함은 물론, 3)국민(인민)들의 항일투쟁의식을 고취시키고 있다.

빨찌산 대원들의 활동과 그 위상을 정당화시키기 위해서 시인은, ①대원들의 활동 본거지를 민족의 영산인 백두산으로 설정하고 있고, ②그들의 직접적인 활동을 일본군(수비대·토벌대·주재소 순사 등으로 불리는)과의 전투로 국한시키고, ③대원들을 지휘하는 과정에서 대장(김일성)의 훈시(일종의 교육)를 직접 끌어들이고, ④대원들의 항일투쟁을 홍경래의 난·동학혁명·3.1독립만세운동 등과 맥을 같이하는 것으로 보는 시각을 전적으로 수용하고 있다.

지휘자로서의 김일성을 칭송하기 위해서 시인은, 그의 겉모습부터 됨됨이까지 묘사하고 있는데, 과장과 비유 등의 적절한 수사에 크게 의존하고 있다. 곧, 머리시에서부터 '백두산 호랑이'로 빗대어지고 있는 김일성은, 그 칭호만도 ①대장(大將이 아니라

隊長인 듯함) ②사령관 동지 ③영웅 등의 용어가 쓰이고 있고, 전투에서는 언제나 용감하지만 대원들 앞에서는 어질고 지혜로우며, 야영 중에는 밤을 새며 독서讀書하는, 남다른 인물로 묘사되고 있다.

국민(인민)들의 항일투쟁의식을 고취시키기 위해서 시인은, 설정된 인물들 사이의 관계나 역할[활동], 가치관 등과 함께 일본인들의 침탈현장을 구체적으로 묘사한다. 곧, 정치공작원 '박철호'와 함께 '선포문'을 등사하고, 주재소를 기습한 ①솔개골에 사는 '꽃분이'를 끌어들이고, ②일본 수비대의 추격으로 인한 박철호의 연락원인 16세 소년 '영남'의 죽음과 그 직전의 외침을 묘사하고, ③압록강 도하작전 시 후위대였던 '박철호'와 '최석준'의 장렬한 죽음 등을 묘사하며 ④사이사이에 일본인들의 식량과 산림자원 약탈 실상을 묘사한다.

전체적으로 보면, 이 작품은 김일성을 대장으로 하는 빨찌산 대원3)들의 ①홍산골전투4) ②정치 공작원 박철호와 꽃분이의 공작활동 ③H시의 야간전투를 위한 압록강 도하작전 ④H시 야간전투 ⑤부대복귀를 위한 압록강 도하작전 등을 중심으로 묘사되고 있다. 특히, H시 야간전투와 이 전투를 위한 정치공작원 박철호와 꽃분이의 공작활동에 대한 묘사가 1571행 가운데 절반 가까운 762행을 차지하고 있다. 이 같은 비중은, 이 작품을 창작하게 된 본래의 의도와 무관하지 않다고 보인다. 곧, 빨찌산 대원들의 활동이 민족사적 필연성에 의한 것임을 부각시킴으로써 김일성 정권의 정당성을 이끌어내고, 시골 처녀인 꽃분이의 사상적 무장과 그녀의 공작활동을 통해서 여성들의 항일투쟁의식을 고취시키고, 나아가, 국민들의 항일투쟁에로의 동참을 유도하기 위해서일 것이다.

　이처럼, 조기천의 장편 서사시 「백두산」은 비교적 빈틈없이 계산된 사건전개와 인물설정 등으로 드러내고자한 바 작품의 주제를 부각시키는 데에 있어 힘의 집중과 분산의 기본원리를 충실하게 적용시키고 있다. 다시 말해, 표현상의 비중比重과 경중輕重을 가리고, 완급緩急을 가렸다는 것이다. 또한, 적절한 말 줄임[省略]으로 읽는 이들에게 생각할 수 있는 여지를 적극적으로 부여함은 물론 각종 비유적 수사를 효과적으로 부리고 있다. 더욱이, 한 가지 빼놓을 수 없는 사실은, 이 작품을 누가 시켜서 창작했든 아니든, 다루고 있는 내용의 사실 여부를 떠나서, 시인에 의해서 구성되고 구축된 독립적인 세계가 독자들에게 일정 부분 영향력을 행사하고 있다는 점이다. 바로 작품에 그러한 힘을 불어넣기 위해서 창작의 목적을 염두에 두고, 작품의 주제를 설정하고, 그에 따른 사건 전개는 물론, 인물설정과 역할 등을 안배함에 있어 상당한 기술적 안목을 반영시키고 있는 것이다. 특히, 등장인물들의 감정을 충분히 삭이어서 그것의 노출露出과 제어制御를 적절히 함으로써 탄력을 유지하고 있고, 한 행을 2 내지 4 음보로 짧게 끊어 읽게 함으로써 힘이 솟는, 다시 말해, 속도감을 느끼는, 그런 자연스런 리듬을 타도록 하고 있는 점도 주목할 만하다.

　비록, 이 작품이 정치적 목적 달성을 위해서 창작되었다지만 그 짜임새나 언어표현 면에서 매우 탁월한 능력이 반영되어 있기 때문에 독자들에게 상당한 영향력을 행사할 수 있는 성공작이라고 판단된다.

---

1) **박종원 류 만**, 『조선문학개관·II』, 사회과학출판사, 1986.11.25. 115쪽

2) 앞의 책, 118쪽

3) **빨찌산 부대**: 작품 속에 나타난 바로는 압록강 건너 북쪽 장백과 백두산 어느 골짜기에 위치하고, 그 규모는 H시 야간전투 후 압록강 후위대가 2명 정도로 묘사되는 것을 보면 매우 작은 부대임을 추론해 볼 수 있다.

4) **홍산골 전투**: 장백의 깊은 골짜기로서 산림이 빽빽하게 우거져 있고, 흰 눈으로 뒤덮인 산비탈에서 일본군 수십 명과 총격 및 육탄전으로 일본군을 섬멸했다는 전투임.

---

* 이글은 1993년 12월에 도서출판 '명문당'에서 발행된 필자의 문학평론집 『독설의 향기』에 실린 것을 약간 수정하여 그 일부만을 옮겨 놓은 것이다. 그리고 분석대상인 조기천의 장편서사시 「백두산」이 너무나 길기 때문에 이곳에 그 전문을 소개하지 못해 유감스럽게 생각한다.

45

서지월의「진달래 산천」&
김승해의「소백산엔 사과가 많다」
표절剽竊인가 창작創作인가

---

1. 서지월의「진달래 산천」에 대하여

진달래꽃 속에는 조그만
초가집 한 채 들어 있어
툇마루 다듬잇돌 다듬이 소리
쿵쿵쿵쿵 가슴 두들겨 옵니다.

기름진 땅 착한 백성
무슨 잘못 있어서 얼굴 붉히고
큰일난 듯 큰일난 듯 발병이 나
버선발 딛고 아리랑고개 넘어왔나요

꽃이야 오천년을 흘러 피었겠지만
한 떨기 꽃속에 초가집 한 채씩
이태백 달 밝은 밤 지어내어서
대낮이면 들려오는 다듬이 소리,

어머니 누나들 그런 날의 山川草木
얄리얄리 얄랴셩 얄랴리 얄라,
쿵쿵쿵쿵 물방아 돌리며 달을 보고
흰 적삼에 한껏 붉은 진달래꽃물 들었었지요

―서지월의 작품 「진달래 산천」 전문

　서지월의 작품 「진달래 산천」은, 4연 16행으로 짜여진 서정시이나 4음보 외형률을 느끼게 하는 정형시에 가깝다. 그리고 기승전결起承轉結이라는 틀 안에서 의미가 전개되고 있다. 곧, 제1연은 '초가집 한 채'가 어떤 정황 속에 놓여 있는가를 설명하고 있고, 제2연은 '착한 백성'과 '아리랑 고개'로 제유提喻되고 있는, 우리 역사 속에서의 가난과 수난으로 점철된 한민족韓民族의 삶을 암시하고 있다. 그러니까, 제1연의 '진달래꽃', '초가집 한 채', '다듬이 소리'가 제2연의 '백성', '아리랑고개'로 연계되면서 그 의미가 확대되어 가고 있다. 그리고 제3연은 의미 전개상에 큰 변화가 일어난 곳으로서, 작품의 중요한 소재인 '진달래꽃'과, '다듬이 소리'와 '초가집 한 채'로 제유되는 백성의 삶이 '진달래꽃'과 어떤 관계에 놓여 있는가를 잘 드러내 주고 있다. 곧, 진달래꽃이 오천 년을 흘러온 우리의 역사 그 자체이며, 우리 민족의 정체성이라면, 그 역사 그 정체성이라는 나무에 매달려 피어있는 꽃송이 하나 하나는 백성 한 사람 한 사람을 의미한다. 그런데 그 백성들은 '이태백의 풍류'를 알고 일상 속에서 즐겨왔다는 것이다. 물론, 특정 민요에서 느끼고 확인할 수 있었기 때문이고, 제3연의 '다듬이 소리'가 제4연의 '물방아' 돌리는 일과 함께 우리 민족의 생활이자 풍류라는 의미를 내포하고 있는 비유어로 읽히기 때문이다. 그리고 제4연은 제3연에서 말한 풍류가 구체적으로 어떤 것인가를 드러낸 결구結構로서, 백의민족白衣民族의 소박한, 자연과 더불어 풍류를 즐기는 삶이 역사 속에서 진행되어 왔음을 노래하고 있다. 따라서 이 작품은, 겉으로는 진달래꽃을 노래한 듯 보이나 실은 과거 우리 민족의, 특히 여성의 한 맺힌, 그렇지만 친자연적 환경 속에서 웃음과 여유를 잃지 않는 소박한 삶을 노래하고 있다. 그것이 모두가 인정하는 사실인지 아닌지는 따져봐야 하겠지만 말이다.

어쨌든, 그것은 진달래꽃을 우리 민족 내지는 민족사와 동일시함으로써 가능해지고 있고, 그 동일시는 진달래꽃의 붉은 빛깔과 그것이 실제로 조상들의 삶터와 가깝게 있어왔다는 그것의 분포도에 연유하고 있다. 특히, 진달래꽃의 붉음은 온순하고 착하지만 온갖 어려움 속에서도 면면이 역사를 이루어온 한민족 가운데에서도 여성의 끈질긴 생명력과 연계되어 있다 하겠다. 그러나 그것은 이미 과거가 되어 버린, 그래서 굳어져 버린, 그것도 우리들의 일방적인 관념 속의 의미에 지나지 않는다. 그런 정서를 드러내기 위해서 시인은 청산별곡의 후렴구와 아리랑과 기타 민요 등에 의존하고 있고, '초가집 – 다듬이 소리 – 물방아 – 달 – 진달래' 라는 축과 '버선발 – 흰 적삼 – 어머니, 누나 – 백성 – 아리랑고개 – 진달래' 라는 두 축으로 의미를 전개시키고 있지만 이는 역사 속에서 고정된 상상력일 뿐이라는 사실이다.

시인의 뛰어난 감각적 인식능력이 반영된 부분이 있다면 "한 떨기 꽃 속에 초가집 한 채씩"이라는 시구인데 나는 개인적으로 그리 높게 평가하지는 않는다. 왜냐하면, 이런 표현은 이미 먼저 쓴 시인들이 있고, 그 뒤로 유사한 표현들이 양산되어 오고 있는 상황이기 때문이다. 문제는 누군가가 먼저 썼다고 해서 쓰지 말라거나 못하는 것은 아니지만 앞뒤 문맥상에 그 표현이 어느 정도의 당위성을 확보하고 있느냐가 무엇보다 중요하고, 그 다음이 표현의 신선도일 것이다. 두 번째 쓰이는 문장은 첫 번째 쓰인 문장보다 감응이 떨어질 수밖에 없음은 당연하다. 예를 들자면, 조지훈의 작품「승무」에서 하늘에 떠 있는 달은 하나뿐인데 "오동잎 잎새마다 달이 지는데"라고 표현한 것이나, 서지월의 작품「진달래 산천」에서 "한 떨기 꽃 속에 초가집 한 채씩"이 있다고 한 것이나, 문제의 신춘문예 당선작인 김승해의「소백산엔 사과가 많다」에서 "사과나무 한 그루마다 절 한 채 들었다"라거나 "나무는 한 알 사과마다 편종 하나 달려는 것인데"라는 일련의 표현들이 다 같다고 보기 때문이다. 그래서 나는 생각한다, 시인의 진정한 능력은 지금껏 남들이 쓰지 않은 문장을 먼저 짓는 일일 것이라고.

그러나 이처럼 뛰어난 감각적 인식능력이 반영된 표현들을 의식적으로 혹은 무의식적으로 가져다가 새로운, 혹은 유사한 시들을 지어내는 경향은 – 인터넷시대인 요즈음 아주 두드러지고 있어 모방과 표절 시비가 끊이지 않지만 – 크게 보아 변화 발전이라는 역사 속으로 용해되어 버리고 마는 것이다. 물론, 이 과정에서 분명한 모방과 표절이 항존恒存하고 있지만 말이다.

2. 김승해의 「소백산엔 사과가 많다」에 대하여

소백산엔
사과나무 한 그루마다 절 한 채 들었다
푸른 사과 한 알, 들어 올리는 일은
절 한 채 세우는 일이라
사과 한 알
막 들어 올린 산, 금세 품이 헐렁하다

나무는 한 알 사과마다
편종 하나 달려는 것인데
종마다 귀 밝은 소리 하나 달려는 것인데
가지 끝 편종 하나 또옥 따는 순간
가지 끝 작은 편종 소리는
종루에 쏟아지는 자잘한 햇살
실핏줄 팽팽한 뿌리로 모아
풍경 소리를 내고
운판 소리를 내고
급기야 안양루 대종 소리를 내고 만다

어쩌자고 소백산엔 사과가 저리 많아
귀 열어 산문山門 소식 엿듣게 하는가

−김승해의 작품 「소백산엔 사과가 많다」 전문

김승해의 2005년도 조선일보 신춘문예 당선작 「소백산엔 사과가 많다」는, 전체 3연 18행으로 짜여진 자유시이다. 이 작품에서는 두 가지 큰 전제가 있어서 － 물론, 그것은 시인의 일방적인 판단이지만 － 구체적인 내용을 전개시킬 수가 있었다. 그 두 가지 큰 전제란 '사과나무 한 그루마다 절 한 채 들었다.(제2행)'라는 판단과 '나무는 한 알 사과마다 / 편종 하나 달려는 것인데 / 종마다 귀 밝은 소리 하나 달려는 것인데' 라는 판단이 그것이다. 이 두 가지 큰 판단이 전제가 되어서 나머지 작은 판단들을 전개시켜 시인이 궁극적으로 하고자하는 이야기를 엮어낼 수 있었다.

　그렇다면, 나머지 그 작은 판단들이란 무엇인가? 곧, 첫 번째 큰 판단에서 파생되는 작은 판단들은, 푸른 사과 한 알을 들어 올리는 일은 절 한 채를 세우는 일이고, 사과 한 알을 들어 올려 산의 품이 헐렁해졌다는 것들이다. 그리고 두 번째 큰 판단에서 파생되고 있는 작은 판단들은, 가지 끝에 매달린 편종 하나를 또옥 따는 순간 가지 끝에서 나는 작은 편종 소리는 종루에 쏟아지는 자잘한 햇살이고, 나무는 실핏줄 팽팽한 뿌리로 모아(무엇을 모은다는 것인지 그 목적어가 생략되어 있어 임의로 유추해야 하지만, 그래서 그만큼 모호하지만) 풍경 소리를 내고, 또한 운판 소리를 내고, 급기야는 안양루 대종 소리를 낸다는 것이다.

　자, 그렇다면 결과적으로 시인은 사과나무를 절[사찰]과, 그리고 사과를 편종과 각각 동일시하고 있으며, 또한 사과 따는 일을 종을 치는 일로 동일시하고 있는 셈이다. 그리고 종을 친다는 행위는 '귀 밝은 소리'라는 어구와 '햇살', '풍경소리', '운판소리', '대종소리' 등 일련의 시어들이 내포하고 있는, 불명확한 의미로 부여되고 있다. 단지, 여기서 사과를 땄을 때에 나는 편종 소리가 종루에 쏟아지는 자잘한 햇살로 인식하는 감각적 전이轉移, 곧 공감각적 표현이 이루어지고 있다. 흔히, 시인들과 평자들에게는 그런 표현에 대해서 높게 평가하는 경향이 있지만.

다시 그렇다면, 그 '동일시'라는 것 때문에 시인은 자신이 하고 싶은 이야기를 할 수가 있었는데 문제는 그 동일시 자체가 시인의 일방적인, 주관적 판단들이며, 그 판단들 간에 인과관계가 명료하지 않아 모호한 상태에서 독자들이 나름대로 생각하고 판단해야만 한다는 사실이다. 물론, 이런 장치 자체가 표현의 한 가지 기교라면 기교이겠으나 나에게는 상투성으로밖에 보이지 않는다. 그렇다면, 무엇이 나로 하여금 그런 판단을 내리게 하는가?

그런 기법과 과정을 거쳐서 궁극적으로 시인이 무엇을 말했는가가 바로 나의 판단에 결정적인 단서를 제공하였다고 볼 수 있다. 곧, 이 작품의 결구結構인 "어쩌자고 소백산엔 사과가 저리 많아 / 귀 열어 산문山門 소식 엿듣게 하는가."에서 보는 바와 같이 시인은 소백산에 사과가 많아서 산문山門 소식을 엿듣게 됐다고 스스로 감탄하는 것인지, 아니면 후회하는 것인지 모호한 입장을 취하고 있다. 굳이, 의미를 찾자면, 시인이 말한 '산문 소식'이라는 시어가 내포하고 있는 의미인데, 그것은 사과나무에서 한 알의 사과를 따는 일이 종을 치는 일이고, 종을 치는 일은 소리[법문: 부처의 가르침]를 내는 일이라는 것이다. 이를 다른 각도에서 보면, 산에는 절이 있고 절에서는 종을 치는 일을 하듯이, 소백산에는 사과나무가 있고, 그 사과나무에 매달린 사과 하나 하나는 작은 편종 하나 하나가 되고, 사과나무가 힘을 모아 편종을 치면 결국엔 대종소리를 낸다는 것이다. 간단히 말하여, 시인은 사과나무에 매달린 사과를 통해서 편종을 떠올렸고, 그 편종을 통해서 소리 내는 절 안의 풍경, 운판, 대종 등을 떠올린 셈이다.

아마도, 평자는 시인의 그런 생각 자체를 커다란 깨달음 정도로 판단한 모양이다. 나에게는 상투적인, 흔히 좋다고 여기는 시를 쓰기 위해서 꾸미고 직조織造해 내는, 껄끄러운 문장으로 구축된, 책임질 수 없는 주관적 진실로 여겨질 뿐인데……. 특히, 문학에서는 먼 거리에 있는 자연현상들 간의 관계를 가까운 인과관계가 있는 것처럼 인식하는 경향이 있고, 또한 그것을 – 불가佛家의 사상과 무관하지 않지만 – 어떤 철학적 기반을 둔 상상력의 표현으로 높이 평가하는 경향이 있는데 사실 이것은 논리적 사고를 멀리하는 우리의 태도와 무관하지 않다. 예를 들면, 미당의 작품인 「국화 옆에서」에서 소쩍새가 울고, 천둥 번개가 치는 현상과 국화가 피는 현상 사이에 직접적인 인과관계가 없지만 크게 보아 밀접한 상관관계 속에서 이루어진다고 여기는 것이나, 이 작품에서처럼 사과나무가 사과를 통해서 대종소리를 낸다고 보는 것 등이 바로 그것이다.

그러나 이제는 한번쯤 고려되어야 할 것이다, 이런 유형의 시들이 영문으로 번역되었을 때에 그것을 읽는 사람들이 어떻게 느끼고 받아들이는가를. 그리고 작품의 겉모양새(작품 속 정황이나 시어, 문장)만 바뀌어가고 있지 대상을 보는 철학적 안목이나 시각 자체는 전혀 변하지 않고 있다는 사실을 어떻게 받아들여야 할 것인가를 우리 시인들은 스스로 고민해 보아야 할 줄로 믿는다.

 어떤 이는, 김승해의 이 작품이 이보다 먼저 중앙일보에 소개된 서지월의 작품 「개나리 산천」을 모방 내지는 표절을 하였다고 주장하나, 내가 볼 때에는 중앙일보에서 주관한 제4회 미당문학상 수상작인 김기택의 작품 「어떻게 기억해냈을까」를 더 근원적으로 모방한 작품이라는 판단이 든다. 미리 말하지만, 시인은 중앙일보를 통해서 시를 공부하고 응모는 조선일보에 한 영민함을 보이고 있고, 그 영민함이 서지월의 작품에서 감각적인 인식능력이 돋보이는 어구에서 착안하여 유사한 표현을 낳았고, 김기택의 작품을 통해서는 창작의 모티브인 사과를 얻었고, 그 작품이 높이 평가되어지는 이유랄까 그 부분을 나름대로 이해, 수용하고 있다고 볼 수 있다. 그 높이 평가 되어지는 이유와 부분이란, 한 편의 시에서 시인이 무엇을 이야기해야 하며, 그것을 어떤 방식으로 풀어내야 하는 지에 대한 이해이다. 곧, 시의 주된 내용은 어디까지나 인간들의 삶에 긍정적인 의미와 꿈을 주어야 하고, 그런 인간의 삶을 가능하게 하는 자연현상의 질서나 아름다움에 대한 지각이 있어야 한다는 것이다. 그리고 그 표현방식은 인간 삶과 자연과의 관계 설정이 단정적인 진술보다는 독자들의 상상력을 부추기면서 작품의 주제를 어렵지 않게 인지시키는 범위 내에서의 모호성이 최대로 부여되는 간접적인 표현과 구조를 갖추어야 한다는 것이다.

3. 모방과 표절에 대하여

우리가 시를 짓다보면 자신이 의식하지 못한 상태에서 과거에 읽었던 남의 작품의 어구語句나 문장文章을 쓰고, 그 같은 사실이 지각되는 순간 스스로 놀라는 경험을 하기도 한다. 경우에 따라서는 내가 남의 작품의 영향을 받아서 무의식적으로 빌려 쓰고서도 그가 나의 것을 가져갔다고 말하기도 한다. 독서의 내용은 뇌의 저장창고에 있다가 필요시에 활용되기 때문이다. 이런 경우 나는 ①비의도적인, 무의식적인 모방이라고 말하고 싶다. 이는 근본적으로 인간이 교육적인 존재이기에 얼마든지 있을 수 있으며, 그런 모방의 과정을 거치면서 독창적인 문장을 지어내는 것이다. 이런 과정이 개인의 발전인 셈이다. 동시에 이는 분명히 어제의 것을 전제로 하여 변화 발전하는 오늘의 모습이고, 그것이 내일로 이어지는 과정으로 이해된다.

반면, 특정인의 특정 작품을 접하고서 아주 감동적이다거나 자신이 쓰고자하는 작품 내용 전개상에 필요하여 어구나 문장을 원작자의 허락 없이 가져가 사용하되, 그대로 혹은 그 일부를 변형시켜 사용하는 것은 ②의도적인, 의식적인 모방이라 할 수 있다. 물론, 창작하는 과정에서 이도 불가피한 면이 없지 않으며, 그럴 때에는 반드시 원작자의 이름과 작품명을 어떠한 형태로든 밝혀야 하는 것이 시인으로서의 최소한의 책임이요, 양식이라 생각된다. 문제는 빌려 쓰는 어구나 문장이 자신의 작품 앞뒤 문맥 속에서 얼마나 자연스럽게 기여하고 있느냐이다. 남의 어구나 문장을 빌려 쓰고도 원작보다 못하다면 창의성이 발휘되지 못한, ③단순한 모방이라 단정되어질 수밖에 없다. 만약, 그렇지 않고 원작과 다르게 활용되었거나 더 깊은 의미를 담아내고 있다면 ④창조적 모방이라고 할 수 있을 것이다. 예컨대, 뛰어난 재능을 가진 시인들은 보잘 것 없는 남의 작품들을 읽으면서도 그 속의 특별한 어구나 문장에서 창작의 모티브를 제공받아 원작보다 더 깊은, 아니 원작과 전혀 다른 작품을 창작해 내는데 바로 그런 경우를 들 수 있을 것이다.

대체로, 모방은 창작을 위한 노력의 과정 속에서 이루어지며, 어느 정도의 창의성을 띠게 마련이다. 따라서 모방은 얼마든지 있을 수는 있으나 모방작이 최초의 창작품보다 높게 평가되어서는 곤란하다는 것이 나의 생각이다. 한 편의 작품을 읽을 때에는 구분이 어려우나 수십여 편이 수록된 시집을 읽게 되면 능히, 그리고 자연스럽게 구분되어진다고 본다.

표절剽竊은 말 그대로 남의 시구나 문장을 포함하여 작품의 구조나 내용 등의 일부나 전부를 원작자의 양해나 허가 없이 자기의 것으로 몰래 사용하는 것이므로 창의성이 거의 반영되지 않는 경향이 있다. 이는 남의 물건을 훔치는 일과 같아 비난받아 마땅한 일이다. 훔치는 자 스스로는 그 같은 사실을 잘 알고 있는지라 훔친 물건(작품 속의 문장이나 구조나 내용 등)을 그대로 사용하는 경우도 없지는 않지만 대개는 변형시켜 사용함으로써 자신이 훔쳤다는 사실을 애써 피해보려는 경향을 띤다. 그런데 우리 사회에서는 어디까지를 표절로 인정하느냐 하는 문제를 가지고 왕왕 설전舌戰을 벌이거나 법적 시비꺼리가 되기도 한다. 개인에게는 근원적으로 표현의 자유가 보장되어야 하고, 또 같은 느낌, 같은 생각을 할 수도 있기 때문이다.

그러나 아무리 표현의 자유가 보장되더라도 타인의 명예를 훼손했다거나 특정 작품의 중요 어구, 문장, 내용, 이야기 전개상의 구조, 기타 두드러진 특징 등을 몰래 가져가 자기의 것으로 사용, 발표하는 행위는 원작자의 저작권을 보호하는 차원에서도 신중하게 다루어져야 한다고 생각한다.

그런데 모방과 표절로써 저작권침해 여부를 판단하는 일을 더욱 어렵게 만드는 것은, 과거로부터 있어온, 특히 서양에서 두드러지게 나타났지만, 창작의 한 기법으로서 특정 작품의 구성요소를 변용하여 유사한 작품을 만들어내는 패러디parody가 인정되어 오고 있다는 현실이다. 물론, 패러디에 의한 작품이 아무리 재미있고, 원작보다 감동적이라 하더라도 그것은 원작이 있었기 때문에 존재하는 것이므로 작가의 창의적 노력과 능력에 대해서는 원작자보다 높게 평가되어서는 곤란하다.

문제의 조선일보 신춘문예 당선작인 김승해의 「소백산엔 사과가 많다」는 이미 언급했듯이 서지월의 중요 문장을 변형시켜 쓰고 있고, 제4회 미당문학상 수상작인 김기택의 「어떻게 기억해냈을까」의 '사과'를 통해서 직접적인 모티브를 얻었을 가능성이 대단히 높고, 작품의 주제나 내용 전개상의 구조 등에 있어서도 '의도적인' 모방의 흔적이 역력하다고 보아진다. 그런데 여기에 약간의 창의성이 반영된 것으로 보아 표절로서 단정 짓기는 어려운 면이 없지 않다.

 개인적으로 나에게는 누가 누구의 작품을 모방 내지는 표절을 했느냐 안했느냐가 중요한 것이 아니라 유사한 작품들을 뛰어난 작품으로 인정하는 심사위원들의 안목과 논리적 판단력과 독서력과 개인적인 취향이 작용하는 심사에 오히려 더 큰 문제가 있다고 생각된다. 응모자 내지는 시인들의 작품에 반영된 창의성과 독창성 판단을 못하거나 가볍게 여긴 결과가 아닌가 싶다. 동시에 시의 겉모습과 그 치장에 비중을 두는 우리 시단의 한 경향을 읽게 하며, 그런 현상들은 자칫 시인의 진실을 간과해 버릴 우려가 크다는 사실을 지적하지 않을 수 없다.

46

황두승의 「장마와 戀詩」
시평詩評의 허虛와 실實

　　모과차 한 잔을 점심거리로 삼을 때,
　　귀천歸天을 본다.
　　장맛비가 쏟아진다.

　황두승 시인의 「장마와 戀詩」라는 제목의 시 전문이다. 이 작품에 대하여 石蘭史 이수화 시인은 작품해설에서 '은유시隱喩詩의 절창絕唱'이라 호평했는데, 관련 내용을 소개하면 이러하다. 곧,

　'장맛비'라는 객관적 상관물이 싣고 오는 연심戀心의 암시暗示 또는 은유隱喩 기법은 슈퍼비니언스(隨伴, supervenience) 방법 또는 앙리 베르그송의 물리주의物理主義와 관련되지만, 황두승 시의 저러한 실체는 전향적으로 전개될 지평에서 상론할 수 있는 문제이겠다. 이 대목에서 문득 가슴을 치는 바는 예시 「장마와 戀詩」같이 촌철살인적寸鐵殺人的 시가 주는 선시풍禪詩風의 아우라aura를 수용한 미학이다.

참으로 알 수 없는 일이다. 작품해설이 원작보다 더 어려우니 그만 말문이 막히고 만다. 평자評者의 해설을 있는 그대로 받아들인다면, 은유시 - 객관적 상관물 - 암시 - 은유 - 슈퍼비니언스 방법 - 앙리 베르그송의 물리주의 - 선시풍의 아우라 등 일련의 비평용어들에 대해서, 다는 아니더라도, 먼저 설명되어야만 한다. 굳이, 설명할 필요가 없다면, 전문가들이라도 함께 인식하고 공유될 수 있는 최소한의 객관적 의미가 담보 - 통용되어야 할 것이다. 그런데 과연 그러한가?

솔직히 말해, 이 용어들을 사용하고 있는 평자에게 일일이 따지듯 물어보고 싶지만, 아니 그럴 필요도 없지만, 안타깝기 그지없다. 우리들에게는 여전히 외국에서 들여온 비평용어를 써야 유식한 것처럼 보이고, 다시 말해, 학식이 있어 보이고, 또 그렇게 여기는 풍토 자체가 우리의 허약한 실상을 스스로 드러내 보일 뿐임을 위 작품과 해설이 단적으로 보여주고 있기 때문이다.

첫째, 촌철살인적 선시풍의 아우라를 수용했다는 판단에 대하여 생각해 보자.

여기서, '촌철살인적'이라는 말은 아주 간단한 말로써 겉으로 드러내고자 한 바를 아주 명료하게, 그리고 효과적으로 드러내어 크게 감동을 준다는 뜻일 것이다. 그리고 '선시풍'이라는 말은 참선하듯 명상하는 과정에서 문득 깨달은 내용을 문장으로 옮겨 놓은 선시와 유사하다는 뜻일 것이다. 그리고 '아우라'라는 말은 독일의 철학가 발터 벤야민Walter Benjamin이 처음 사용한 말로, 예술작품에서 다른 사람이 흉내 낼 수 없는 고고한 분위기를 지칭한다는데, 이것(고고한 분위기)이 독창성이라는 뜻인지, 높은 품격이라는 뜻인지는 꼬집어 말할 수 없다. 그의 예술이론을 읽어보지 못했기 때문이다. 어쨌든, 독창성이든 높은 품격이든 상관없지만, 선시풍의 아우라를 수용했다는 이 어색한 말은 선시와 비슷한 높은 품격을 갖추었다는 뜻으로 쓰지 않았나 싶기도 하다.

둘째, '장맛비'라는 객관적 상관물이 싣고 오는 연심戀心의 암시暗示 또는 은유隱喩 기법은 슈퍼비니언스隨伴, supervenience 방법 또는 앙리 베르그송의 물리주의物理主義와 관련되었다는 판단에 대해서 생각해 보자.

'객관적 상관물'이라는 말은 우리 문학계서도 이미 보편화된 비평용어지만 시에서 표현자의 느낌이나 감정 등의 정서와, 생각 의식 등의 사상을 드러내기 위해서 빌려 쓰는 사물事物 정황情況 사건事件 등을 이르는 말로, 엘리엇Eliot, T. S.이 처음 사용했다는 것은 다 아는 바이다. 그의 객관적 상관물은 넓게 보면, 원관념을 드러내기 위해서 빌려 쓰는 보조관념인 셈이다.

그리고 수퍼비니언스隨伴, supervenience란, 직역하면 한자어로 '수반隨伴'이 되는데, 이 수반이란 '뒤좇아서 따름' 혹은 '어떤 일과 더불어서 생김'을 뜻한다. 그래서 철학에서는 종속적 혹은 인과관계를 뜻하는 말로 종종 사용된다. 이 수반과 유사한 문학비평용어로 '병치竝置'라는 말이 있다. 이 병치는 두 가지 이상의 것(사물이든 관념이든 상관없음)을 나란히 둔 상태를 말한다. 그런데 이 병치와 수반이 다른 점이 있다면 양자 사이의 상관성 유무有無와 정도 차이일 것이다. 곧, 상관관계가 없거나 아주 희박하다면 병치고, 분명하게 있다면 수반인 셈이다. 물론, 이것은 필자의 개인적 판단일 뿐이다.

그리고 앙리 베르그송의 물리주의物理主義라는 용어에 대해서는 솔직히 모르겠다. 수학과 논리학을 제외한 모든 과학의 개념을 물리학에 나오는 개념으로, 그리고 모든 과학의 명제를 물리학의 명제로 환원할 수 있다고 보는 빈 학파(Vienna Circle : 1920년대에 빈에서 정기적으로 모여 과학언어와 과학방법론을 탐구한 철학자·과학자·수학자 집단)의 '물리주의'라는 개념으로 쓰였는지 모르겠다. 내가 베르그송을 모르기 때문이기도 하지만 이 작품 해설을 함에 있어서 이런 용어가 꼭 필요했는지 선뜻 이해되지 않는다. 그렇다면, 이쯤 해두고, 문제의 원작을 처음부터 다시 읽어 보자.

모과차 한 잔을 점심거리로 삼을 때,

귀천歸天을 본다.

장맛비가 쏟아진다.

-작품 「장마와 戀詩」 전문

시제詩題로서 '장마와 戀詩'라고 했을 때에는, '장마'와 '戀詩'라는 두 대상에 대해서 표현해 보겠다는 전제가 깔려 있다. 그렇다면, 본문은 시제와 어떠한 형태로든 연관되어 있어야 한다. 뿐만 아니라, 시제의 두 대상 간에도 어떤 상관성이 있을 때에 그 의미가 깊어진다. 예컨대, 장마는 연시를 쓰게 한다든지,

아니면 장마 자체가 한 편의 연시라든지 모종의 상관성이 설정되어 있을 때에 시가 깊어지게 마련이다. 이 상관성을 따질 때에는 보편적인 통념이 그 판단의 척도가 되어야 할 줄로 믿는다.

먼저, 시제의 두 개념 사이의 상관성에 대해서 생각해 본다면, 날이 궂고 비가 연달아 내리는 기간[雨期=장마철]에는 사람들의 마음[心事 혹은 心思]도 달라지게 마련이다. 비로 인한 행동제한과 분위기가 맞물려서 연애감정을 비롯하여 인간의 심사가 다르게 전개될 수 있다. 그래서 장마와 연시라는, 다소 멀어 보이는 두 대상을 연관시켜 놓을 수는 있다고 생각해 볼 수 있다. 이런 의미에서 '병치' 아니면 '수반'이라는 기법을 쓰고 있다고, 이론가로서는 애써, 아니 궁여지책으로서 말할 수 있을 것이다.

이제, 시제와 본문과의 상관성을 따져 보기 위해서 본문의 의미를 먼저 분석해 보자.

첫 행인 "모과차 한 잔을 점심거리로 삼을 때"를 '모과차 한 잔을 점심식사로 대신할 때'로 해석할 수 있을 것이다. 그런데 화자(話者: 작품 안에서 말하고 있는, 보이지 않는 사람)는, 무엇 때문에 모과차로 점심을 대신하는지에 대해서는 언급하고 있지 않다. 불가피한 이유가 있기 때문인지, 아니면 의도된 일인지 알 수 없다는 뜻이다. 그저, 독자들의 상상력에 맡기고 있을 따름이다. 그 상상력에 기대어 이 행을 해석하자면, 화자가 모과차를 마시면서 연애하느라 점심조차 거르는 상황이 아닌가 싶기도 하다.

둘째 행 "귀천歸天을 본다."에서, ①누군가가, 혹은 화자 자신이(문장의 주어가 생략되었기 때문에 정확히 판단할 수 없음.) 하늘로 돌아감[歸天]을 스스로 본다는 뜻인지, 아니면 ②어느 시인의 '귀천

歸天'이라는 시 작품을 읽는다는 뜻인지, 아니면 ③음료를 파는 서울 인사동 가게의 간판이나 그 집을 본다는 뜻인지 알 수가 없다. 현실적으로는 ②와 ③에 무게가 실리지만 이 작품에 없는 의미를 부여하기 위해서는 ①을 지지해야만 한다. 그러나 그에 대한 판단을 일단 유보해 두자.

셋째 행 "장맛비가 쏟아진다."는, ①화자가 모과차 한 잔으로 점심을 대신할 때에, 그리고 ②귀천을 볼 때{물론, 거의 같은 시각에 이루어지는 일이지만 ①과 ②는 ③의 조건이 되고 있음}에 지각되는 자연현상 곧 ③'장맛비가 쏟아진다'는 단순 사실을 기술한 것뿐이다.

그렇다면, '모과차 한 잔을 점심식사로 대신할 때'라는 것은 장맛비가 쏟아진다는 상황의 시간적 조건일 뿐이고, '귀천을 본다'는 화자의 행위와 '장맛비가 쏟아진다'는 자연현상은, 그 조건에 뒤따르는 결과일 뿐이다. 다시 그렇다면, 그 조건과 그 두 결과 사이에는 어떤 상관성이라도 있는 것일까? 나아가, 두 가지 결과인, 행위와 현상 사이에도 어떤 상관성이 있는 것일까? 이것들이 자연스럽게 인지認知 되지 않는다면 이 작품은 표현자[시인]만이 아는 세계로서 독자들에게는 한낱 속이 비어 있는 호두나 다를 바 없다.

또 다른 평자인 나는, 이 시를 살려내기 위해서, 바꿔 말해, 없는 의미를 부여하기 위해서 본문을 전혀 다르게, 임의로 해석하고자 한다. 곧, 문장 상에서 생략된 주어(체)인 나(내) 혹은 누군가(예컨대, 천상병 시인이라든가 우리가 알 수 없는 어떤 사람)가 하늘로 돌아감을 보니[깨달으니], 하늘에서는 장맛비를 쏟는다, 라고 말이다. 이렇게 해석함으로써 '귀천'과 '장맛비'와의 억지 상관성을 부여해보지만 이내 탄로綻露 나고 만다. 시제인 '장마와 戀詩'라는 대전제가 버티고 서 있기 때문이다. 다시 말해서, 시제와 본문 사이에 무슨 관계가 있느냐고 질책을 면할 수 없기 때문이다.

결과적으로, 장마철에 연애감정이 생겨서 연시를 쓸 수 있으니 '장마'와 '戀詩'와의 상관성은 어느 정도는 자연스럽게 유추된다지만, '귀천을 본다'는 행위와 '장맛비가 쏟아진다'는 두 현상 사이의 상관성은 유추해내기가 쉽지 않다. 게다가, '모과차 한 잔을 점심거리로 삼을 때'라는 시간적인 조건을 연계시키면 더욱 그러하다.

그럼에도 불구하고, 상상력이란 도구로써 양자 사이에 억지관계를 맺어주어 이 작품을 해석하자면, 그야말로 믿거나 말거나지만, 이렇게까지는 할 수 있을 것 같다. 곧, '이 땅의 모든 사람들은, 아니, 모든 존재는 결국 하늘로 돌아가게 되는데(귀천하게 되는데), 그 하늘에서는 묘하게도 이 땅에 장맛비를 쏟아준다'라는 깊은 생각을 반영한 것이라고 말이다. 결과적으로, '귀천'과 '장맛비' 사이의 관계를 '땅'과 '하늘'의 관계로, 다시 말해, 땅의 인간존재[피조물]와 하늘의 조물주[창조주]와의 관계로 확대시킨다는 것인데, 그래야만이 이 본문이 시제와도 자연스럽게 연계되는 것이다. 곧, 연시를 쓰게 하는(=하나님을 사랑하게 하는) 시제의 '장마'는 본문의 '장맛비가 쏟아진다'는 말로, 그리고 사랑의 결과인 시제의 '戀詩'는 밥 대신 모과차를 마시면서 귀천을 보는 행위로 각각 연계시킬 수 있다. 결국, 하늘에서 쏟아지는 장맛비는 하나님의 은총이 되고, 귀천을 본다는 것은 하나님의 섭리를 깨닫고 믿는다는 말[戀詩]로 확대해석할 수 있을 것이다.

이렇게 되면 이 소품小品은 엄청난 뜻을 숨기고 있는 시가 되는 것이다.

문제는, 평자의 이 같은 견강부회牽强附會 격의 궤변을 독자들이 그대로 받아들인다하더라도, 이 세상의 어느 누가 알쏭달쏭한 미완의 시 한 편을 놓고 이렇게 구구절절이 해석해 주면서 감상하겠는가, 이다. 이런 의미에서 본다면, 분명, 이 작품은 주관적 정서가 담보해야 할 최소한의 객관성을 상실하였기에 결과적으로 표현 미숙이 낳은 기형아畸形兒가 되어버린 셈이다.

보라. 평자는 대작大作을 졸작拙作으로, 졸작을 대작으로 둔갑시키는 술수를 부리는 사람이기도 함을 우리는 간과해서는 아니 될 것이다. 평자의 포장술도 날로 발전하기 때문에 실재하는 문학적 진실과 그로 인해서 갖게 되는 세인들의 그것이 얼마든지 다를 수도 있음을 직시해야 할 줄로 믿는다.

범람하는 현란한 수사修辭가 진실을 왜곡하지 못하도록 내 자신의 눈과 귀를 바르게 열어 놓는 일만이 나를 자유롭게 하리라

47

김기택의 「어떻게 기억해냈을까?」
제4회 '미당 문학상' 수상작 바로 읽기

1. 제4회 '미당문학상' 수상작

방금 딴 사과들이 가득한 상자를 들고
사과들이 데굴데굴 굴러나오는 커다란 웃음을 웃으며

그녀는 서류뭉치를 나르고 있었다
어떻게 기억해냈을까 고층사무실 안에서
저 푸르면서도 발그레한 웃음의 빛깔을

어떻게 기억해냈을까 사과를 나르던 발걸음을
발걸음에서 튀어오르는 공기를
공기에서 터져나오는 햇빛을 햇빛과 과즙과 햇빛 향기를

어떻게 기억해냈을까 지금 디딘 고층이 땅이라는 것을
뿌리처럼 발바닥이 숨쉬어온 흙이라는 것을
흙을 공기처럼 밀어올린 풀이라는 것을

나 몰래 엿보았네 외로운 추수꾼의 웃음을
그녀의 내부에서 오랜 세월 홀로 자라다가
노래처럼 저절로 익어 흘러나오는 웃음을

책들 사이에서 잠깐 보았네 외로운 추수꾼의 걸음을
출렁거리며 하늘거리며 홀로 가는 걸음을
걷지 않아도 저절로 나아가는 걸음을

제4회 미당문학상 수상작인 김기택의 「어떻게 기억해냈을까?」 전문이다.

2. 심사평의 일부

우리 시단에서 독특한 묘사시의 새로운 경지를 개척해 보이면서 일찍부터 각별한 주목을 받고 있었다. 그는 현대사회의 다양한 현상 속에 잠복해 삶의 한복판을 관통하고 있으면서도 습관에 의하여 무반성하게, 당연한 듯 받아들여지고 있는 폭력적이고 그로테스크한 힘들을 일정한 거리에서 정밀하게 관찰하며 지극히 고요하고 단정한 언어로 묘사함으로써 대상과 언어 사이에 미묘한 긴장상태를 빚어내는데 성공하고 있다.

그러나 이 시인의 궁극적인 지향점이 그로테스크한 힘이나 어두운 현실의 단순한 드러냄에만 있다고 보기는 어렵다. 일면 그의 세계를 지배하는 듯한 폭력과 어둠은 오히려 그 사이를 비집고 솟아오르는 연약한 생명의 힘을 더욱 신선한 것으로 돋보이게 하는 것이다. 가령 '얼룩' '소나무' '초록이 세상을 덮는다' 그리고 수상작 '어떻게 기억해냈을까'는 이런 일련의 연약하지만 끈질긴 생명의 힘을 세상 속으로 곧장 뻗쳐 들이밀고 있는 경우다.

여자의 통통 튀는 듯한 웃음이 싱싱한 사과의 둥근 아니마로 되살아나면서 서류뭉치나 빌딩 같은 우리들 현실의 각이 진 아니무스를 땅속에 깊이 뿌리박은 한 그루 거대한 생명나무로 둔갑하게 하는 이 시의 힘은 과연 미당의 힘찬 시정신과 무관하지 않을 것 같다.

3. 제4회 미당문학상 수상 작품에 대하여

이 작품은 전체 6개의 문장이 6연 17행으로 짜여 있다. 연과 행 가름의 일부가 자연스럽지 못하다. 물론, 시인과 다른 사람들은 필자의 판단과 전혀 다른 생각을 할 수도 있다. 연과 행 가름의 부자연스러움은 다분히 의도적인데, 바로 그 점이 자신들에겐 합리적이라고 주장할 수도 있기 때문이다. 제1연의 두 행이 나머지 제2, 제3, 제4, 제5, 제6연을 각각 꾸며주는 독립적인 수식구로 판단하면 더욱 그러하다.

그리고 문장은 도치되어 있으며, 도치된 문장의 목적어와 그 목적어를 수식하는 어구가 2~4개씩 나열되고 있을 뿐 아니라 문장부호를 사용하고 있지 않아 자칫 긴 문장의 의미를 판단해 내는데 어려움을 줄 수 있다. 두세 번 앞뒤를 생각하면서 읽어야 비로소 문장의 구조나 그 의미가 판단되는 것이 사실이기 때문이다. 물론, 이런 점마저도 문장 해독력에 따라 독자마다 달리 판단할 수는 있을 것이다. 이를 전제하고, 필자의 주관적 시각에서 문장 분석과 함께 작품의 구조와 성향을 살펴보고자 한다.

 이 작품의 첫 문장은 제1행에서부터 제3행까지로 "방금 딴 사과들이 가득한 상자를 들고 / 사과들이 데굴데굴 굴러나오는 커다란 웃음을 웃으며 / 그녀는 서류뭉치를 나르고 있었다"이다. 따라서 연 가름도 이 문장이 끝나는 자리에서 했어야 한다고 생각한다. 그런데 이 문장의 주절에 해당하는 제3행이 제2연으로 가서 붙어 버렸다. 시인의 어떤 의도가 있지 않았느냐고 생각해 볼 수 있지만 별다른 의미나 효과는 없다고 생각한다. 시에서의 행은 끊어 읽는 마디로서 호흡과 리듬을 결정해 주고, 연은 행보다 더 길게 쉬어가는 자리로서 시상 전개상의 계단 구실을 한다. 따라서 행과 연 가름은 일정한 질서 위에서 이루어져야 하되 의미 판단을 방해해서는 아니 될 것이다.
 어쨌든, 이 문장을 가장 간단히 줄인다면 "그녀는 서류뭉치를 나르고 있었다."가 될 것이다. 앞의 1, 2행은 어떤 서류뭉치인가를 암시해 주고 있고, 서류뭉치를 나르는 그녀의 동작을 직접적으로 묘사 설명해 주고 있다. 부연하자면, 그녀는 서류뭉치를 나르는데, 마치 농부가 사과를 수확하여 상자에 가득 넣고, 그 상자를 나르며 밝게 웃는 것처럼 웃음을 크게 웃고 있다는 것이다. 그러니까, 시적 화자가 볼 때는 서류뭉치를 나르며 웃는 그녀를 사과상자를 나르며 웃는 농부와 동일시하고 있고, 그것이 전제되어 다음 이야기가 펼쳐지는 것이다.
 둘째 문장은 제4, 제5행으로 "어떻게 기억해냈을까 고층사무실 안에서 / 저 푸르면서도 발그레한 웃음의 빛깔을"이다. 그런데 문장이 도치되어 있고, 주어가 생략되어 있으며, 문장부호를 사용하고 있지 않다. 이를 일반 어순으로 고쳐 쓴다면 "(그녀는 농부의) 저 푸르면서도 발그레한 웃음의 빛깔을 어떻게 기억해냈을까?"가 될 것이다. 그런데 시인은 이를 도치시키고 주어와 문장부호를 생략함으로써 사실상 모호한, 아니 불완전한 문장을 지었다. 이처럼 불완전한 문장을 해독함에 있어 생기는 모호성이 실재하는 작품세계에 대한 확대해석을 가능하게 하는 요인이 되기도 하는데, 이는 시적 표현의 한 기교로서 시인과 평자들 사이에서 받아들여지고 있는 것이 사실이다.

셋째 문장은 제6, 제7, 제8행으로 "어떻게 기억해냈을까 사과를 나르던 발걸음을 / 발걸음에서 튀어오르는 공기를 / 공기에서 터져나오는 햇빛을 햇빛과 과즙과 햇빛 향기를"이다. 역시 도치, 생략, 나열 등으로 불완전한 문장이 되어 있다. '기억해내다'라는 동사의 목적어(구)가 4개나 되기 때문에 사실상 문장 도치가 불가피하지만 이를 일반 어순으로 굳이 바꾸어 표현하면 "(그녀는) 사과를 나르는 (추수꾼=농부) 발걸음(과) (그) 발걸음에서 튀어 오르는 공기를, (그리고) (그) 공기에서 터져 나오는 햇빛과 (그) 햇빛(의) 향기를 어떻게 기억해냈을까?"가 될 것이다. 서류 뭉치를 나르는 그녀의 삶과 사과를 수확하는 추수꾼의 그것이 어떻게 동일한가를 간접적으로 설명하고 있고, 동시에 그녀의 그런 삶은 그보다 먼저 있었던 추수꾼의 삶으로부터 연유된 것이라고 여기고 있음을 알 수 있는 대목이다. "어떻게 기억해 냈을까"라는 의문이 바로 그 단서가 되기 때문이다.

넷째 문장은 제9, 제10, 제11행으로 "어떻게 기억해냈을까 지금 디딘 고층이 땅이라는 것을 / 뿌리처럼 발바닥이 숨쉬어온 흙이라는 것을 / 흙을 공기처럼 밀어올린 풀이라는 것을"이다. 역시 도치, 생략, 나열 등으로 이루어진 불완전한 문장이다. 이를 굳이 일반 어순으로 바꾸어 표현하면 "(그녀는, 자신이) 지금 (발) 디딘 고층이 땅이라는 것과 뿌리처럼 발바닥이 숨 쉬어온 흙이라는 것을, (그리고) 흙을 공기처럼 밀어 올린 풀이라는 것을 어떻게 기억해냈을까?"가 될 것이다. 고층빌딩 안의 그녀와 사과나무 아래 추수꾼의 삶이 동일한 이유를 설명이라도 하는 듯하다. 곧, 그녀가 서류뭉치를 나르는 고층빌딩의 어느 한 층의 바닥이 사과나무가 서있는 땅이고, 흙이고, 풀이라고 빗대고 있기 때문이다.

다섯째 문장은 제12, 제13, 제14행으로 "나 몰래 엿보았네 외로운 추수꾼의 웃음을 / 그녀의 내부에서 오랜 세월 홀로 자라다가 / 노래처럼 저절로 익어 흘러나오는 웃음을"이다. 역시 도치, 생략, 나열 등으로 이루어진 불완전한 문장이다. 이를 일반 어순으로 바꾸어 표현하면 "나(는) 외로운 추수꾼의 웃음(과) 그녀의 내부에서 오랜 세월 홀로 자라다가 노래처럼 저절로 익어 흘러나오는 웃음을 몰래 엿보았네."가 될 것이다. 시적 화자인 내가 엿본 웃음은 두 가지인 듯하나 한 가지뿐이다. 그것은 '그녀의 내부에서 오랜 세월을 두고 홀로 자라다가 노래처럼 저절로 익어서 흘러나오는 웃음'으로 외로운 추수꾼의 웃음인 것이다. 물론, 이 웃음의 성격, 의미 등은 무엇보다도 중요하다. 시의 주제와 직접적으로 관련되어 있기 때문이다.

여섯째 문장은 제15, 제16, 제17행으로 "책들 사이에서 잠깐 보았네 외로운 추수꾼의 걸음을 / 출렁거리며 하늘거리며 홀로 가는 걸음을 / 걷지 않아도 저절로 나아가는 걸음을"이다. 역시 도치, 생략, 나열 등으로 이루어진 불완전한 문장이다. 이를 굳이 일반 어순으로 바꾸어 표현하면 "(나는) 외로운 추수꾼의 걸음(과) 출렁거리며 하늘거리며 홀로 가는 걸음을, 그리고 걷지 않아도 저절로 나아가는 걸음을 책들 사이에서 잠깐 보았네."가 될 것이다. 화자인 내가 책들 사이에서 잠깐 본 세 가지 양태의 걸음에 대해 묘사되고 있다. 곧, '외로운 추수꾼의 걸음'과, 추수꾼의 것인지 그녀의 것인지 아니면 이들이 아닌 다른 누구의 것인지는 알 수 없지만 '출렁거리며 하늘거리며 홀로 가는 걸음', 그리고 '걷지 않아도 저절로 나아가는 걸음' 등이다. 이들 세 양태의 걸음이 무엇을 의미하는지가 또한 대단히 중요하다. 역시 시의 주제와 밀접한 관련이 되어 있기 때문이다.

그렇다면, 이 작품의 전체적인 구조를 생각하면서 그 의미들을 다시 정리해 보자.

제1행에서 제3행까지(제1연)는 시인으로 하여금 시상(시적 상상력)을 갖게 하고 이끌어 가게 하는 동인動因이자 질료質料로서 전제되어지는, 바꾸어 말하면, 시인이 지각하여 선택한 작품의 소재로서의 주관적 판단이다. 곧, 농부의 웃음과 그녀의 웃음이 동일하다는 것이다. 그리고 제4행에서 제11행까지는(전체 17행 가운데 8개 행을 차지하는 제2연의 일부와 제3, 제4연) 세 차례나 되풀이 되는 '그녀는 어떻게 기억해 냈을까?' 라는 물음에 대한 목적어와 그 목적어를 꾸미는 수식·어구들의 나열로 채워져 있다. 그만큼 그녀가, 추수꾼의 삶과 그 삶을 가능하게 하는 자연의 이치를 기억해 냈다는 사실이 신비롭고 의아스럽다는 듯 강조하고 있고, 결과적으로 그 자연의 이치대로 사는 추수꾼의 삶과 고층빌딩 안에서 서류뭉치를 나르는 일을 하는 그녀의 삶이 조금도 다를 바 없다는 점을 강조하고 있는 셈이다.

그리고 나머지 제12행부터 제17행까지(제5, 제6연)는 시적 화자인 내가 몰래 엿보고, 책들 사이에서 잠깐 본 결과로서의 내용이다. 그 내용은, 고층빌딩 안에서 서류뭉치를 나르며 웃는 그녀의 삶이, 자연의 생명력과 질서 위에서, 그러니까 햇빛과 토양과 공기 속에서 자라난 사과를 수확하는 추수꾼의 삶과 다를 바 없음을 그녀의 삶(서류뭉치를 나르는 동작)을 통해서 훔쳐보았다(깨달았다)는 의미를 담고 있다. 한 마디로 말해, 양자의 삶과 그 삶을 가능하게 하는 여건 등을 동일시하고 있으며, 그녀의 동작을 통해서 그 같은 사실을 깨달았다는 점을 역시 강조하고 있다.

다시 그렇다면, 이 작품은 사과상자에 담긴 서류뭉치를 나르는 그녀의 웃음과 발걸음을 거리를 두고 바라보면서, 서류를 나르는 그녀를 사과를 수확하는 추수꾼으로, 추수꾼의 웃음과 발걸음을 그녀의 웃음과 발걸음으로 연상하여 연계시켰고, 이들 양자의 대립되는 듯한 삶이 동일하다는 질적 판단을 내린 것이며, 그 판단에 이르는 정황 묘사를 불완전한 문장과 모호한 표현으로써 독자들의 상상력을 촉발시켜 임의 해석과 확대 해석을 가능하게 하고 있다. 바로 이 점이 수상하게 된 직접적인 배경이 되었다고 판단되지만 말이다.

그렇지만, 양자의 삶이 동일하다는 판단의 근거가 되고 있는 자연의 질서 내지는 그 생명력의 본질과 관련된, 추수꾼의 삶에 대한 지각 내용이 아주 상투적이고 피상적이라는 데에는 문제가 없지 않다. 곧 "그녀의 내부에서 오랜 세월 홀로 자라다가 노래처럼 저절로 익어 흘러나오는"에서 확인할 수 있듯이 '홀로' 와

'저절로'라는 시어가 함축하고 있는, 분명하지 않은 의미에 전적으로 의존하고 있기 때문이다. 이 '홀로'와 '저절로'라는 시어는 대상(여기서는 자연과 인간 삶이 되지만)에 대한 피상적인 인식이며, 그에 대한 상투적이면서도 모호한 표현일 뿐이다. 바로 그렇기 때문에 추수꾼의 발걸음에 대해서도 그저 "출렁거리며 하늘거리며 홀로 가는" 것이고, "걷지 않아도 저절로 나아가는 걸음"이라고 모호하게 표현할 수밖에 없는 한계를 노출시키고 있는 것이다. 뿐만 아니라, 화자인 내가 그 같은 사실을 몰래 엿보았으며, 책들 사이에서 잠시 보았노라고 스스로 말함으로써 시인 자신이 대상과 일정한 거리를 두고 있음을 알 수 있다. 바로 그렇기 때문에 세 가지 양태의 걸음(외로운 추수꾼의 걸음, 출렁거리며 하늘거리며 홀로 가는 걸음, 걷지 않아도 저절로 나아가는 걸음 등이 그것이다.) 이 함축 내포하고 있는 의미가 무엇인지 모호하기 짝이 없는 상태로 머물고 만 것이다. 어쩌면, 혹자는 구체적으로 해독되지 않으면서 독자의 상상력을 부풀리는 이런 표현이야말로 효과적인 시적 표현의 기교로서 시인의 이상적 세계와 가을의 정취를 적절하게 담아내고 있다고 말할지도 모르겠다. 그러나 나는 그렇게 생각하지 않는다. 그것(시인의 이상적 세계)의 핵심을 함축하고 있는 말이 곧 문제의 '홀로'와 '저절로'라는 시어이고, 그것들은 자연현상과 인간의 삶이 이루어지는 방식이자 원리에 대한 시인 개인의 지각 내용이지만 그 자체가 피상적이면서 상투적인 것에 지나지 않기 때문이다. 물론, 시에서 구체적인 진술이야 할 수 없지만 자연의 생명력과 제 현상을 가능하게 하는 질서를 간접적으로 드러내는 말치고는 공소하기 짝이 없다는 것이 나의 판단이다. 우리가 흔히 자연현상이나 인간 삶의 지혜를 말할 때에 그 같은 표현을 즐겨 하지만 그것은 우리 한국 서정시의 한계일 뿐이라고 나는 생각한다. 그러므로 소재를 통해서 전개시킨 시인의 시상, 곧 사유세계의 깊이를 보아도 그렇거니와 작품의 구조를 보아도 심사위원들의 심사평처럼 그리 중대한 의미를 부여할 수 없다고 생각한다.

역시, 내가 무지한 탓일까? 시라는 것은 시인의 주관적인 눈에 비친 세계이고, 평이라는 것 역시 시를 보는 평자의 주관적인 눈일 따름이다. 그래서 그 눈들은 실재하는 세계와 별개의 것일 수도 있음은 두말할 필요가 없다. 그러나 시인의 눈에 비친, 그래서 문장으로 구축된 제2의 객관적 세계가 무엇인가가 중요하고, 평자의 눈에 비친, 있는 그대로의 작품세계를 담아내는 문장의 논리가 또한 중요하다고 본다.

그런데 보다시피, 심사평에서는 수상작은 한 편이지만 실재의 심사는 시인의 다른 작품들과의 연계선상에서의 평가임을 엿볼 수 있다. 바로 이 부분에서 시인과 그 시인의 시 세계에 대한 평자의 선입견이 끼어 들 가능성이 높아져 있다. 그리고 유기체적 구조물인 작품에 대한 객관적인 분석보다는 부분적인 문장의 묘사력이나 그것들이 환기하는 지엽적인, 막연한, 혹은 긍정적인 세계(여기서는 사무실에서 서류뭉치를 나르는 일을 사과를 수확하는 추수꾼의 삶과 동일하게 보는 시각이자 자연의 생명적 질서이지만) 지향성에 한눈을 팔고, 그것에 의미를 부여하다보면 작품의 실상 판단을 놓치고 만다. 그래서 실재하는 작품세계와 유리된 평들이 나오는 것이지만 말이다.

모호한 표현의 말장난(?)을 즐기는 과정에서 구축되기도 하는, 책임질 수 없는 언어 표현들을 일삼는 시인들의 경향(엄밀하게 말해서, 시인의 위선이요, 거짓이지만)과, 그것들에 대해 확대 해석하는 즐거움을 누리는 일부 지식인들의 경향(엄밀하게 말해서, 평자의 지식을 드러내고 입증해 보이려는 듯한 견강부회의 허구이지만)을 모름지기 경계해야 할 것이다.

무릇, 머리가 복잡한 시인은 말장난을 쳐도 복잡하게 쳐서(그 복잡성의 핵심은 역시 표현의 모호성이지만) 머릿속이 복잡한 평자들에게 감상의 재미를 제공해 주지만 단순한 시인은 깊은 생각과 감성적 묘사를 해도 단순하게 해서 복잡한 그들에게는 흥밋거리를 제공해 주질 못한다. 그러나 나를 감동시키는 가장 크고 가장 근원적인 힘은 역시 작위적이거나 불완전한 표현으로 우연히 구축되는(뜻하지 않게 생기는 불로소득 같은) 모호한, 책임질 수 없는, 상상의 세계로서 현실을 환기시키는 힘이 아니라 나의 삶이란 현실에 뿌리를 둔 사유세계로서 내가 책임질 수 있는 나의 진실과 나의 아름다움을 효과적으로 담아내는 문장이라는 사실을 나는 여전히 믿는다. 그리고 문학이 인간 삶에 대한 성찰과 반응으로서 진실을 추구하는 것이라면 그것의 역사란 자신에게 솔직해져 가는 과정이요, 그 한 방식일 뿐이라는 사실을 또한 나는 믿는다.

필요 이상으로 장황하게 문장의 구조를 중심으로 설명했는데 (실재하는 작품세계와 심사평에서의 그것이 다름을 증명하기 위해서 불가피했지만) 그것의 결과를 심사평과 관련하여 이해하기 쉽게 정리해 보자.

첫째, 심사평에서는 생명의 힘에 대하여 '연약하지만 끈질긴'이라는 말로 표현했지만 이 작품 어느 구석에서도 연약하고 끈질긴 생명의 성향을 읽을 수 없다. 그것은 "출렁거리며 하늘거리며 홀로 가는 걸음"과 "걷지 않아도 저절로 나아가는 걸음"이라는 시구에서 막연하게 상상할 수 있는데 그것은 '홀로'와 '저절로'라는 시어가 자연성(필자는 자연의 원리라는 말을 썼지만)을 간접적으로 암시해 주고 있기 때문이다. 자연에 대하여 우리는 '스스로 그러하다' 혹은 '스스로 존재하는'이라는 말로써 그 본질을 말하곤 하지만(그래서 필자는 한국 서정시에서의 상투적인 표현이고 한계라는 말을 했지만), 과학의 힘으로 자연에 대한 깊은 이해가 가능한 오늘날의 시대엔 더 이상 설득력이 없다고 본다.

둘째, 심사평에서는 "여자의 통통 튀는 듯한 웃음이 싱싱한 사과의 둥근 아니마로 되살아나면서 서류뭉치나 빌딩 같은 우리들 현실의 각이 진 아니무스를 땅속에 깊이 뿌리박은 한 그루 거대한 생명나무로 둔갑하게 하는" 작품으로 평가했는데 이 작품은 전혀 그렇지 않다. 고층빌딩에서 서류뭉치를 나르며 웃는 여자의 삶(실은 삶이라기보다는 동작이지만)을 살짝 쳐다보면서, 그 서류뭉치가 든 상자에 인쇄된 사과를 통해서 자연(흙과 햇빛과 공기가 있는)에서 사과를 수확하는 추수꾼의 삶을 떠올렸을 가능성이 대단히 높고, 동시에 대립되는 듯한 양자의 삶이 동일하다고 그 의미를 부여하고 있다고 말하는 것이 더 적절할 것이다.

셋째, 심사평에서 "서류뭉치나 빌딩 같은 우리들 현실의 각이 진 아니무스를 땅속에 깊이 뿌리박은 한 그루 거대한 생명나무로 둔갑하게 하는 이 시의 힘은 과연 미당의 힘찬 시정신과 무관하지 않을 것 같다."고 했는데, 미당의 '힘찬' 시정신과는 거리가 있는 평가라고 본다. 여기서 '힘찬'이라는 말이 시인의 단순한 창작의욕을 염두에 두고 한 것인지 아니면 뭔가 새겨 볼만한,

의미가 있는 사유의 깊이가 있다는 질적 판단을 염두에 두고 한 말인지는 모르겠으나 '힘찬'이라는 말로는 미당의 작품세계와 수상시인의 그것과의 상관성을 말하기에는 부적절하다고 생각한다.

넷째, 흔히 그러하듯이 어떤 수상작이 되려면 작품속의 주 의미가, 결국 작품의 주제나 작가의 의도이지만, 인간사회나 삶에 대해 긍정적이어야 한다. 특히, 현실적 상황은 부정적인데 그 속에서 살아가는 사람들은 일말의 희망의 빛이라도 붙들고 있는 것처럼 긴장된 의미를 애써 부여해 주어야 높은 점수를 받는다. 심사과정에서 늘 문학의 사회적 기능이 계산되기 때문일까? 아니면 절망이나 어둠보다는 희망이나 빛을 붙잡고자 하는 생명의 잠재된 욕구 탓일까? 물론, 이 작품도 예외는 아니다. 필자의 눈에는 이런 창작상의 공식 같은 상투성이 오히려 유치하게 보일 따름이다.

김소영의 「태양의 노랫소리」
시에서 문장부호 사용 문제

　시인들의 문장부호 사용은 천태만상이다. 전혀 사용하지 않는 이들도 있고, 선택적으로 사용하는 이들도 있고, 철저하게 '한글 맞춤법 통일안'에 의거 사용하는 이들도 있다. 가장 흔하게 볼 수 있는 형태가 선택적으로 사용하거나 전혀 사용하지 않는 경우이다. 특히, 선택적으로 사용하는 경우에는 시의 마지막 문장에만 온점 하나를 찍거나 다른 일체의 문장부호를 사용하지 않으면서 부분적으로 반점만을 찍는 예가 많다. 물론, 문장부호를 사용하면서도 잘못 사용하는 경우가 없지는 않으나 그런 선택적이고 임의적인 문장부호 사용에는 시인 나름의 이유가 있을 것이다.

　하지만, 문제가 없는 것은 아니다. 꼭 사용해야 할 문장부호를 생략하거나 잘못 사용함으로써 의미판단을 모호하게 하거나, 경우에 따라서는 표현자의 의도와 전혀 다르게 해석되는 수도 있기 때문이다. 만일, 그런 문장을 어법이 다른 외국어로 번역한다고 할 때 역자의 국어문장 해독력에 따라 내맡겨진다는 사실을 감안한다면 단순한 문제가 아닌 것은 분명하다.

　그럼에도 불구하고, 시인들은 왜 문장부호를 생략하는 것일까? 아니, 왜 문장부호 사용을 꺼리는 것일까? 여기엔 두 가지 이유가 있다고 본다. 그 하나는 정확한 문장부호 사용법을 모르기 때문에 사용하지 않는, 편리한 쪽을 택하기 때문이고, 그 다른 하나는 시문詩文의 형식상의 특징과 시인의 임의적 판단이 작용하기 때문이다. 곧, 시는 시인마다 달리 가지는 호흡률과 의미 전개상 필요에 의해서 행과 연을 구분하여 쓰게 마련인데, 그 행과 연 구분이 독자로 하여금 천천히 끊어 읽게 함으로써 생략된 줄임표나 반점 등이 가지는 기능을 대신하게 한다는 사실이다. 그리고 의문문이지만 그 의문의 강도가 낮으면 온점으로 대신할 수도 있다는 문장부호 사용상의 융통성도 있고, 문장마다 온점을 찍으면 그 의미를, 좀 더 정확히 말하여, 언어로 표현된 시세계를 한정짓는 것으로 판단되기도 하고, 또 감정표현이 겉으로 드러나는 느낌표를 사용하면 왠지 유치하게 느껴지기도 (물론, 여기에도 그럴만한 이유가 있지만) 하는 것이다. 게다가, 그 유명한 피카소가 자신의 시에서 문장부호를 사용하지 않았다고 해서 그 이유를 모른 체 덩달아 흉내 내는 경우도 있다.

　그러나 문장부호 사용은 정확할수록 좋다. 문장의 의미를 분명하게 하여 '전달'이라는 기본 목적을 달성하는데 기여하기 때문이다. 표현자의 의도나 문장의 의미 자체를 판단하는데 문장부호나 문장의 구조 등 형식적 장치의 문제로 어려움이 생긴다면 사실상 불필요한 노력을 요구할 뿐이고, 자칫 오판을 하게 할 뿐이다. 그리고 시인이 의도하는, 그러니까, 한 편의 시에 담기는 내용을 한정짓지 않고 독자 나름대로의 상상과 판단에 따라 확대시키려 한다면 시의 내용 자체를 깊게 해야 하는 것이지 애매모호한 형식적 장치로 그것을 꾀하거나 기대하는 것은 너무나 안일한 생각이요, 태도임에 틀림없다.

 나뭇잎 푸름에 머무는 산들바람은
 푸른가지를 타고 이파리의 귀를 접는
 하늘의 파란 빛을 접기 시작하더니
 쉬지 않고 접고 또 접어서
 흔들리지 않는 눈길만 커질 뿐이다.
 고약스런 짓을 하지 않는 잔물결을
 뛰어넘는 엄청난 파도는
 千의 萬의 거품은
 억 천만의 물방울을 만든다.

'월간 문학' 통권 제375호에 실린 김소영金昭影의 「太陽의 노랫소리」 제1연이다. 이 작품은 전체 7연 69행으로 짜여진 비교적 긴 시다. 반점, 온점, 느낌표 등의 문장부호를 온전하게 사용하고 있는 것 같지만 임의적으로, 선택적으로 사용하고 있는 예이다. 그 작품의 첫 연만을 인용했지만 여기에서 보면 9행이 두 개의 문장으로 되어 있고, 그 두 문장 끝에만 온점만 찍혀 있음을 확인할 수 있다. 곧, 첫 문장 "나뭇잎 ~ 뿐이다."에서 주어는 '산들바람'이 되고, 술어는 '커질 뿐이다'가 된다. 그런데 주어인 '산들바람'은 하늘의 파란 빛을 접기 시작하더니 쉬지 않고 접고, 또 접어서 흔들리지 않는 눈길만 커질 뿐이다, 라는 것이다. 이 말의 내용도 문제이긴 하지만, 이것은 별개의 문제이니까 여기서는 언급을 피하고, 산들바람이 어떤 산들바람인가는 '나뭇잎 푸름에 머무는' 이라는 수식어가 설명해 주고 있다. 그리고 '하늘'이 어떤 하늘인가는 '푸른 가지를 타고 이파리의 귀를 접는' 이라는 수식어가 설명, 그 의미를 제한해 주고 있다. 만약, 필자의 분석대로 이런 뜻으로 문장을 썼다면 최소한 첫 행의 끝 '산들바람'은 다음에 반점을 찍어 긴 문장의 주어를 분명히 밝혔어야 한다.

그리고 둘째 문장 "고약스런 ~ 만든다."에서 억 천만의 물방울을 만드는 주체(어)가 파도와 거품 두 가지라면 앞의 주어 '파도는' 다음에 역시 반점을 찍어 다른 주어인 '거품은'과 대등한 자격에서 하나의 술어를 갖는다는 사실을 알렸어야 한다. 왜냐하면, 그 파도와 거품은 어떠한 것들인가를 설명해 주는, 앞의 꾸밈말이 길게 늘어져 있어 분명한 판단을 하는데 도움이 필요하기 때문이다. 그렇지 않으면 이 글을 쓰는 필자처럼 시의 문장을 조목조목 분석하고 따지면서 읽어야 하니까 말이다. 하지만, 어느 독자가 시를 그렇게 분석적으로 읽어 주겠는가?

49

황성이의 「염원」외
표현의 상투성과 모방에서 오는 식상함

    시를 지어 놓고 보면 타인의 작품과 비슷하게 흉내를 낸 경우가 있다. 꼭, 의식적으로 남의 작품을 모방하고자 한 것은 아닐지라도 자신도 모르게 이미 남의 작품의 부분적 요소를 그대로 혹은 변형시켜 빌려 쓰고 있는 것이다. 작품의 구조, 곧 틀 자체를 모방하기도 하고, 전체적인 어법과 어투를 모방하기도 하고, 극히 일부의 시구를 베끼기도 한다. 물론, 의도적인 경우도 있지만 그렇지 않은 경우엔 시를 발표하고도 본인이 전혀 알아차리지 못하는 경우도 있다. 간혹, 다른 사람들이 지적해 주어서야 알아차리는 경우도 있다. 이 같은 현상은 대체로 직간접의 독서 경험을 통해서 뇌에 기억되었다가 어느 날 자신도 모르게 나오는 것으로, '활용' 내지는 '발전적 모방'이라 할 수 있다. 분명한 사실은, 이런 과정 없이 자기만의 개성을 반영하는 창의적 작품을 내놓기란 결코 쉽지 않다는 사실이다. 사실, 시를 공부한다는 것 자체가 이미 있는 것에 대한 답습·모방이고, 시작詩作의 초기단계에서는 그 모방과 변형으로부터 시작하기 마련이다.
    그러나 역시 분명한 사실은, '모방작은 모방작일 뿐이다' 라는 것이다. 이미 있는 것을 통해서 비슷한 것이나 그 이상의 것을 만들어 내는 일은, 없었던 것을 만들어 내는 일보다야 어렵진 않다. 모방보다 창조에 더 큰 의미를 부여하는 것도 그 같은 이치에서가 아니겠는가.(필자는 개인적으로야 남의 작품을 모방해서 그 이상의 것을 만들어 낸다면 그 자체도 노력의 결과로 받아들여 환영하는 입장이다. 그러나 대개는 시의 겉모습만 흉내 내고 있을 뿐이지 정신세계까지는 미치지 못해 원작만 못한 경우가 압도적으로 많다.)

나는
님의 영혼 속을 나는
한 마리 새 되어
멀리 저 멀리 투명한 원을 그리며
파아란 우주 깊은 별들의 눈 속으로
맑은 바람에 실리며 실리며
날아가리오

나는
님의 영혼의 호수 속을 헤엄쳐 가는
한 마리 흰빛 잉어 되어
멀리 저멀리 투명한 원을 그리며
파아란 우주 깊은 바다의 눈 속으로
은빛 파도에 실리며 실리며
헤엄쳐 가리오

-황성이의 작품「염원」제1, 2연

강화도 가는 길엔 북한 출신 청년
전철우가 하는 냉면집이 나오는데
때 지나 배고프면 그 집에 살짝 들러
들쭉술에 왕만두와 냉면을 먹고
배부르면 다시 길 재촉해 강화도에 가면
일 인당 육백 원 입장료를 내고
초지전에 들러 볼 일이다
들어가 녹슨 대포며 담 너머 빨간 산수유 열매
 다닥다닥 붙은 겨울 나뭇가지 사이로
물 빠진 바다를 바라보다
그러다 심심해지면 차를 몰아 외포리에 가면
삼산도로 떠나는 큰배 배웅하듯
뻘밭 가득 내려앉은 갈매기 구경할 일이다

-김경실의 작품 「강화도」 제1~13행

　　황성이의 작품 「염원」은 전체 4연 27행으로 짜여 있는데, 각 연이 동일하게 한 개의 문장으로 이루어져 있고, 또 각 문장은 동일한 구조를 가지고 있다. 곧, "①나는, ②~상황 속에서, ③~한다."라는 기본 구조가 그것이다. 인용한 제1연과 2연에서 보듯이 "①나는 ②님의 영혼 속을 날으는 한 마리 새 되어 / 님의 영혼의 호수 속을 헤엄쳐 가는 한 마리 흰빛 잉어 되어 ③파아란 우주 깊은 별들의 눈 속으로 날아가리오 / 파아란 우주 깊은 바다의 눈 속으로 헤엄쳐 가리오"라는 동일 구조의 문장이 말만 바뀌면서 나열되고 있음을 쉽게 확인할 수 있다. 그러니까, 나와

임과의 관계를 설명하는 내용으로 이 작품이 이루어져 있는데, 사실은 지나치게 상투적인 표현을 - 그 상투성 속에 모방의 흔적이 역력하지만 - 하고 있다.

김경실의 작품「강화도」는 연 구분 없이 21행이 3개의 문장으로 짜여 있다. 이 가운데 2개의 문장을 인용해 놓았지만 "~하면 ~할(볼) 일이다."라는 구조의 문장을 단순히 세 번 반복하고 있다. 이 어법 또한 어렵지 않게 접할 수 있는 것이지만 시의 외형만을 모방하지 않았나 싶다. 곧, ①강화도에 가면 초지진에 들러 볼 일이다. ②외포리에 가면 뻘밭 가득 내려앉은 갈매기를 구경할 일이다. ③살다가 가끔 삶이 팍팍해질 때면 겨울 강화도에 한 번쯤 가볼 일이다, 라는 말을 하기 위해 장황한 배경묘사 내지는 정황설명을 하고 있는 것이다. 무언가 생각게 하고 느끼게 하는 자연을 가끔은 가깝게 할 필요가 있다는 삶의 여유를 독자들에게 권유하고 있지만, 그런 태도와 표현 방식 자체는 역시 상투적임에 틀림없다. 그렇다고, 그 누가 특정인에게만 특정 어법 사용 허가를 내준 것은 결코 아니지만 말이다.

남의 작품을 통해서 자극과 감동을 받고서 그대로 모방하거나 변형시켜 그 이상의 작품을 재창조해 놓는다면 그나마 다행한 일이고, 노력의 결과로서 '발전'이라는 의미를 부여할 수 있다. 만약, 그렇지 못하다면 역시 모방작 내지는 원작자의 아류에서 벗어나기는 어려울 것이다.

50

김태규의「운동장」외
주관적 정서의 객관화

　일상생활 속에서 직간접으로 경험하는 일들 가운데에는 시인으로 하여금 특별하게 느끼고 생각게 하는 것들이 있다. 물론, 그것들이 시작詩作의 동기가 되고, 시의 중요한 소재가 된다. 또 그 과정에서 자연스럽게 생기고 얻어지는 감정과 의식意識 등을 정서적이고 함축적이고 음악적인 언어로 표현하게 된다. 이런 의미에서 시는 철저하게 주관적인 언어예술임에 틀림없다. 똑같은 산이나 바다를 보고도 시인에 따라 전혀 다른 분위기에 전혀 다른 내용의 시가 쓰이고, 사랑이나 그리움이라는 인간의 보편적인 정서나 체험조차도 전혀 다른 방식에, 전혀 다른 내용으로 쓰이는 사실들이 반증해 준다.
　그러나 시가 아무리 주관적인 언어예술이라 해서 시인 개개인의 사사로운 감정과 사상(성)이 그대로, 모두 시가 되는 것은 아니다. 개인으로부터 나온 진실한 감정이요, 생활의식 내지는 사상일지라도 '시'라는 공기公器를 통해서 세상 사람들에게 감상될 기회가 주어져야 한다면 최소한의 조건을 만족시켜야 하기 때문이다. 곧, 시라는 공기 속으로 녹아든, 다시 말해, 문장과 문장 속에 갇힌 시인의 감정과 사상(성) 자체가 같이 느끼고 같이 생각해 볼 수 있는 최소한의 의미나 가치를 지녀야 한다는 것이다.

  그러므로 훌륭한 시란 철저하게 시인 개인의 감정과 의식과 사상이 용해된 정서적 반응물이지만 동시에 시를 읽는 사람 모두의 것이 된다는 사실이다. 한 마디로 말해서, 시인의 주관적 정서가 모두의 것이 될 수 있도록 최소한의 객관성을 띠어야 한다. 만약, 그렇지 않고 시인 개인의 진실한 정서라 해서 그것을 언어로 표현해 놓았는데 독자들이 전혀 동감同感 동의同意해 줄 수 없는 상태의 것이라면 그것은 곧 '넋두리'가 될 뿐이다. 그리고 이해할 수는 있으나 같이 느끼고 같이 생각해 볼 의미나 가치가 없는 신변잡기적인 사사로운 것이라면 그만큼 시로서 감상할 가치가 떨어질 뿐 아니라 독자들에게 미치는 공감의 파장 또한 작은, 무기력한 것이 될 뿐임을 시인이라면 누구나 인지할 필요가 있다.

  열심히 달리다 도달한 곳은
  트랙의 끝 언저리, 골라인 지점
  이제 자리를 떠날 채비를 해야한다

  힘껏 디딘 땅은
  푸석 푸석 꺼질 것 같아
  사뿐히 밟는다

  황혼이 가져온 긴 꼬리만큼
  지나온 나날이 길어

그 잔영은 얼마나 남았을까

어둠이 쏟아지면
그 뒤 고요히 눈 감으리
내일엔 또다시 태양이 솟을 것인가

　　김태규金泰奎의 작품 「운동장」 전문이다. 보다시피, 이 작품은, 전체 4연 12행으로 짜여 있다. 제1연에서는, 운동장에서 열심히 달리다가 도달한 곳이 골라인 지점이고, 이제는 그 자리 곧 운동장을 떠나야 한다는 지극히 상식적인 이야기를 하고 있다. 제2연에서는, 운동을 하면서 힘껏 디딘 땅이 푸석푸석 꺼질 것 같아 사뿐히 밟는다는데 이 같은 판단 자체가 어떻게 가능했는지 알 수 없는, 시인의 주관적인 정서를 반영하고 있을 뿐이다. 제3연에서는, 황혼이 가져온 긴 꼬리라는 것이 사람이나 사물들의 그림자를 두고 한 말인지, 그 의미가 분명하지 않다. 그리고 지나온 나날, 곧 그동안 살아온 삶이 그 꼬리만큼 길다, 라고 했는데 이 같은 비유 자체도 사실은 효과적이지 못하다. 게다가, '그 잔영은 얼마나 남았을까' 라는 물음을 남기고 있지만, '그' 라는 지시대명사가 지시하는 것이 '긴 꼬리' 인지 '지나온 나날' 인지, 그도 아니면 '남은 삶' 이란 것인지 분명하지 않으며, 어느 쪽이든 '잔영' 이란 말과는 잘 어울리지 않는다는 데에 더 큰 문제가 있다. 제4연은, 2개의 문장으로 이루어졌는데, 첫 문장 '어둠이 쏟아지면 그 뒤 고요히 눈 감으리' 에서 눈을 감겠다는 주체가 운동장인지 운동장에서 달렸던 사람으로서 시적 화자인지 분명하지가 않다. 또, 둘째 문장 '내일엔 또다시 태양이 솟을 것인가' 또한 모호하기 짝이 없다. 곧, 태양이 솟을 것인가, 라고 기대하는 곳이 단순히 운동장인지 아니면 시적화자의 삶인지 알 수 없기 때문이다.

운동장을 삶의 현장으로 빗대어 그 의미를 깊게 한 것도 아니고, 운동장의 객관적 의미를 새삼 생각게 하거나 깨닫게 한 것도 아닌, 대단히 모호한 형태로 시가 머물러 있다. 그 자체가, 운동장이란 객관적 실체로서의 대상에 대한 시인의 주관적인 느낌이나 생각 등이 전혀 객관화되지 못한 결과이다.

한밤
가슴이 아픈 소리를 내면서
몇 개의 뼈가 벌떡 일어나 앉는다
제 몸 속에서 튀어나온
비명 소리를 잡기 위하여
마음이 손을 휘저었다
그리움이 벌 떼처럼 사방에서 몰려
하얗게 핀 찔레꽃에 앉는다
순간 아찔한 가시에 찔리며
아야야 하고
다시 그 봄 속에 나른하게 눕는다.

박현태의 작품 「찔레꽃 필 무렵」 전문이다. 이 작품은 주관적인 정서가 객관화되지 못했다는 점에서는 앞의 작품과 동일하나 시인의 뇌에서 이루어지는 사유思惟의 성격이 다르다. 김태규의

「운동장」이 심리학자들이 말하는 '의식'의 세계라면 박현태의 「찔레꽃 필 무렵」은 '무의식'도 '의식'도 아닌 '전의식'에 가까운 세계다. 의식 세계에서의 논리를 초월하되 무의식 속에서 전개되는 초현실 곧, 비논리적인 사유세계를 그대로 옮겨 놓고 있는 것도 아니기 때문이다.

이런 유형의 시는 무의식의 세계를 그대로 드러내는 것을 목표로 하는 초현실주의 작품과 함께 특정인의 특정 정신세계를 보여주는 것으로서 의미가 있다면 있는 것이고, 또 하나 분명한 것은 특정인의 전의식 내지는 무의식의 세계가 의식의 눈으로 보는 이들에게 상상력을 확대 심화시켜 주고, 경우에 따라서는 고정관념을 깨어주기도 한다는 사실이다.

따라서 이 작품 속의 정황이 '찔레꽃 필 무렵'이라는 동일 상황, 동일 조건이라 해서 누구나 공유할 수 있는 세계는 아니다. 다만, 의식적인 상태에서든, 무의식적인 상태에서든 이 작품을 읽으면서 전체적으로 혹은 부분적으로 공감할 수 있으면 그만이다. 이런 의도와 목적에서 쓰인 시라고 시인이나 독자가 생각하면 그만일 것이다.

문제의 이 작품을 의식적인 눈으로 분석해 보자.

첫 문장 '한밤 ~ 앉는다'는 문법적으로 잘못된 문장이다. 왜냐하면, '벌떡 일어나 앉는다'라는 동작을 취하는 주체가 몇 개의 **뼈**이지 가슴이 아니기 때문이다. 따라서 이 문장은 '한밤 / 가슴이 아픈 소리를 낼 때(혹은 내자마자) / 몇 개의 **뼈**가 벌떡 일어나 앉는다'로 고치거나, 아니면 '한밤 / 가슴이 아픈 소리를 내면서 / 그 몇 개의 뼈가 벌떡 일어나 앉는다'로 고쳐야 논리적인 문장이 된다.

둘째 문장 '제 몸 속에서 ~ 휘저었다' 또한 논리적으로 잘못된 문장이다. 제 몸 속에 튀어나온 비명소리는 받아들일 수 있으나 그 비명소리를 잡기 위하여 마음이 손을 휘저었다, 라고 한 표현은 문제가 있다. '마음이'라는 말을 '마음속에서'로 바꾸어야, 몇 개의 뼈가 벌떡 일어나 앉는 상황과 비명소리를 잡기 위해 손을 휘젓는 상황을 갖는 이가 다름 아닌, 문장 속에서 생략된 시적 화자인 '나'가 되기 때문이다.

셋째 문장 '그리움이 ~ 앉는다'에서는 그리움이 벌떼처럼 사방에서 몰려와 하얗게 핀 찔레꽃에 앉는다는 주관적 판단이 진술되고 있을 뿐이다.

넷째 문장 '순간 ~ 눕는다'는 두 가지로 해석될 수 있다. 가시에 찔리고 나른하게 눕는 주체가 '그리움'인지, 아니면 '생략된 시적화자'인지 분명치가 않아 둘로 해석이 가능하기 때문이다. 어느 쪽으로 해석하든 상관없는 일이지만 4개 문장 속에서 연속적으로 전개되는 시적 상황들의 인과관계로 볼 때, 두 개의 상황으로 대별된다. 곧, 첫 문장과 둘째 문장이 묶여서 하나의 상황이 되고, 셋째와 넷째 문장이 묶여서 또 하나의 상황이 되는데, 문제는 이들 두 상황이 '찔레꽃 필 무렵'이라는 객관적 조건 속에서 얼마나 현실적인 설득력을 가질 수 있느냐이다. 이런 점에서 본다면 철저하게 시인 개인의 주관적 정서일 뿐임엔 의심의 여지가 없다.

컴컴하게 앉은 오후의 숲

비가 내린다

빗소리는 적막을 두드리며
타악기의 반주처럼
고요를 깨운다

건너편 산으로 날아간 새가
접시반만큼도 남지 않은 낯을
꼭 쥔 채,
깃털 몇 가닥 걸치고 떨고 있다

나무와 나무사이
거기 한 그루 나무가 되어
내가 젖고있다

세상에서 신음하는
육신의 소리
오늘
비 오는 숲에서 듣고 있다.

    홍금자의 작품「나무가 되어」전문이다. 이 작품은 전체 5연 16행으로 짜여 있다. 제1연과 2연에서는 비오는 오후 숲의 정황 묘사를 하고 있고, 제3연에서는 그 숲에 사는 새의 동작과 상태를 묘사하고 있다. 그런데, 제4연과 제5연에서는 갑자기 시적화자인 '나'로 시선을 옮기고서 자신의 존재 의미에 대해 묘사하고 있다. 그러니까, 제3연을 중심으로 앞의 2개연은 비오는 오후 숲의 외관묘사라 한다면 뒤의 2개연은 자신의 내면묘사라 할 수 있다. 물론, 제3연까지를 있는 그대로의 정황묘사로 간주할 수도 있는데 그렇게 속단할 수 없는 것이, 조금밖에 남지 않은 낮 시간을 꼭 쥔 채 깃털 몇 가닥 걸치고서 떨고 있는 새(3연)와, 나무와 나무 사이에서 비에 젖으며 세상에서 신음하는 자신을 들여다보고 있는 시적화자(4, 5연)가 무관하지 않기 때문이다.

이처럼 처음부터 끝까지 주관적 정서를 위주로 시를 쓴다 해도 그 주관성에 대해 같이 느끼고 같이 생각할 수 있는 요소를 갖추고, 의미전달이라는 기본 목표를 문장이 잘 수행해 낼 때 주관적 정서의 객관화는 자연스럽게 이루어진다. 그렇다고, 이 작품에 작위적인 껄끄러움이 전혀 없다는 것은 아니다. 숲이 컴컴하게 앉아 있다는 표현이나, 빗소리가 적막을 두드리고 고요를 깨운다는 표현이나, 얼마 남지 않은 낮의 길이를 접시 반만큼이라는 보조관념어로 빗댄 것 등은 썩 자연스럽지는 않다고 본다.

그러나 이 작품은 근본적으로 겉으로 드러난 의미 이상으로 확대해석이 가능하기 때문에 단순한 작품으로 보기엔 어렵다. 곧, 오후에 내리는 비를 맞고 있는 숲속의 나무를 자신과 동일시하고 있듯이, 수많은 나무와 새들이 살고 있는 숲 자체를 자신과 동일시 할 수도 있기 때문이다. 어쨌든, 자연의 외관을 통해서 인간의 내면을 들여다보는 '자의식적自意識的'인 시들이 적지 않게 쓰이는 것은 인간 바깥에서 안으로 시인의 시선과 관심을 돌린 결과이며, 이는 현대시에서의 자연스런 변화로 여겨도 틀리지 않는다.

51

유경환의 「변방」외
작위적作爲的 표현의 껄끄러움

　무엇이 작위적作爲的인 표현이고, 무엇이 자연스런 표현인가를 생각하기 위해서 최소한 두 가지를 먼저 말하고 싶다. 그 하나는 마땅히 경계해야 할 수식어의 남용 문제이고, 그 다른 하나는 생략省略이 곧 시의 함축성이 아니라는 사실이다. 이 두 가지는 작위적 표현으로 자연스런 문장을 해쳐, 의미판단을 방해할 뿐 아니라 전체적인 작품의 구조를 뒤흔들어 파괴해 놓을 우려가 클 뿐이다.

　여기, 한 그루의 '시나무'가 있다고 하자. 물론, 이 나무에게도 뿌리가 있고, 그것으로부터 가장 굵고 가장 바르게 뻗어 나온 줄기가 있고, 또 그 줄기로부터 뻗어 나온 작은 가지들과 수많은 잎들이 있다.
　뿌리가 시에 반영된 시인의 사상적 배경 내지는 대상을 바라보는 시각과 태도라 한다면, 줄기는 시의 첫 행에서 마지막 행에 이르기까지 그 안에서 전개되는 의미망의 핵심, 곧 시의 주체와 가장 가깝게 있는 의미 체계일 것이다. 그리고 가지와 잎들은 뿌리와 줄기를 치장해 주는, 없어서는 안 될 최소한의 수사修辭나 수식어 내지는 각종 표현기교에 해당될 것이다.

그런데 시나무 중에는 가지와 잎들만 지나치게 무성하여 뿌리로부터 뻗어 나온 줄기가 보이지 않는 것도 있고, 반대로 뿌리와 줄기는 비교적 선명하나 가지와 잎들이 헐벗어 궁색한 느낌을 주는 것도 있다. 후자보다는 전자가 더 심각한 문제인데, 전자는 시인 자신이 작품을 통해서 궁극적으로 드러내고자 했던 바 작품의 주제에 대해 분명하게 인식하지 못했기 때문일 것이다. 설령, 인식했다 하더라도 수사에 집착하다 보면 자연히 수식어가 늘어나면서 본래의 주제의식을 끝까지 끌고 가지 못하는 경우가 생긴다. 마치, 특정 주제의 강연을 하다가 필요해서 옆길로 빠져 나오긴 했는데 다시 본래의 자리로 되돌아가지 못하는 경우처럼 말이다. 이런 현상은 논리적인 사고력이 부족한 데에서 오는 경우 말고도 수식어 남용이 곧 훌륭한 시적 표현으로 잘못 인식된 데에서 오는 경우도 있다. 문제는, 그 원인이 어디에 있든 가지와 잎만 무성하고 뿌리와 줄기가 연약하다면 나무로서의 기본 구조가 무너지듯이, 시에서도 시인의 의도이자 시의 주제를 담아내는 기본 틀 자체가 흔들리어 결국은 무너진다는 사실이다. 그것이 무너지거나 흔들리면 독자가 시인의 의도를 분명하게 판독해 내기 어렵고, 또 그렇게 됨에 따라 시의 공감도가 크게 떨어지는 것은 지극히 당연한 결과이리라.

  끝물 매운 가시바람
  온 산 덜컹 휘젓고 가면
  종달새 후르르 살비듬을 떨군다.①

수유꽃 피는 안마당에 감금되었던
어머니의 하루가 왕겨와 인분에
섞여 길을 나선다.② 아직 눈 선
민들레꽃 간간이 햇살에 손 씻는
보리밭이거든
봄동밭이거든
자양 풍부한 퇴비 되어 어머니는
손 주억거리며 달아나는 바람
불러모은다.③ 약간은 새 세상
열어 가는 시냇물에 풀어 놓고
약간을 불미나리 향 맑은
실개천에 던져 놓는다.④
가끔은 욕망처럼 손 쳐든
보리싹을 넉넉히 덮어도 본다.⑤
논둑 배회하던 그리움으로
얼굴 감싸쥔 쑥잎처럼
아득한 전설되어 성큼 다가오는 산⑥
토요일 오후엔 횅한 보리밭에 서서
혼몽히 젖어 기울어 가는 노을을
망연히 바라보며 어머니 가슴을
추억해도 좋을 일이다.⑦

*○속의 숫자는 의미 해독을 위해 필자가 임의로 붙인 것임.

이 작품은 윤석우의 「토요일 오후·1」 전문이다. 연 구분 없이

329

7개의 문장이 24행으로 짜여 있다. 주제는 일곱 번째 문장에 그대로 드러나 있다. 곧, '토요일 오후에는 보리밭에 서서 노을을 바라보며 어머니의 가슴을 추억하자'는 것이다. 이 간단한 말을 하기 위해 나머지 6개의 문장을 장황하게 늘어놓고 있는 셈인데 이들은 어떤 어머니인가를 직간접으로 설명해 주는 구실을 하고 있다.

 그런데 그 어머니와 관련된 특정 명사를 꾸며 주는 수식어들이 많아 - 사실, 시인은 그것으로 표현력을 과시하고, 평자는 그것으로 시인의 능력을 인정하는지도 모르겠지만 - 시나무의 가지와 잎이 지나치게 웃자라 버린 격이 되었고, 작품의 주제인 줄기는 상대적으로 빈약하기 짝이 없는 모습으로, 용두사미龍頭蛇尾 격이 되어 버렸다. 단적으로 예를 들어 설명하면, 세 번째 문장을 보라. 이 문장에서 가장 핵심이 되는 것은 '어머니는 바람(을) 불러 모은다.'이다. 그런데 어떤 어머니이냐 하면은 자양 풍부한 퇴비가 되는 어머니이고, 그것도 보리밭에서이거나 봄동밭에서 그렇다는 것이다. 그리고 어떤 보리밭, 봄동밭이냐 하면은 아직(은) 눈 선 민들레꽃(이) 간간이 햇살에 손 씻는, 그런 밭이라는 것이다. 게다가, 어머니가 손을 주억거리며 바람을 불러 모은다는 것인지, 아니면 손을 주억거리며 달아나는 바람을 어머니가 불러 모은다는 것인지 문장부호도 없이 수식어를 연속으로 쓰고 있기 때문에 정확한 판단을 내리기가 쉽지 않다. 문제는 다른 문장도 마찬가지라는 사실이다.

 여름날 하염없이
 또 겨울엔 눈보라 속

걷는 길마다 외진 길
막힌 곳으로
가고자 하는 곳과 엇갈리게
이끄는 것 아닌가
어느 변방으로 데려가는 것 아닌가
돌아보고 돌아보면서

그들이 세상 한가운데 있다고
그렇게 땅 이름 지어 으스댄 사람들
변방이라고 우릴 얕보았으나
역사 이야기려니
마음에 두지 아니하고

어디서든 길은 끊기고 마는 것을
알면서도 이어지리라는 기대
해질녘 물가 지나다
거기 떠 있는 길을 보고
다시 묻는다

전생에 이미 이를 본
갇힌 다람쥐에게도
길은 어디에서든 한가운데로 나 있다.

이 작품은 유경환劉庚煥의 「변방」 전문이다. 이를 이해하기 쉽게 가능한 한, 생략된 말들을 집어넣고, 일상적인 어순에 맞게 고쳐 쓴다면 다음과 같을 것이다.

여름날 하염없이,
또 겨울엔 눈보라 속에서
걷는 길마다 외지다.
가고자 하는 곳과 엇갈리게
막힌 곳으로
이끄는 것 아닌가.
돌아보고 돌아보면서
어느 변방으로 데려가는 것 아닌가.

그들이 세상 한가운데 있다고
그렇게 땅 이름 지어 으스댄 것이렷다.
그들은 변방이라고 우릴 얕보았으나
나는 역사 이야기려니
마음에 두지 아니하고 살아왔다.

어디서든 길은 끊기고 마는 것을
알면서도 이어지리라는 기대를 갖고
나는 해질녘 물가를 지나다
거기 떠 있는 길을 보고
다시 묻는다,
진정 길이 끊기고 마는 것인가를.

전생에 이미 이를 본,

갇힌 다람쥐에게도
　길은 어디에서든 한가운데로 나 있다.

　이 작품은 꽤나 난해하다. 문장의 주어나 목적어 또는 동사 등이 문장부호와 함께 생략되었고, 어구가 도치되어 자연스럽게 읽히지 않기 때문이다. 물론, 그 점 때문에 천천히 끊어 읽게 되는, 그래서 생각을 더 하게 되는 좋은 점도 있다. 하지만 얻는 것보다 잃는 것이 더 크기 때문에 문제가 되는 것이다. 정확한 의미판단을 위해서 필요한 말들을 임의로 집어넣었어도 난해하긴 마찬가지다.
　여기서 우리가 분명하게 알아야 할 것은, 조사나 낱말이나 어구, 그리고 문장부호 등을 생략하여 간결하게 쓰는 것이 시에서의 함축含蓄이 아니라는 사실이다. 오히려 충분히 풀어 썼어도 전체적으로 보아 겉으로 드러난 의미보다 숨은 의미가 클 때에 진정한 함축임을 인지할 필요가 있다.

　이 작품의 첫 연에서 둘째 연까지는 '변방'이라는 키워드가 자연스럽게 독자들의 시선을 붙잡아 두고 있는데, 셋째 넷째 연에서는 갑자기 '길'이라는 말이 '변방'이라는 말을 밀어내 버리고 키워드 노릇을 하고 있다. 그렇다면, '변방'이라는 말과 '길'이라는 말의 관계가 먼저 인지되어야 할 터인데 그 구실을 하고 있는 첫 연에서조차 판단해 내기가 어렵다. 특히, 넷째 연 첫 행에서 '이를'이 문맥상으로 보아 셋째 연에 나오는 '물가 떠 있는 길'을 지시하는 듯싶은데, 그것을 전생에서 보았고, 현재는 울안에 갇혀 있는 다람쥐에게도 길은 어디에서든 한가운데로 나 있다는 것이다. 하지만 이를 어떻게 판독해야 할지 모르겠다. 논리적인 근거 없이 일방적으로 추론하자면, 변방이 곧 중심이기 때문에 변방으로 가는 길도 또한 중심으로 가는 길이라는 말을 이렇게 난해하게 표현하지 않았나 싶기도 하다. 만약, 이것이 사실이라면 분명 시적 소재를 잘못 선택했으리라.

　도치된 문장을 바로잡고, 문장부호와 함께 생략된 말을 넣어 다시 썼어도 어색하기는 마찬가지다. 아마도 그것은 가시적인 길을, 돌고 도는 생명의 '윤회론'으로서의 길로 그 형질을 바꾸었는데 그 본질적 내용에 대해선 손을 대지 못했기 때문이 아닐까 싶다. 만약에 이 같은 또 하나의 추론, 곧 가시적 형태의 길을 통해서 윤회라고 하는 불가시적 길을 말하고자 했다면, 발상과 소재는 좋았으나 그것을 전혀 소화해 내지 못한 경우이리라.
　시는 애써 꾸며서 되는 것이 아니며, 시인의 생각이나 심미감이 충분히 익어 절로 우러나는 맛깔이 있어야만 한다. 그 맛을 보기도 전에 시어와 문장에 오류투성이고, 작품의 구조상에 문제가 먼저 눈에 띈다면 사실은 그들을 논외로 쳐야 할 줄로 믿는다. 그러나 오늘날 문예지의 지면을 장식하는 작품들이 대개 이런 수준임을 어찌하랴.

52

산문시의 본질

 우리가 흔히 시를 형태상으로 정형시·자유시·산문시 등으로 분류하고, 문학에 쓰이는 문장의 형태를 크게 운문韻文과 산문散文으로 구분하기도 한다. 문장 형태상 '산문'으로 쓰여진 시가 소위 '산문시'라는 것인데 산문이 무엇인가를 분명히 인식해야만이 외형상 행과 연 구분이 되어 있는 시일지라도 그것이 산문시인지 아닌지에 대해 정확한 판단을 내릴 수가 있다.

 그렇다면, 산문이란 과연 무엇일까? 그것은 시문의 기본적 특성인 정서적이고 함축적이고 음악적인 언어로 짜이는 운문이 아니라 구체적이고 표시적表示的이고 일상적인 언어로 짜이는 진술·묘사 중심의 문장이다. 그래서 운문에 나타나는 외형적·내재적 운율이 없는 것이 보통이고, 또, 그것이 없기 때문에 그것의 형식적 장치이기도 한 행과 연 구분을 하지 않는 것이지만 특정의 정황에 대한 구체적인 묘사나 일정한 구조를 지니는 이야기를 진술하는 형태를 띠게 마련이다. 그러므로 문장의 형태와 작품의 내용 구조를 통해서 보면 시의 외형에 관계없이 운문인지 산문시인지를 판별할 수 있다.

산문시를 쓰는 사람들에겐 무엇보다 먼저 중요하게 인지되어야 할 사실이 하나 더 있다. 그것은 산문시라 해서 운문시가 가지는 본래의 기능과 맛깔, 곧 정서적이고 심미적이고 철학적인 공감이 없어서는 안 된다는 사실이다. 그렇다면, 산문시에 동원되는 시어 하나 하나가, 또 그것들이 모여서 이루는 문장 자체가 진술 · 묘사 중심의 구체적이고 일상적인 언어이거나 그것에 가까운데 어떻게 운문의 기능과 맛깔을 유지, 발현시키느냐로 모든 문제가 귀결될 것이다. 시인들은 바로 이런 실제적인 문제에 직면하지 않을 수 없고, 또 바로 여기에서 성패가 좌우된다는 사실을 분명하게 인지할 필요가 있다.

역시 산문시의 매력은, 말 그대로 편안하고 쉬운 산문으로써 극히 제한적인 운문 이상의 정서적 · 심미적 체험을 가능케 한다는 데에 있다. 곧, 산문으로 구성된 특정의 이야기나 구체적으로 묘사된 특정의 정황이 독자들에게 겉으로 드러난 것 이상으로 진지하게 생각하게 하고, 또 자유로운 상상력을 자극하여 심미적 · 정서적 체감을 가능케 하고, 나아가 철학적 공감까지도 가능케 하는 일종의 '계기'가 되어 주어야 하기 때문이다.

따라서 산문으로 썼다 해서 모두가 산문시가 되는 것이 아니고, 소설의 꽁트나 단편처럼 단면 혹은 부분으로 전체를 유추 · 환기시킬 수 있는 축약된, 그러면서도 시문학으로서의 질적 가치를 지녀야 함은 두말할 필요가 없다.

53

시어詩語와 심성心性과의 관계
-눈썹에서 부메랑까지

사람의 입에서 나오는 말을 통해서 우리는 그 사람의 어휘력, 지식의 정도와 내용, 관심, 성격, 교양, 인격 등을 판단해 낼 수 있다. 그렇듯 시 작품 속에 동원되는 시어, 문장, 어조 등을 통해서 그 시인의 그것들을 포함한 심성 자체를 확인할 수 있다.

세상이 시끄럽고 복잡하다고 해서 시인이 먼저 그 시끄러움과 복잡함을 거르지 않고 드러낸다면 현실성을 반영한 상징적인, 고뇌에 찬 언어라고 부추겨 세우는 이들도 나타나겠지만, 이미 시끄럽고 복잡해진 시인의 심성을 반영하는 일이 될 것이다. 그리고 세상이 어지럽고 복잡하다 해서 시인까지 그 한가운데에 머물면서 어지럽고 복잡해진 스스로의 심성 상태를 드러낼 필요가 없다. 오히려 세상 사람들이 그리하면 할수록 그렇지 아니하는 시인의 모습이야말로 그들에게 신선한 청량제가 되고 귀감이 될 것이기 때문이다. 속되고 속된 사람 이상으로 변해 버린 자신을 성찰하지 않고 세상을 탓하면서 자기변명을 늘어놓는, 시인답지 못한 시인들이 많음을 우리는 그들이 쓰는 시문과 삶의 양태에서 얼마든지 확인할 수 있다. 굳이, 예를 들어가면서 입증해 보이는 절차를 생략하고자 한다.(물론, 원한다면 언제라도 조목조목 설명할 수도 있지만.) 스스로 사용하고 있는 어휘와 문장의 섬세한 질감을 그들 스스로는 판단하지 못할 정도로 심성 자체가 이미 굳어져 있는 상태가 적지 않다. 다만, 시어詩語 하나 하나가 왜 중요하며, 그것의 변화가 무슨 의미가 있는가를 확인시켜 주는 필자의 글 한쪽을 말미에 붙임으로써 다 함께 생각해 볼 수 있는 기회를 갖고자 한다.

*

벌써 두 해 전이다. 가족과 함께 설악산을 가기 위해 춘천을 지나 산자락을 끼고, 꾸불꾸불한 산길을 승용차로 달리고 있을 때였다. 갑자기 뒷좌석에 장모님과 함께 타고 있던 아들 녀석이 소리쳤다. "아빠, 저 부메랑 같은 달좀 보아! 낮에도 달이 뜨네."라고. 그러자 장모님은 "정말, 그렇네. 영락없이 부메랑 같구나."라는 말로 맞장구를 쳐 주었다.

하지만, 내겐 순간적으로 그 '부메랑'이란 말이 찰카닥 소리를 내며 걸려든 것처럼 신경을 쓰이게 했다. 활시위처럼 둥글게 굽은, 가느다란 달의 모양새를, 거기다가 표면이 깨끗하고 번쩍이는 상태를 표현하기 위해서 초등학교 3학년인 아들은 순간적으로, 그리고 너무나도 자연스럽게 '부메랑'이란 말을 보조관념으로 빌려 썼던 것이다. 그런데 왜, 내겐 생소하게 느껴지는 것일까? 그리고 동시에 눈썹에서 부메랑까지 그 사이의 거리가 의식되는 것일까? 나는 곰곰이 생각해 보았다. 내가 어렸을 때에는 고작 "달달 무슨 달 쟁반 같이 둥근 달"이라 노랠 불렀었고, 또 지금까지 살아오면서 적지 아니한 문학 작품 속에서 '눈썹 같은 초승달' 혹은 '초승달 같은 눈썹'이란 표현을 수없이 보아왔다.
그렇다면, 똑같은 달을 놓고 아버지 세대는 '눈썹'이란 말로, 아들 세대는 '부메랑'이란 말로 그것의 모양새와 상태를 표현한 셈이다. 그래, 아버지에게는 눈썹이 가깝고 아들에겐 부메랑이 더 가까운 탓일 것이다. 여기서 우리는 눈썹과 부메랑과의 거리를 한 번쯤 생각해 보아야 한다.
사람은 어떤 말을 할 때에, 글을 쓸 때도 마찬가지이지만, 자신과 가장 가깝게 있는 어휘를 선택하게 마련이다. 그 어휘는 자신의 머릿속에 저장해 놓고 있는, 많은 어휘들 가운데에서도 전달하고자 하는 바를 적절히 혹은 효과적으로 드러내 준다고 여겨지는 것으로 가장 자주, 가장 쉽게 쓰이는 것이다. 또, 그 어휘는 그 사람의 관심, 지식의 정도, 사고력, 감정의 상태 등 여러 요인에 의해 순간적으로 혹은 상당한 시간적 여유를 가지면서 선택 결정되며, 새로이 만들어지기도 한다.
그렇다면, 눈썹과 부메랑의 차이는 무엇일까?
똑같이 달의 모양새를 드러내어 전달하는 데에는 큰 차이가 없을 뿐 아니라 큰 무리도 없다. 다 같이 둥글다는 공통인수를 지니고 있어 달의 모양새를 쉽게 떠올리게 해 주기 때문이다. 하지만 하나는 신체의 부분이요, 다른 하나는 사람이 사용하는 도구이다. 그래, 하나는 생명이요, 다른 하나는 도구로서 무생물인 셈이다.
옛날처럼 사람을 중히 여기고, 사람끼리의 접촉이 큰 비중을 차지할 때에는 달의 모양새를 빗댈 때에도 너무나 쉽게 그리고 너무나 자연스럽게 둥근 곡선 모양을 지닌 눈썹이란 신체의 일부를 빌려 썼어도 무리가 되지 않았다. 하지만 오늘날처럼 수많은 물질과 물품들 속에서 생활하는 현대인들은 보조관념을 자신의 생활공간 주변에 널려 있는 그것들 가운데에서 자연스럽게 빌려 쓰게 마련이다. 그만큼, 그것들이 신체의 부분보다 더 가깝게 느껴지고 있기 때문이리라.

이는 단적으로 인간을 에워싸고 있는 생활환경의 변화를 반영하고 있는 것이요, 동시에 사람의 관심이 인간에서 물질로 바뀌었다는 사실의 반영일 따름이다. 이처럼, 우리가 무심결에 혹은 고심하면서 쓰는 말이란 가시적 환경의 변화에 따라 바뀌게 마련이고, 또 그것은 인간 자체의 변화라는 의미를 내포한다.

무릇, 거칠고 포악한 말을 즐겨 쓰는 사람은 그의 심성이 또한 그에 가까울 것이고, 아름답고 섬세한 질감의 말을 골라 쓰는 사람은 그의 심성이 또한 그러할 것이다. 말은 그 사람의 마음의 밭에서 자라나는 '인격'이란 나무이다. 사람마다 달리 가지는 그 나무에 어떤 꽃이 피고 어떤 열매가 맺히는가는 그 마음의 밭을 가꾸는 주인의 노력과 관리 여하에 달려 있는 법.

나쁜 환경과 나쁜 여건 속에 있다고 내버려 둔다면 방치한 만큼 나쁜 꽃과 나쁜 열매가 맺혀 결과적으로 나쁜 환경과 가깝게 될 뿐임을 우리는 늘 쓰는 말에서, 그리고 일상생활 속 행동양식에서 어렵지 않게 확인할 수 있다.

오늘날, 시를 쓰고 수필을 쓰고 소설을 쓴다고 하는 문학인들이여, 그리고 꼭 쓰지 않는다 해도 보기를 즐기는 이들이여, 그대들이 무심결 쓰고 있고, 혹은 좋아하는 말이 무슨 빛깔을 띠고 있는지 한 번쯤 돌아보라. 그것은 곧 네 마음을 비추는 거울 앞에서 자신의 속을 들여다보는 일과 크게 다르지 않으리라.

[후기]

좋은 시詩를 쓰기 위한
최소한의 방책

정확히 10년 전 펴낸 나의 변변치 못한 책 『명시감상』을 다시 읽으며, 문장을 수정하고, 그 내용을 일부 보완하는 개정작업을 유난히 무덥고 비가 잦았던, 올 8월과 9월에 걸쳐 서둘러 했다. 나의 성급한 성미 탓도 없지 않지만 누군가가 지금도 그 책을 읽고 있다는 사실이 확인되었기 때문이다.

서둘러 개정작업을 마무리 지으려 하니 여러 가지 생각이 떠오른다. 과연, 시詩란 무엇인가? 아니, 좋은 시를 쓰기 위해서 무엇을 어떻게 해야 하는가? 적어도 내 것이 아닌 타인의 작품 약 50여 편을 정밀분석하고 해석한 사람으로서, 그런 자신에게 물어본다.

첫째, 시인은 모름지기 자신에게 먼저 솔직해야 한다는 생각이다. 대개는, 사는 과정에서 직간접으로 경험하게 되는 갖가지 사연들 가운데 일부가 글감이 되게 마련인데, 자신에게의 솔직성은 남들이 쉽게 말할 수 없는 내용까지 진솔하고 담대하게 말하게 함으로써 인간과 인간 삶의 본질이랄까 그 진실을 먼저 말하는 기회를 부여해 줄 것이다. 결국, 문학이란 인간의 본질을 추구하는 한 방법론으로서 넓은 의미의 인간학이며, 그것의 역사란 인간 자신에게 솔직해져 가는 과정임을 인지할 필요가 있다고 본다.

둘째, 비유적 표현의 기교를 잘 부릴 수 있어야 한다. 시는 사실을 규명하는 구체적인 설명說明이나 진술陳述은 아니다. 시는 어떤 대상을 통해서 일어나는 기분이나 감정을 포함하는 느낌과, 생각이나 의식을 포함하는 사상이 함께 녹아든 정서情緖를 표현하는 주관적인 글이다. 다시 말해, 어떤 대상이나 소재로부터 받은 자극에 대한 개인적 반응으로서 나타나는 정서적이고, 음악적이고, 함축적인 글이기 때문에 객관적 사실이 아니라 개인적인 진실일 뿐임을 간과해서는 안 될 것이다. 그 개인적 진실에 대해서 공감이 이루어질 때에 비로소 감동感動이란 것이 생기는 것이다.

그런데 문제는, 이른바, 글을 잘 쓴다는 사람들은 그 진실을 드러냄에 있어 그것의 내용을 한정적으로 분명하게 제한하지 않고, 다중多重의 의미로 해석이 가능하도록 모호한 표현을 즐긴다는 사실이다. 시가 다중의 의미로 해석되어야 깊어지기 때문이다. 그래서 시인들은 온갖 수사법修辭法을 동원하여 속뜻을 숨기고, 여러 가지 의미로 해석되도록 비유체계譬喩體系를 교묘하게 구축하기도 한다. 이쯤 되면, 시인의 개인적인 진실을 넘어서서 그것을 포장하는 기교技巧 내지는 기술技術로서 받아들여야 할 것이다. 바로 여기서 '말장난'과 '진실'이 구분되어진다고 본다. 그러나 말장난이 여전히 시작詩作의 능력으로 인정되는 이유는 그 말장난 속에서도 감동을 주고받을 수 있기 때문이다.

여하튼, 시인이라면 자신의 감정과 의중을 효과적으로 표현해 낼 수 있는 수사능력과 그것들을 꾸밀 수 있는 능력을 기본적으로 갖추어야 한다. 따라서 수사학修辭學 공부는 필수라고 생각한다.

셋째, 만인이 다 알고 있는 역사적 사건이나 사실을 소재로 글을 쓰게 되면 세인世人의 관심을 쉽게 끌 수는 있다. 개인의 소소한 문제를 다룬 것이 아니라 우리 사회의 공동의 문제를 다루었다는 가산점까지도 받을 수 있다. 그러나 그 역사적 사건이나 사실을 바라보는 시인의 개인적인 시각과 결과는 대단히 중요하며, 그것을 담아내는 방식 또한 중요함에는 틀림이 없다.

넷째, 시가 어떻게 정의되든지 간에, 종국에는 아름다워야 하며, 진실해야 하며, 그 내용이 현실 속에 존재하든 존재하지 않든 상관없이, 그것은 시인이 꿈꾸는, 지향하는 세계일 수밖에 없다. 이런 의미에서 본다면, 시란 시인의 꿈이요, 희망이요, 이상세계로서 아름다움이자 진실 그 자체라 할 수 있다.

다섯째, 시에서 무엇을 노래하든지 간에, 다시 말해, 무엇을 소재나 제재로 취했든지 간에 시는 시인 자신을 드러내는 것에 지나지 않는다. 시인의 관심, 성격, 기질, 지식의 내용과 정도, 감수성, 문장력 등이 반영되어 나타나는 결과물이기 때문이다.

우리가 장미를 노래하고 바다를 노래했다 하더라도, 그것들은 표현의 대상으로서 끌어들여진 것이긴 하지만, 시인의 개인적인 느낌·생각·의식·사상으로 채색되어진 장미요 바다일 뿐이다. 따라서 바다를 노래하고 장미를 노래한 시라 할지라도, 그것은 결국 시인을 읽는 자료에 지나지 않는다. 바로 이런 이유 때문에 똑 같은 바다를 노래한 작품이라 하더라도 시인마다 다르게 표현되는 것이고, 우리가 그것들을 읽는다는 것은 바다에 관한 객관적 사실을 읽는 것이 아니라(시가 과학이 아니기 때문에) 그 시인이 부여한 바다의 주관적인 의미와 정서를 읽는 것일 뿐이다.

여섯째, 나의 시를 읽어주는 사람들에 의해서 그것의 의미와 가치가 매겨지는, 부인할 수 없는 현실을 염두에 둘 필요는 있다. 독자들이 가지는 관심, 안목 등에 의해서 나의 시가 감상 평가되기 때문에 '함께 느끼고 함께 생각할 수 있는' 공감의 방법을 창작 상에 계산해 넣어야 하는 것은 불가피하다. 바로 이런 이유로 시인이 독자의 눈치를 살피는 옹졸함이 끼어들 수 있겠으나 늘 독자들이 문제인 것이다. 오늘날은 시인과 독자의 자리에 다소 똑똑해진 대중이 들어가 있음으로 해서 그 대중들에 의해서 시가 양산되고 평가되는 사회가 되어버렸다. 이런 현상을 필자는 포스트모더니즘이라고 정의했지만 세상이야 그럴수록 시인의 주관적인 정서가 최소한의 객관성을 띠어야 할 것이다.

일곱째, 필자는 이 책에서 '감각적 인식능력'이란 말을 비평용어로서 많이 사용했는데, 이것이 무엇이며, 시작詩作에서 왜 중요한가를 깨달아 아는 일이다. 논리나 합리에 바탕을 둔 이성적 판단력의 상대적인 용어로서, 인간의 감각기관에 의해서 지각되는 판단력으로, 주로 감각적 전이轉移현상[共感覺]을 수반하며, 색깔이나 형태가 없는 대상조차 가시적 형태로 바꾸어 표현하는 경향으로 나타난다. 게다가, 논리적 판단과정이 생략되는 직관直觀과 어울리게 되면 대단히 뛰어난 함축성과 상징성이 깃들 뿐 아니라 심미적 감상가치가 큰 표현들이 나올 수 있다.

여덟째, 시란 짧으면 짧을수록 무의 가운데 토막처럼 부분으로서 전체를 판단할 수 있는 핵심이어야 한다. 그것은 실제로 시인이 말하고자 한 내용 가운데 가장 핵심이 되는 것이거나, 아니면 그것을 환기시키거나 적극적으로 생각게 하는 비유적인 표현이어야 한다.

아홉째, 시인이 궁극적으로 말하고 싶었던 내용 곧 작품의 주제를 겉으로 드러내거나 부각시키고자 함에 있어서 일정한 순서나 절차에 의해서 말하게 되는데, 그 절차나 순서가 가장 짧게, 최소한으로 정형화된 것이 다름 아닌 기승전결起承轉結이라는 양식이다. 이 양식이 시상 전개과정의 기본임을 알고, 언제 어디서든 반사적으로 나올 수 있도록 익숙해져야 한다.

열 번째, 비유적 표현을 할 때에 원관념(원래 드러내고자 한 대상)과 보조관념(원관념을 빗대기 위해서 끌어들인 관념) 사이의 관계, 다시 말해, 두 관념 사이의 상관성이 대단히 중요한데, 독자들이 그것에 대해서 얼마나 공감하느냐가 표현의 적절성을 판단하게 하는 한 요소가 된다. 물론, 초현실주의에서는 그 반대로 아무런 관계가 없는 대상들을 관계시키거나 나열하는, 소위 '원거리遠距離성 표현'을 즐기는 경향이 있긴 하다. 그러나 그것은 근본적으로 잘 못된 것일 뿐이다. 왜 잘못되었는지는 별도의 설명이 요구되기 때문에 이곳에서는 생략한다.

열한 번째, 시인의 작은 판단들이 모아져서 작품의 내용을 이루는데, 그것들이 신선하면 신선할수록 좋다. 예컨대, 미당의 '한 송이 국화꽃을 피우기 위해서 그렇게 소쩍새가 울었나보다'라는 표현이 인지된 상태에서 직간접으로 변용된, 유사한 표현들을 수없이 내놓는데 그것들은 결코 새로운, 신선한 표현이 못된다. 진정한 시인이란 그럴 듯한, 유사한 문장들을 잘 짓는 이가 아니라 새로운 문장을 짓는 이라고 나는 생각한다. 그것은 새로운 인식과 새로운 판단의 결과이기 때문이고, 그 새로움 속에 어떤 대상(작품의 소재들)을 바라보는 새로운 시각이 반영되기 때문이다.

열두 번째, 새로운 판단과 내용을 창출하기 위해서는 결국, 자신의 인생과 삶을 되돌아보며 반추하는 일을 게을리 하지 말아야 하고, 심미적 직관적 판단력을 높여주는 명상을 많이 해야 한다. 이 명상은 새로운 정보나 지식을 습득하는 것 이상으로 중요하다.

열세 번째, 생략省略이 함축含蓄이 아님을 알아야 한다. 대체로 시는 짧다. 시가 짧은 이유는 비유적 표현을 주로 하기 때문이다. 비유적 표현을 하게 되면 한 편의 시속에 담기는 의미망에 비해서 문장의 길이가 짧아진다. 게다가, 다중의 의미로 해석될 소지가 많다. 이것이 함축이다. 따라서 문장 자체는 의미판단을 방해하거나 모호하게 하는 것보다 분명하게 하는 것이 낫고, 그 분명한 의미가 다른 속뜻을 숨기거나 다중의 의미로 해석되어야 바람직하다는 뜻이다.

열네 번째, 한 편의 시를 다 썼으면 그것을 소리 내어 수없이 읽어보라. 그 때에 부자연스럽게 끊기거나 발음이 잘 안 되는 곳이 있다면 과감하게 수정하라. 같은 의미를 갖는 수많은 어휘들 가운데 적절한 것으로 선택하라. (물론, 어휘력이 부족하면 곤란하겠지만) 이것은 오로지 시의 리듬감각을 살리기 위해서이다. 오늘날 시를 노래로 부르는 것은 아니지만 가볍게 소리 내어 외우거나[吟誦] 눈으로 읽는 것[朗讀]으로 변해있는 만큼 그것으로서 적절성을 유지해야 함은 당연한 것이니까 말이다.

열다섯 번째, 우리 한국의 시들은 대체로 한 편 한 편에 기교를 부리어 깊은 의미를 담아내려고 하지만, 그래서 결과적으로 기교 중심의 언어표현에 무게를 두지만 결코 바람직하지는 않다고 본다. 한 편의 시란 결국 인간과 자연과 세상을 바라보는 시인의 시각이요, 그 결과이며, 그 시각과 결과 속에 새로운 사상이 깃들어있게 마련이다. 따라서 훌륭한 시인이란 장식하고 치장하는 시를 많이 짓는 이보다 대상을 바라보는 '안목' 속에 깃들어 있는 사상이란 강물이 진솔한 감정과 함께 흐르는 시를 짓는 사람이다. 그 사상이란 것도 기존의 것이라면 충분히 익어 그 열매를 보여주어야 하겠지만, 가능한 한 새로운 것으로서 사람들의 삶에 직간접으로 영향을 줄 수 있는 것이라면 더 바랄 것이 없을 것이다. 그렇다고, 시인이 사상가이거나 철학가이어야 한다는 것은 아니다. 종국에는 시인이나 철학가나 다 같아져 구분되는 것은 아니지만, 철학가는 '사람들'을 내세웠다면 시인은 '자신'을 내세웠을 것이고, 철학가가 '논리'를 내세웠다면 시인은 자신의 내부에 있는 '직관과 감정'을 내세웠겠지만 말이다.

 이상의 두서없는 논의를 간단하게 정리하자면, ①시작품의 내용에서 신선도와 깊이가 있어야 하고, ②그것을 담아내는 방법 면에서 적절성과 효율성을 높여야 하고, ③내용이나 형식이 근원적으로 진솔하고 아름다워야 한다는 것이다. 나머지는 그러한 시를 창작하기 위한 ④구체적인 방법론상의 이야기들이라고 생각한다. 하지만 이곳에서 언급하지 못한 것들이 더 많음을 유념해 두기 바란다.

-2010. 09. 08.